갈라진 민족,
발칸 유럽 남슬라브족 이야기

한국외국어대학교 동유럽발칸연구소 총서 2020-1

갈라진 민족

발칸 유럽 남슬라브족 이야기

김철민 지음

HU:iNE

머리말

발칸 유럽의 남슬라브족 역사는 이 지역의 민족적, 문화적 그리고 종교적 복잡성만큼이나 다양하고 역동적인 발전 과정으로 특징된다. 따라서 종교 문화적인 관점에서 발칸 유럽은 '종교와 문화의 모자이크'로 불린다. 현재 발칸 유럽에서 보이는 민족, 언어, 종교 그리고 문화적 다양성과 모자이크 특징들은 역사적 배경에 기인한다. 고대 로마의 지배와 뒤이은 서로마 제국의 붕괴 그리고 유고슬라비아 지역을 양분해 나눠진 동·서 로마의 분리는 오늘날 발칸 유럽의 독특한 종교 문화적 특징들을 형성하게 했다. 이후 1054년 보스니아와 크로아티아를 기준으로 해 분리된 동·서 교회 분열은 발칸 유럽의 종교 문화적 다양성을 더 풍부하게 하였다. 이와 함께 14세기 이후 확대된 오스만 터키의 유럽 침공 또한 중요한 의미를 부여하였다. 가톨릭과 정교의 분기점에 자리한 발칸 유럽은 이후 이슬람의 도입과 정착으로 인해 더 복잡한 종교, 문화적 다양성을 함유하게 되었으며, 이것은 역사 속에서 발칸 유럽에서의 문화 충돌 긴장감을 불러일으키는 매개체가 되게 된다.

아드리아 연안에 자리한 로마제국의 여러 문화, 건축학적 유산들과 다양한 크리스트교 유물들을 파괴한 아바르족 등 아시아 유목 민족 진출을 따라 남슬라브족은 6세기-7세기에 걸쳐 발칸 지역으로 이주해 들어오기 시작했다. 당시 남슬라브족은 동로마 제국 즉, 비잔틴 제국의 문화와 정치, 경제적 영향권 안에 있던 원주민 공동체들을 하나둘 차지해 갔고, 7세기 이후로는 중세 왕국의 역사를 시작할 수 있었다. 독립 왕국을 구성하고 발전해가던 남슬라브 왕국들은 하지만 14세기 오스만 터키의 유럽 침공에 따라 왕국의 존립이 위태로워지는 위기를 맞이해야 했다. 1453년 비잔틴 제국의 수도인 콘스탄티노플이 오스만 터키에 의해 점령된 이후 발칸 유럽 대부분은 그 지배하로 들어가야 했다. 1683년 오스만 터키의 제2차 비엔나 포위가 실패로 돌아가자 1699년에는 합스부르크와 오스만 터키 간 국경선을 결정짓는 회의가 열렸다. 이때 맺은 '스렘스키 카를로브찌 조약'에 따라 새로운 국경선이 형성되었고, 슬로베니아, 크로아티아, 세르비아의 보이보디나 지방은 합스부르크 지배 아래로, 반면 보스니아와 세르비아 본토 그리고 몬테네그로, 마케도니아, 불가리아 등은 오스만 터키 지배 아래로 들어가야 했다. 이 선은 단순한 국경선의 의미를 넘어 유럽 내 이슬람 문화와 가톨릭 문화 간, 산업혁명 및 르네상스 경험 지역과 미 경험 지역 간 그리고 양대 제국 정치체제 간 완전한 단절을 의미하게 되었다.

이후로 약 200년간 발칸 유럽은 합스부르크와 오스만 터키에 의해 분할 통치되며 두 세력의 완충지대로 19세기 말까지 아픔의 역사를 견디어야 했다. 19세기 민족주의 시대에 들어와 발칸 유럽 또한 민족주의 열풍의 한 가운데에 자리하게 되었으며, 이것은 이 지역 남슬라브족을 하나로 묶는 중요한 계기가 되었다. 초기 언어에 바탕 한 남슬라브족 민족의식 확대는 점차 독립된 통일 남슬라브 국가건설이라는 새로운 목표로 발전하게 된다. 오스만 터키의 쇠퇴 속에 세르비아, 불가리아 그리고 몬테네그로는 자치 공국에 이어 러시아-터키 전쟁결과 맺어진 1878년 3월 '산스테파노 조약'과 6월 '베를린 조약'을 계기로 독립을 성취할 수 있었다. 반면 프로이센과의 전쟁에서 패한 합스부르크는 1867년 오스트리아-헝가리 제국으로 변모하였다. 계몽주의 정책을 펼친 오스트리아 지배에 만족하던 슬로베니아인들과 달리, 크로아티아인은 헝가리의 '마자르 화' 정책 고통에서 벗어나기 위해 세르비아 등 다른 남슬라브족과 연합한 국가건설 의지를 고취해갔다.

남슬라브족 통합국가 건설의 꿈은 제1차 세계대전 이후 수립된 국제 질서인

윌슨의 '민족자결주의 정책'이 큰 영향을 미쳤다. 이를 기초로 1918년 최초의 남슬라브 통일국가인 '세르비아-크로아티아-슬로베니아 왕국'(1929년 '유고슬라비아 왕국'으로 개칭)이 수립되게 된다. 하지만 이들 남슬라브족과 달리 1878년 독립 국가를 구성한 불가리아는 자체적으로 자신들의 독립 국가를 수립하였고, 주변 국가들과의 영토 전쟁을 통해 중세 제국 당시의 영광을 재현하고자 했다. 그러나 이들 남슬라브족 국가들은 국가 운영의 미숙함과 주변 강대국들의 간섭, 1929년 경제 대공황에 따른 경제적 피폐 그리고 민족갈등들로 인해 혼란의 시기를 이어가야 했다. 특히 남슬라브 통합 왕국의 경우 세르비아는 왕국내 주도권을 바탕으로 영토적 확대에 기초한 대(大)세르비아주의의 현실화로 인식했었고, 반면 이중제국 지배에서 벗어나 통합 왕국에 합류한 슬로베니아와 크로아티아는 제1차 세계대전 이후 확대되던 주변 강대국들의 영토침탈에 대항하기 위한 임시 보호막으로 남슬라브 통일국가를 인식하고 있었다. 오랜 시기 동안 서로 다른 정치, 경제, 문화적 전통을 지닌 두 외세에 의해 분할 통치되면서 이들 민족은 문화, 종교적으로 그리고 정치, 경제적으로 너무 많은 차이를 보였다. 이로 인해 하나의 남슬라브족 이상을 추구하기에는 극복해야 할 장애물이 너무 많았다.

불가리아 왕국은 제1차 세계대전 이후 독립 국가를 수립했지만, 서유럽식 의회 민주주의 미정착과 경제적 어려움 등으로 계속된 혼란을 겪어야만 했다. 더불어 과거 중세 시절 영광을 재현하고자 참여했던 1912년과 1913년 제1, 2차 발칸전쟁에서도 별다른 이득을 얻지 못하였다. 이와 함께 약 500년 가까이 이어진 오스만 터키의 지배 잔재는 불가리아의 국가 발전을 어렵게 했으며, 주변 강대국들의 계속된 간섭과 경제적 위기들로 인해 위기가 증폭되고 있었다. 지전략적으로 중요한 위치를 점하고 있던 불가리아는 제1차 세계대전 발발 직후부터 동맹국과 연합국 양 진영으로부터 참전권고를 받았다. 불가리아는 발칸전쟁 때 잃은 영토회복을 기대하며 초기 독일의 동맹국 측에 가담하였으나, 결과적으로 엄청난 경제적 피해와 국민 불만을 낳게 하였다. 1915년 전황이 악화하면서 정치 불안은 더욱 가중되기 시작했고, 물자 부족과 생활여건 악화는 불가리아인들의 불만 가중과 폭동, 시위를 낳았다. 제1차 세계대전이 연합국 측의 승리로 돌아가게 되자 1919년 '넬리 조약'으로 불가리아는 대전 동안 점령한 영토를 빼앗긴 것은 물론 동유럽국가 중 인구와 면적 면에서 알바니아 다음의 최약소국 위치로 전락해야 했다.

과거 발칸 유럽 남슬라브족의 역사적 경험과 눈앞에 닥친 정치, 경제적 위기는 제2차 세계대전 동안 각 민족의 다양한 정치적 선택으로 더욱 복잡한 양상으로 이어졌다고 할 수 있다. 우선 제2차 세계대전 동안 독일과 이탈리아를 비롯해 주변 구축 군의 영토적 희생양이 되어 분할되었던 유고슬라비아는 대내적으로도 이데올로기와 민족 특성에 따라 세 개 세력으로 나누어 고통을 겪어야 했다. 당시 사회주의 이념 아래 모든 남슬라브족을 통합해 나가겠다는 티토와 파르티잔은 밖으로는 독일과 이탈리아 침략군에 대항하며 안으로는 친(親)독일 성향의 극우 크로아티아 정권인 '우스타샤'와 세르비아 민족주의를 내세우던 '체트니크'와도 전쟁을 치러야 했었다. 결과적으로 티토와 파르티잔은 소련에 의해 공산화된 동유럽국가들과 달리 독자적 공산화에 성공할 수 있었고, 1945년 11월 6개 공화국과 2개 자치주로 이루어진 '사회주의 유고슬라비아 연방 공화국'을 탄생시키게 된다.

여러 세력으로 나뉘며 복잡한 전개 양상을 보였던 유고슬라비아의 남슬라브족과는 달리, 불가리아는 제2차 세계대전 초기부터 독일과 긴밀한 유대를 유지하였다. 1940 년 친(親)연합국 성향의 키오세이바노프가 1940년 실각하고, 독일유학파 출신의 필로프 정권이 수립되면서 불가리아는 독일과 긴밀한 관계를 유지하였다. 1941년 당시 독일은 불가리아를 통과하여 루마니아, 그리스 진격계획을 수립하였다. 독일의 계속된 압력 속에 결국 불가리아는 1941년 3월 비엔나에서 독일과 동맹조약을 맺고 제2차 대전에 참여하게 된다. 이후 불가리아는 독일의 원료 확보기지로 활용되었고 이에 대한 반발은 공산당 중심의 대중적 무장저항운동으로 이어졌다. 제2차 세계대전이 연합국의 승리로 끝나자 불가리아는 패전국이 되었고 이후 소련에 의해 공산화의 길로 들어서게 된다.

제2차 세계대전 이후 발칸 유럽의 남슬라브족은 사회주의 이념 속에 공산화를 받아들여야 했다. 초기 사회주의 유고연방은 소련의 여러 노선을 따랐으나 1948년 '코민포름분쟁' 이후 스탈린 추종에서 탈피하여 제3의 길을 걷게 된다. 티토이즘이란 새로운 이념 개발 속에 사회, 경제정책으론 중앙 집중식 계획경제를 탈피한 '노동자 자주관리제도'를, 외교정책으론 미국과 소련 어느 블록에도 편입되길 거부한 '비동맹외교정책'을 그리고 민족정책으로는 다양한 유고슬라비아 민족 문제를 해결하기 위해 남슬라브족을 상징하는 정치적 민족주의인 '유고슬라비즘'을 선택하여 국력을 한데 모으고자 노력하였다. 이러한 이상적인 체제는 티토의 집권 동안 큰 마찰 없이 유지될 수 있었다. 하지만 1980년 5월 티토의 사망 이후 유고연방은 구심점을 상실하게 되고 기존의 연방 차원의 통합 정책 또한 추진력을 잃게 된다. 또한, 경제정책 실패로 인한 경제침체와 연방과 각 공화국 간의 외교정책 혼선은 공화국 이기주의와 다양한 민족 문제를 불러일으켰고 1989년 11월 베를린 장벽의 붕괴로 상징되는 소련과 동구 블록의 붕괴는 유고연방해체의 새로운 전기를 마련하게 된다. EC의 참여 속에 합의가 불발되자 1991년 9월 슬로베니아와 크로아티아의 독립선언과 함께 이를 거부하는 세르비아와의 내전이 발발하였다. 뒤이어 1992년 3월 보스니아에서도 내전이 발발했고, 이러한 내전들은 1995년 10월 '데이턴 평화안'이 체결된 이후 종결될 수 있었다. 이들 공화국의 독립 속에 몬테네그로가 2006년 세르비아로부터 독립하고, 1999년 세르비아와 전쟁을 치른 코소보 또한 2008년 독립을 선언함으로써 독립 국가의 길로 가게 되었다. 이후로 슬로베니아는 2004년 EU 그리고 2007년 유로존에 가입하였고, 크로아티아 또한 2013년 EU에 가입하며 발전을 모색해 나가고 있다.

불가리아는 1954년 이후로 35년간 지브코프 지배하에서 강력한 사회주의 체제 이념 속에 친 소련 정책을 고수하였다. 하지만 고르바쵸프의 개혁, 개방 정책 속에 1989년 10월 개혁을 요구하는 대규모 시위가 발생하자 지브코프는 11월 서기장직에서 사임해야만 했다. 1989년 베를린 장벽 붕괴 속에 불가리아에서도 자유화와 민주주의를 향한 변혁이 일어났지만, 여러 정당의 난립 속에 1990년 1월 선거에서 공산당 후신인 '불가리아 사회당'이 다시 권력을 잡게 되었다. 이후로 불가리아는 시장 경제체제 및 민주주의 제도 도입 등 개헌안을 공식 승인하였고, 2007년 이웃 루마니아와 함께 EU에 가입하며 미래 발전을 모색해 가는 중이다.

본 책은 고대부터 현대까지 이어진 남슬라브 민족들의 역사적 삶을 통해 발칸 유럽의 역사 속 다양한 이야기들을 들여다보고자 했다. 인명 등 고유 명사의 원어(인명의 경우 현지 이름에 기초) 및 년도 표기(생애 및 재임 기간) 등은 가장 먼저 나오는 경우에만 한 번 쓰는 것을 원칙으로 하고 있으며, 더불어, 각 장 여러 곳에 배치된 <남슬라브 역사 속 한 마디>란 항목에선, 우리에게 친숙하거나 혹은 이해하기 어려운 주제들을 선별해 더 쉽게 설명하거나 정리해줌으로써, 발칸 유럽의 남슬라브족 역사를 친밀하게 들여다보고자 하는 일반인들에게 보다 많은 흥미를 유도하고자 노력했다.

끝으로, 동유럽 국제관계사를 오랜동안 연구 중인 학자로서 이 책에 모든 동유럽국가를 다루지 못했다는 아쉬움이 남는다. 하지만, 발칸 유럽의 전반적인 역사와 문화, 종교, 지정학적 특징들을 꼼꼼히 살펴보고, 이 지역의 세계사적 사건들과 인물들을 전문가적 시각에서 다루고 있다는 점은 작은 위로라 할 것이다. 더불어 보다 일반인들이 역사적 사실에 근거하여 발칸 유럽의 진실 된 역사를 들여다볼 수 있도록 도움을 줄 수 있다는 점에서 본 작업의 의미를 부여하고 싶다. 무엇보다도 인문학 서적 출판의 어려움 속에서도, 본 책이 발칸 유럽의 남슬라브족 역사를 궁금해하는 일반 독자들에게 소개될 수 있도록 출판을 허락해 준 한국외국어대학교 출판부에게 감사의 글을 먼저 올린다. 더불어, 학문적 배를 같이 탄 학과 교수님들과 한국외국어대학교 동유럽학대학 교수님들에게도 감사 인사를 드린다.

2020년 3월

봄 내음이 기지개를 켜는 왕산 연구실에서

저자

목차

머리말 • 4

제1장 | 고대(-AD 6C), 그리스, 로마문화의 유입 • 15

1. 고대 I(-BC 4C): 선사시대와 그리스 문화의 유입 16
   1) 선사시대 발칸의 원주민들 16
   2) 철기시대와 그리스 문화 유입 18
2. 고대 II(BC 3C-AD 6C): 로마의 지배와 동·서 로마의 분리 22
   1) 로마의 발칸 지배 22
   2) 동·서 로마 분기점에 자리한 서부 발칸 31

제2장 | 중세(7C-17C), 중세 왕국 수립과 외세의 지배 • 39

1. 중세 I(7C-13C) : 슬라브족의 이주와 크리스트교화 40
   1) 남슬라브족의 발칸 이주와 정착 40
   2) 콘스탄틴 키릴과 메토디우스 44
2. 중세 II(10C-14C) : 중세 왕국의 수립과 발전 49
   1) 불가리아 중세 왕국 49
      가) 제1 불가리아 제국
      나) 제2 불가리아 제국

2) 크로아티아 중세 왕국 59
가) 왕국의 수립과 발전
나) 후계자 부재와 헝가리의 영향력 확대

3) 세르비아 중세 왕국 72
가) 왕국의 수립과 발전
나) 중세 세르비아 전성기
나) 오스만 터키의 발칸 침공과 코소보 전투

4) 보스니아 중세 왕국 83
가) 왕국의 태동
나) 보스니아 교회 논쟁
다) 왕국의 발전과 쇠퇴

3. 중세 III(15C-17C): 외세 지배하의 서부 발칸과 제국주의 시대 93

1) 합스부르크 지배지역 93
가) 합스부르크의 남슬라브족 지배과정
나) 16세기 농민 봉기와 종교개혁 운동의 여파
다) '스렘스키 카를로브찌 조약' 배경과 의미

2) 오스만 터키 지배지역 101
가) 오스만 터키의 유럽 원정
나) 오스만 터키의 지배 정책들
다) 남슬라브 민족 정체성 지속과 발전

3) 달마티아 도시들과 라구사 공국 114
가) 달마티아의 해양 도시들
나) 라구사 공국의 발전과 쇠퇴

제3장 근대(18C-19C), 민족주의 시대 • 123

1. 합스부르크 제국 지배지역: 계몽전제주의에 대한 저항과 민족 정체성 대두 124

1) 슬로베니아 124
가) 일리리아 속주와 언어적 민족 정체성 수립
나) 1848년 파리 혁명과 슬로베니아
다) 이중제국하 슬로베니아

2) 크로아티아와 보스니아 129
가) 헝가리의 몰락과 재현
나) 크로아티아의 일리리아 운동
다) 마자르화 정책 확대와 남슬라브족의 저항
라) 크로아티아 미래 논쟁과 헝가리의 지배 정책
마) 1908년 오스트리아의 보스니아 합병과 혼란 속의 발칸반도

2. 오스만 터키 제국하 남슬라브족 140

1) 세르비아 근대왕국의 기반, 보이보디나 140
2) 제1차 세르비아 봉기(1804-1813) 141
3) 제2차 세르비아 봉기(1815-1830) 146
4) 세르비아의 독립 150
가) 혼란기(1830-1860)
나) 성숙기(1860-1882)
다) 독립기(1882-1918)
5) 발칸 전쟁들과 세르비아 157

제4장 현대 I(20C 초-1944), 제1, 2차 세계대전과 유고슬라비아 • 161

1. 제1차 세계대전과 발칸반도 162

1) 사라예보 총성 이전 세르비아와 보스니아 162
2) 사라예보 총성(1914. 06. 28)과 제1차 세계대전 발발 164
가) 사라예보 총성까지의 과정
나) 제1차 세계대전 발발과 과정
다) 서부 발칸의 전후 질서 관련 논의

2. 세르비아-크로아티아-슬로베니아 왕국(1918-1929) 172

1) 신생왕국 초기 혼란과 갈등 양상 172
2) 비도브단 헌법 수립(1921. 06. 28) 175
가) 정당 난립과 헌법 수립의 의미
나) 비도브단 헌법 수립이 끼친 영향

3. 유고슬라비아 왕국(1929-1941) 183

1) 유고슬라비아 왕국 수립 183
2) 1929년 경제 대공황과 알렉산다르 1세 피격 185
3) 뮌헨협정(1938)과 그 영향 188

4. 제2차 세계대전과 유고슬라비아 191

1) 제2차 세계대전 발발과 왕국의 마감 191
2) 제2차 세계대전 당시 유고슬라비아 193

3) 체트니크와 파르티잔 197
4) 유고슬라비아 민족해방을 위한 반(反)파시스트 평의회(AVNOJ) 202

제5장 현대 II(1945-1989), 사회주의 체제하 유고슬라비아 • 209

1. 사회주의 체제로의 전환과정과 코민포름분쟁 210
1) 1946년 헌법과 사회주의 국가 수립 210
2) 정권 안정화 과정과 사회주의 경제개혁 212
3) 코민포름 분생(1948) 215

2. 1950년대 상황과 정책들 218
1) 노동자 자주 관리제도 218
2) 티토의 비동맹 외교정책 221
3) 1950년대 정치 상황 224
4) 질라스의 신계급 논쟁 225

3. 1960년대 개혁들 228
1) 1963년 신헌법 228
2) 1960년대 경제개혁 229
3) 란코비치 사건 230
4) 란코비치 실각 후유증과 민족주의 운동 증대 233
5) 1960년대 외교 상황 236

4. 1970년대 민족갈등과 경제위기 238
1) 크로아티아의 봄 238
2) 1974년 신헌법 240
3) 1970년대 경제 상황 243

5. 1980년대 민족주의 대두 246
1) 티토의 사망과 코소보 246
2) 1980년대 경제위기 249
3) 티토 재평가 확산과 연방의 해체 254

제6장 현대 III(1990년대), 연방의 해체와 민족 분쟁 • 261

1. 유고 내전(1991-1995)과 연방의 해체 262

1) 연방해체 과정 262
2) 유고 내전 발발 266

2. 보스니아 내전(1992-1995)과 보스니아 평화전략 272

1) 보스니아 내전 과정과 특징 272
2) 서구의 대응실패와 그 영향 277
3) EC/EU와 UN 평화안: '밴스-오웬안'과 '오웬-스톨텐버그안' 281
4) 미국 주도 평화안 - '데이턴 평화안' 288
가) 밴스-오웬안 vs 데이턴 평화안
나) 데이턴 평화안, 합의 과정과 특징

3. 코소보전쟁(1999) 296

1) 코소보 민족갈등 배경 296
2) 코소보전쟁 전개 과정 299
3) 코소보전쟁의 국제사적 의미 303

〈부록〉 발칸 유럽의 남슬라브족 역사 연대표 306

참고 문헌 320

제1장

고대(-AD 6C), 그리스, 로마문화의 유입

1. 고대 I(-BC 4C): 선사시대와 그리스 문화의 유입

선사시대 발칸의 원주민들 | 철기시대와 그리스 문화 유입

2. 고대 II(BC 3C-AD 6C): 로마의 지배와 동·서 로마의 분리

로마의 발칸 지배 | 동·서 로마 분기점에 자리한 서부 발칸

1. 고대 I(-BC 4C):
선사시대와 그리스 문화의 유입

1) 선사시대 발칸의 원주민들

오늘날 발칸 유럽 지역에서 분산되어 발견되는 고대 유물들을 살펴볼 때, 이들 지역에는 적어도 호모 사피엔스의 출현 시기인 BC 44,000년 전 선사시대 때부터 대규모 인류가 거주하고 있었다는 흔적을 발견할 수 있다. 이 선사시대인들의 정착 생활 징후는 사바(Sava)강과 다뉴브(영어 Danube/ 슬라브어 Dunav/ 독일어 Donau)강을 따라있는 파노니안(Panonia) 분지를 중심으로 흑해와 에게해 연안까지 이들의 흔적을 확인할 수 있으며, 티사(Tisa)강을 따라 위치한 현재 헝가리 북쪽과 남쪽으로는 모라바(Morava) 지역까지 이들의 흔적들이 퍼져있었다. 실제, 불가리아 드랴노보(Дряново) 인근의 바쵸 키로(Бачо Киро) 동굴 및 루마니아 아니나(Anina)의 유적들을 통해 호모 사피엔스 사피엔스가 이들 지역에 정착하였음을 확인할 수 있다. 또한, BC 40,000년 전에는 세련되지는 않지만 부서진 돌 조각들로 이루어진 돌 도구들을 사용하거나, 의사소통이 이루어지는 '구석기 혁명(Paleolithic Revolution)'을 맞이하기도 했다. 이 당시 구석기인들은 산, 계곡 그리고 평원에서 수렵 활동을 한 것으로 추정되고 있다. BC 10,000년 무렵 '중석기 시대(Middle Stone Age)'가 오게 되는 데, 이 시기에는 무엇보다도 과거 단순한 돌 파편에서 벗어나 돌을 다루어 만든 원시적인 생활 도구와 무기사용의 범위가 확대되고 지역 전체에 걸쳐 소규모 공동체 생활이 이루어졌음을 확인할 수 있다.

이어 BC 6,000년부터 '신석기시대(Neolithic Age)'가 오게 되는 데, 이를 대표하는 문화로는 BC 55,000-BC 45,000년 사이에 확대된 세르비아 지역 중심의 '빈차(Vinča, 베오그라드 인근) 문화', BC 62,000-BC 55,000년 사이의 불가리아의 '카라노보(Karanovo) 문화'와 BC 44,000-BC 41,000년 사이에 확대된 '바르나(Varna) 문화'권을 들 수 있다. 이 시기 동안 발칸 유럽에는 지역에 따라 농사가 시작되었고, BC 4,000년 무렵에는 발칸반도 전 지역에 걸쳐 원시적인 농경 생활이 시작되었다. 발칸 유럽의 신석기시대 거주자들은 이때부터 곡물을 심고 가축을 길렀다. 그리고 낚시와 사냥 그리고 직물을 짜고 목재나 흙으로 집을 지었으며 도기와 연장을 만들어 사용하였다. 그러나 적어도 '신석기시대'까지 대규모 정착 생활을 한 유적은 이 지역에서 나타나지 않으며, 실질적인 대규모 정착 생활은 '청동기 시대(Bronze Age)' 때부터 시작되게 된다.

1- 세르비아 '빈차 문화'의 유물

BC 1,800년 무렵부터 발칸 지역에선 구리가 사용된 청동기 문명이 시작되었으며, BC 1,300년에 들어와선 대부분의 발칸 지역에 청동기 문화가 도입되게 된다. 발칸 유럽의 동부에선 오늘날 불가리아 지역인 트라키아 문명권에서 발달하였으며, 서부와 중부 지역에선 파노니안 평원지대를 중심으로 카르파티아(Carpathia)산맥 및 헝가리 내륙지역으로까지 그 문명권이 펼쳐져 있었다. 청동기 시대의 시작은 빠른 인구 증가와 함께 좀 더 발전된 농경과 수렵을 위한 대규모 정착 생활로 이어졌다. 청동기 활용으로 농경을 위한 다양한 종류의 생활 도구, 무기들과 함께 생활 장신구 등이 주조되었다. 특히, 채굴된 금과 은을 사용해 금속 세공인들은 좀 더 발달한 장식과 생활 도구를 만들었으며, 말을 이용한 4륜

경마차 확대와 함께 북유럽과 에게해 연안으로 이어지는 새로운 무역로들 또한 개발되게 된다.

2) 철기시대와 그리스 문화 유입

BC 700년경 발칸 지역은 '철기시대(Iron Age)'를 맞이하게 되었고 대규모 정착 생활이 급속도로 발달하게 된다. BC 700년부터 그리스는 새로운 무역로 개발을 위해 흑해와 소아시아 연안, 아드리아해의 달마티아(Dalmatia/ Dalmacija)와 남부 이탈리아 등에 식민 도시들을 수립하였는데, 실제 이 시기 동안 발칸 유럽 지역 원주민들은 고대 그리스 문명권 하에서 일정 정도의 영향력을 받으며 성장하였다. 당시 그리스 도시국가들은 지중해 상권을 바탕으로 유럽 최고의 경제 강국이자 문화의 중심지였으며, 아드리아 연안을 비롯한 지중해 여러 지역에 식민지 도시를 두고 있었다. 이에 따라 오늘날까지도 아드리아 해안을 따라 고대 그리스의 여

2- **아르카이크 시기(Archaic period, BC 800-BC 480) 고대 그리스 도시국가들의 식민지 분포도**
출처: http://en.wikipedia.org/wiki/File:Greek_Colonization.png

러 유물이 출토되고 있다.

이 시기 그리스의 여러 도시와 활발한 교역을 벌이며 성장한 발칸 유럽의 부족들로는 동부지역에선 BC 500년경의 불가리아 지역의 트라키아(Thrace) 부족과 루마니아 지역의 고대 다치아(Dacia) 부족국가를 그리고 서부지역에선 BC 400년경부터 발전한 일리리아(Iliria) 부족국가를 들 수 있다. 일리리안 부족은 아드리아해를 중심으로 무역 활동에 적극적으로 참여하였으며, 오늘날 유고슬라비아 지역의 상당 부분과 알바니아 지역 외에도 현재 마케도니아의 바르다르(Vardar)강 서쪽과 오흐리드(Ohrid) 호수 북쪽까지 영역을 유지하고 있었다. '일리리안'이란 명칭은 고대 그리스와 로마인들 사이에 일반적인 통칭으로 사용되었지만, 실제로는

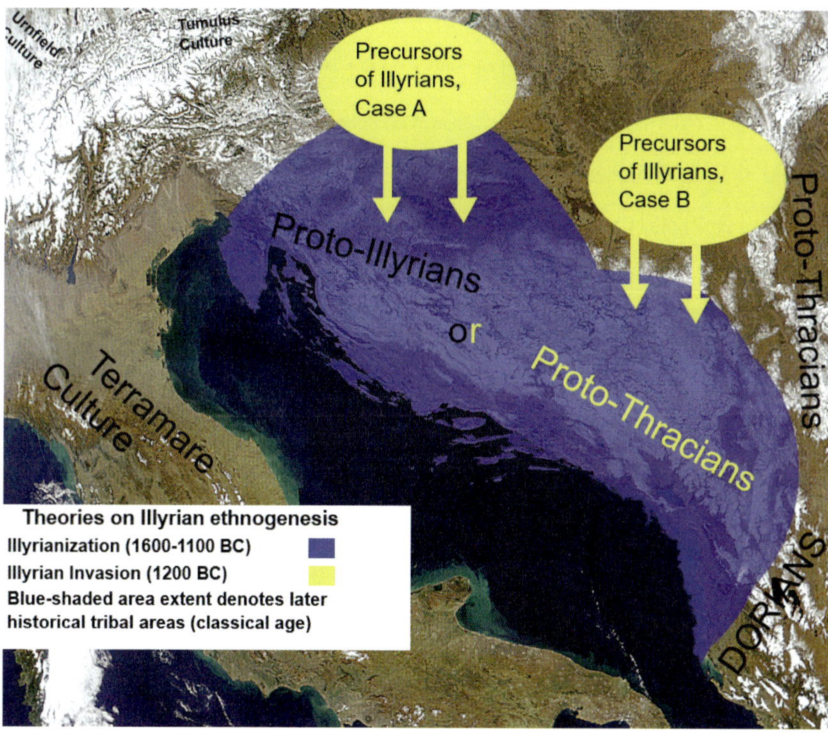

3- 발칸반도의 고대 일리리안 부족 분포도

출처: https://commons.wikimedia.org/wiki/File:Proto-Illyrian_%26_Illyrian_Precursors_Ethnogenesis_Map_(English).svg

오늘날 몬테네그로와 알바니아 국경 사이에 자리한 스카다르(Skadar/ 알바니아어로 쉬코드라(Shkodër)) 호수에 주로 거주하였던 원주민 부족에서 따온 것이다. 이 시기 동안 고대 그리스 문화와 언어의 확대는 발칸 유럽의 상당 부분에 절대적인 영향력을 미쳤으며, 훗날 그리스 전 지역을 장악하였던 알렉산더 대왕(Alexander the Great, BC 356-323, 재위 BC 336-323, 이집트 파라오 BC 332-323, 페르시아 왕 BC 330-323)의 마케도니아 제국 또한 그리스의 영향권 하에 놓여 있었다. 하지만, 발칸 유럽에서의 그리스 문화와 문명의 흔적은 그리스 도시국가 간 내분 그리고 고대 로마제국의 발칸 유럽 원정에 따라 점차 사라지게 된다.

그리스는 페르시아와 가진 3차례의 전쟁(BC 499-450)에서 승리한 전후로 발칸 유럽에 대한 영향력이 정점에 이르고 있었다. 하지만, 이후 전개된 그리스 도시국가 간의 내분 결과 그 영향력은 급격하게 떨어지게 된다. 아테네가 이끄는 '델로스 동맹(Delian League)'과 스파르타의 '펠로폰네소스 동맹(Peloponnesian League)' 간에 치러진 '펠로폰네소스 전쟁(Peloponnesian War, BC 431-404)'은 비록 스파르타의 승리로 끝났지만, 결과적으로 그리스 도시국가들의 급격한 쇠퇴와 아테네 민주 공화정의 몰락을 가져왔다.

그리스의 혼란과 내분 그리고 도시국가 몰락은 오랫동안 그리스 도시들로부터 북쪽의 이민족으로 취급받아왔던 고대 마케도니아의 급성장을 불러왔다. 필립 2세(Philip Ⅱ, BC 382-336, 재위 BC 359-336) 시기 마케도니아는 발칸반도의 맹주 국가로 등장하게 되었다. BC 358년 일리리안 부족과의 전투에서 승리한 이후 마케도니아는 발칸 서부지역까지 세력을 확장할 수 있었고, 뒤이어 BC 356년에는 오늘날 불가리아 서부의 트라키아 부족까지 점령함으로써 발칸의 맹주 국가로 급부상하게 된다. 마케도니아의 계속된 영토 및 세력확대에 긴장한 그리스 도시국가들은 동맹 재구축을 통해 대응책을 수립하고자 했다. 하지만, BC 338년 테베(Thebes)에서 치러진 전쟁에서 마케도니아가 승전함에 따라 그리스 상당 지역은 마케도니아 영향력 하로 편입되게 된다. BC 337년, 필립 2세는 그리스 도시국가들을 모아 '헬라스(Hellas) 동맹(일명 코린트 동맹, League of Corinth)'을 수립하였고, 동맹을 거절한 스파르타를 제외한 그리스 전 지역에 강력한 영향력을 끼칠 수 있었다. BC 336년 필립 2세가 페르시아 원정을 준비하던 도중 암살되었고, 이후 아들 알렉산더 대왕이 20세 나이로 왕위에 오르게 된다. 알렉산더는 아버지 암살을 계기로 반란을 일으킨 그리스 도시국가들을 완전히 복속시킨 후, BC 334년 페르시아 원정을 감행하여 동양과 서양을 잇는 대제국을 건설해 나갔다. 하지만 BC 323년 알렉산더 대왕이 사망한 직후 마케도니아 제국은 붕괴하였으며, 이어 발칸 유럽에서의 영향력 또한 급격한 쇠퇴를 보이게 된다.

2. 고대 II(BC 3C-AD 6C): 로마의 지배와 동·서 로마의 분리

1) 로마의 발칸 지배

발칸 유럽으로의 로마 진출은 그리스 도시국가들 및 마케도니아의 쇠락 속에 BC 3세기 이후 본격화 되었다. BC 3세기에 들어와, 로마는 점차 거대해져 가던 제국 유지를 위해 철, 구리, 귀금속 및 대규모 농산물을 필요로 했고, 이를 얻기 위해 발칸반도로 세력확장을 시작하게 된다. 이후로 로마제국과 이 지역의 원주민이었던 일리리아인과의 마찰은 3세기 내내 이어졌다. 당시 일리리아인들은 아드리아 북부부터 알바니아 북부해안에 걸쳐 여러 해안 도시들을 중심으로 해상무역을 하고 있었고, 아드리아해 서쪽을 점령한 로마는 이후 일리리아인들의 해상무역을 무력화시킨 후 로마에 공물을 바치도록 강요하였다. 결국, 로마와 일리리아 부족 사이의 해상 분쟁은 로마가 발칸 정벌을 본격적으로 시작하는 계기가 되었고, 이후 아드리아 해상권은 서서히 로마로 편입되어 갔다. 당시 로마는 마케도니아와의 전쟁을 빌미로 자주 일리리아 내륙지방으로 건너가야 했는데, 이때마다 일리리아인은 로마의 무차별한 공격에 시달려야 했다. BC 229년 로마 해군은 아드리아해 해상 무역권의 완전 장악을 위해 아드리아해를 건너 발칸반도 깊숙이 진격했다. 그리고 로마의 진군은 그리스 도시국가들의 쇠퇴 이후 크로아티아 북부부터 알바니아 북부까지 아드리아해를 따라 해상무역 주도권을 장악하고 있던 일리리안 부족과의 전투를 불가피하게 하였다.

로마의 침략에 저항해 일리리아들은 BC 168년 오늘날 알바니아 북부 도시

4- 옥타비아누스와 안토니우스 간 악티움 해전(BC 31) 상상도
출처: https://commons.wikimedia.org/wiki/File:Castro_Battle_of_Actium.jpg

인 쉬코드라(Shkodër)를 중심으로 끝까지 저항하였다. 쉬코드라는 BC 3세기 중엽 일리리아 부족의 수도가 된 이후로 발전을 거듭하다가, 로마제국 지배 이후 아드리아해를 잇는 주요 상업과 무역, 전략적 요충지로서 발전하게 된다. 로마제국은 일리리안 부족들을 복속한 이후 내륙의 파노니안 평원까지 정복함에 따라 발칸반도 동부의 상당 지역을 손에 넣을 수 있었다. 같은 해에 로마군은 그리스 동북부 해안에 자리한 퓌드나(Pydna)에서의 전투 승리를 통해 끝까지 저항하던 마케도니아까지 완전히 복속하였고 이후 알렉산더의 유산들을 제거해 나갔다. BC 146년에 들어와 로마는 쇠락해가던 그리스의 맹주 국가인 스파르타마저 점령하면서 다뉴브강 남부의 발칸반도 대부분을 제국의 영향력 하로 편입하는 데 성공하게 된다.

BC 40년, '삼두 정치(Tresviri)체제' 수립 이후 아드리아해와 발칸반도는 한동안 안토니우스의 영향력 아래에 놓여 있었다. 하지만 옥타비아누스(Gaius Julius Caesar Octavianus, BC 63-AD 14, 재위 BC 27-AD 14)는 BC 35년-33년에 걸쳐 자신의 영향력을 발칸 지역으로 점차 확대해 나갔다. BC 31년, 악티움(Actium) 해전 승리와 이집트 정복을 통해 삼두 정치를 마감한 옥타비아누스는 그 공로를 인정받아 BC 28년 로마 원로원으로부터 '아우구스투스(Augustus, 존엄자)'란 칭호를 받았고, 곧이어 로마 제정시대가 시작된다. 이후 로마 제국의 영향 아래에 발칸 유럽에는 강력한 로마 속주들이 건설되기 시작하였다. 로마의 발칸반도 장악과 영향력 확대에 따라 AD 9년에는 세르비아와 불가리아에 거주하던 켈트족들이 로마군에 점령되었으며, 옥타비아누스가 사망한 AD 14년 이후 이곳들 또한 로마의 직접통치를 받게 되었다. 다뉴브강 남부 발칸반도 대부분과 서부 발칸반도 지역을 장악한 로마는 발칸 유럽의 실질적인 지배자가 되면서 이후 이 지역에 사회, 경제, 문화적으로 많은 영향을 남기게 된다.

5- **옥타비아누스 시기 로마 제국 영토와 발칸반도**

출처: http://en.wikipedia.org/wiki/File:Augusto_30aC_-_6dC_55%25CS_jpg.JPG

이처럼 발칸반도의 다뉴브강 남부지역이 일찍이 로마제국의 영향력 하로 편입된 데 반해, 다뉴브강의 북쪽 즉 오늘날 루마니아 지역은 로마제국의 최대 영토 및 최대 전성기를 이룬 트라이아누스(Marcus Ulpius Nerva Traianus, 56-117, 재위 98-117) 황제시기에서야 로마에 복속되었다. 발칸반도 다뉴브강 북쪽에 자리한 오늘날 루마니아의 다치아 부족은 오랫동안 로마군의 계속된 공격을 잘 막아내었으나, 트라이아누스 시기 로마의 대규모 공격으로 101년 로마제국의 보호령 하로 편입되어야 했다. 이후 다치아 왕국은 105년 왕국의 마지막 왕인 데체발(Decebal/Decebalus/ Diurpaneus, 재위 87-106)을 중심으로 로마제국의 영향력을 벗어나고자 반란을 일으켰으나 결국 실패로 돌아갔고, 이후 다치아 왕국은 로마제국의 속주로 편입되게 된다.

6- **다치아 정복을 기념해 만든 '트라이아누스 기둥'에 새겨진 데체발 자살 장면**
출처: https://commons.wikimedia.org/wiki/File:Decebal_suicide.jpg

남슬라브 역사 속 한마디

남슬라브족이 아닌 루마니아인은 로마인의 후예?

트라이아누스 황제 시기 로마제국의 속주로 편입된 다치아 지역에는 이후로 수많은 토지와 농작지 개발을 위한 로마인의 이주가 이어졌고, 다치아인들의 로마 시민권(로마누스 Romanus) 증대 또한 급속도로 확산한다. 로마 제국에게 있어 다뉴브강은 제국의 유럽 경계선이자 이민족을 막아내는 최후 방어선을 의미했다. 하지만 다뉴브강 너머 북쪽 오늘날 루마니아 지역을 장악하게 된 로마는 이 지역의 원주민인 다치아인들의 로마화를 통해 이 지역 안정화와 함께 카르파티아 산맥을 중심으로 한 방어선 구축을 새롭게 하고자 했다.

다치아인을 향한 로마화 작업은 약 170년 동안 이어졌다. 하지만 세력이 커진 동고트족이 다치아 지역으로 계속해서 침략해오자, 271년 아우렐리아누스(Lucius Domitius Aurelianus, 214/215-275, 재위 270-275) 황제는 마침내 이 지역을 포기하고 다뉴브강 아래로 다시 방어선을 구축하겠다는 결정을 내려야만 했다. 로마제국이 물러나기 전까지 이어진 다치아 지역에서의 로마화는 이후 루마니아의 근대 역사에 큰 의미로 다가서게 된다. 19세기 민족주의 시대에 들어와 루마니아인들은 고대 로마제국 당시의 역사적 사실을 상기하며 자신들 스스로 '로마인의 후예'라 칭하였다. 이 당시 수립된 루마니아 왕국은 언어는 라틴어로, 문자는 기존의 키릴문자에서 라틴문자로 변경하였다. 그리고 국호 또한 로마인의 후손임을 의미하는 '로무니아(Romunia/ Romania)'로 정하게 된다.

로마제국하에서 발칸의 여러 원주민은 로마의 다양한 문화 및 정치, 경제 제도를 받아들여야 했다. 로마는 방대해진 영토관리의 효율성을 극대화하기 위해 새로운 도로를 건설하여갔다. 당시 광물자원이 풍부하고 아시아와 유럽을 잇는 중요 전략 지역인 발칸 유럽에는 새로운 로마 길들이 만들어졌다. 더불어, 아드리아해와 에게해를 따라 형성된 아시아와 아프리카를 잇는 교역로를 극대화하기 위한 여러 무역도시가 크게 활성화되었으며, 발칸반도의 달마티아 지역에선 포도와 올리브가 재배되었다. 이 시기엔 또한 새로운 광산들이 개발되었으며 로마제국을 유지하던 노예제도의 활성화는 광물자원의 수집을 원활하게 해주었다. 다뉴브강을 따라 평원지대에는 로마인들이 전파한 선진화된 농업 기법이 도입되었고, 발칸 유럽 곳곳에는 공공광장, 사원, 상수도 시설, 커다란 경기장과 목욕탕을 지닌 거대 도시들이 건설되었다. 당시 로마제국은 그들의 광대한 영토보존을 위해 점령지 주민들을 통해 병력을 충당하고자 했다. 이러한 조치는 비(非)로마인인 발칸 유럽 원주민에게 신분 상승의 기회로 다가오곤 했다.

오랜 세기 동안 이어진 발칸 유럽으로의 로마문화 유입은 고유한 여러 토착 부족들의 문화와 언어의 소멸을 가져왔지만, 발칸 지역의 완전한 로마화에는 성공하지 못하였다. 그 배경에는 로마 국내의 여러 부패와 문제점들이 누적되고 계속된 경제위기와 함께 무능한 군인 황제들로 인한 혼란이 주요 요인으로 자리했다. 제국 내부의 문제점은 점차 제국의 약화를 불러왔다. 특히 3세기 이후 페르시아를 비롯해 고트(Goth)족, 반달(Vandal)족, 프랑크(Frank)족 등의 게르만족 침략과 4세기경 아시아에서 온 훈(Hun)족 등 계속되는 이민족 침입은 방대한 로마제국 유지에 어려움을 안겨주었다. 당시 발칸 유럽 출신이던 두 명의 황제는 제국의 생명을 연장하기 위한 마지막 노력을 시도하게 된다. 우선 아드리아해의 중요 도시였던 살로나(Salona) 출생의 디오클레티아누스(Gaius Aurelius Valerius Diocletianus Augustus, 244-311, 재위 285-305)는 군인황제 출신으로 점차 기울어져 가던 제국의 통치 효율성을 위해 자신을 비롯한 4명의 황제를 두는 '4두 정치체제(테트라키아, Tetrarchia)'를 단행하였다. 그는 새로운 권력 구조 개편과 함께 관료 제도를 새롭게 정비함으로써 제국의 부흥을 꾀하고자 했다. 오랜 질병으로 고생하였던 디오클레티아누스는 사후에 황제권을 넘기던 다른 황제들과 달리, 305년 5월 스스로 사임한 후 313년 사망 때까지 오늘날 크로아티아 아드리아 해안에 자리한 '스플리트(Split) 궁전'에 들어가 여생을 마감하게 된다.

이것은 훗날 군인 황제시기를 마감시킨 콘스탄티누스(Flavius Valerius Aurelius Constantinus, 272-337, 재위 306-337)에 의한 로마제국 분열과 동로마 제국의 탄생을 낳

7- 스플리트에 자리한 '디오클레티아누스 궁전'의 상상 조감도
출처: https://commons.wikimedia.org/wiki/File:Diocletian%27s_Palace_(original_appearance).jpg

는 역사적 배경이 되었다. 오늘날 세르비아 니쉬(Niš)에서 태어난 콘스탄티누스는 크리스트교 공인 및 콘스탄티노플로의 수도 천도를 통해 제국의 재건과 부흥의 업적을 남겼다. 312년, 독자적인 황제를 꿈꾸었던 막센티우스(Marcus Aurelius Valerius Maxentius, 278-312, 재위 306-312)를 격파한 서방의 정제 콘스탄티누스는 313년 당시 동방의 정제였던 리키니우스(Gaius Valerius Licinianus Licinius, 263-325, 재위 308-324)와의 '밀라노 칙령'을 통해 크리스트교를 로마의 정식 종교 중 하나로 공인하였다. 이어 324년 리키니우스와의 결전에서 승리한 콘스탄티누스는 제국의 유일한 황제로 부상하게 된다. 그는 혼란으로 분열되어있던 로마제국을 다시 묶고 왕조 계승 원칙을 새롭게 설립하고자 했다. 더불어 330년, 유럽과 아시아의 새로운 경제 중심지로 변모한 발칸반도에 크리스트교 의식에 따른 새로운 수도를 건설하여 로마의 중흥을 꾀하고자 했다. 도시 이름은 그를 기념해 콘스탄티노플(Constantinople, 훗날 비잔티움 Byzantium)로 명명되었다. 훗날 동로마 제국의 수도가 된 이 도시는 1453년 오스만 터키 지배로 들어갔고, 오늘날 이스탄불(Istanbul)로 불리게 된다. 로

8- 로마 북부 티베르(Tiber) 밀비안(Milvian) 다리에서 콘스탄티누스와 막센티우스간 전투 장면
출처: https://commons.wikimedia.org/wiki/File:Raphael-Constantine_at_Milvian_Bridge.jpg

마와 대등한 위치로 격상된 콘스탄티노플에는 로마 신전이 불허되었고, 오직 크리스트교 교회 건축만이 인정되었다. 이때 이후 크리스트교는 발칸반도는 물론

로마 전역에 급속한 확산과 발전을 이루게 된다. 특히 크리스트교 발전의 역사적 과정에 있어 '콘스탄티노플 교회'(훗날 정교로 발전, 동방 정교)는 395년 동, 서로마의 분리 이후 서로마 제국의 멸망(476년) 그리고 이로 인한 '로마 교회'(훗날 가톨릭으로 발전, 서방 정교)의 침체 속에서도 동로마 제국의 비호를 바탕으로 계속해서 성장할 수 있었다. 이것은 로마 교회의 영향력이 미쳤던 중부유럽과는 달리 훗날 발칸 유럽에 정착하게 된 상당수의 남슬라브족 및 여러 이민족에게 콘스탄티노플 교회의 권위를 받아들이게 하는 배경을 형성했다.

남슬라브 역사 속 한마디

공의회는 초기 크리스트교 문제 해결의 집합소...

313년 콘스탄티누스와 리키니우스와 맺은 '밀라노 칙령'은 크리스트교 발전 역사에 있어 가장 중요한 사건 중 하나로 인정되고 있다. 이후 크리스트교는 로마제국의 보호와 여러 혜택을 통해 비약적인 발전을 이룰 수 있었다. 예수를 신이 아닌 인간임을 주장을 아리우스파(Arianism)를 단죄하기 위해 콘스탄티누스가 소집한 최초의 크리스트교 공의회인 325년 '니케아 공의회(Council of Nicaea)'에서 크리스트교 사제들은 성삼위(성부, 성자, 성령) 일체를 공인하는 '니케아 신조(Nicene Creed)'와 함께 크리스트교의 3대 교회로 로마, 알렉산드리아, 안디옥 교회를 확정 짓고, 예루살렘 교회에 3대 교회에 버금가는 권위를 부여하는 내용을 결정하게 된다.

이어 381년 소집된 '제1차 콘스탄티노플 공의회(Council of Constantinople)'에선, 성삼위 일체를 확정 짓고 동시에 진정한 로마제국의 뒤를 잇는 콘스탄티노플 교회를 로마 교회 다음 서열로 한다는 내용이 발표되었다. 하지만 콘스탄티노플 교회의 권위 부여로 제 2교회 권위를 빼앗긴 알렉산드리아 교회의 반발이 이어졌고, 이를 빌미로 로마 교회는 오랜동안 공의회 결정을 인정하지 않게 된다. 크리스트교의 4번째 공의회인 451년 '칼케돈 공의회(Council of Chalcedon)'에선 예수의 인성과 신성 모두를 인정하는 양성론의 확정과 함께 5개의 대주교 관구(로마, 콘스탄티노플, 알렉산드리아, 안디옥 그리고 예루살렘)를 그 순서에 따라 권위를 부여한다는 교회령이 확정 되게 된다.

실제 오늘날 발칸 유럽을 비롯해 유럽의 문화 형성에 있어 중요한 한 축을 차지하고 있는 크리스트교의 초기 문제들은 동·서 로마 지역 내 각 대주교 관구의 사제들이 모여서 진행한 수차례의 공의회 등을 통해서 해결하여 갔다. 여러 논쟁 중 현대 크리스트교에까지 그 영향을 미치고 있는 주요 논쟁들은 4세기의 '성삼위 일체 논쟁', 5세기 중엽에 일어난 '양성론과 단성론 논쟁', 그리고 '성상 사용 문제'를 둘러싼 8세기 말과 9세기 초 사이의 교회 논쟁들을 들 수 있다. 이러한 교회 교리를 둘러싼 주요 논쟁들은 주로 각 대교구 간 주도권 싸움에서 기인하였고, 결과적으로 크리스트교 갈등과 분열의 배경을 제공해 주었다고 할 수 있다.

2) 동·서 로마 분기점에 자리한 서부 발칸

크리스트교를 중심으로 로마제국 중흥을 이끌고자 했던 콘스탄티누스의 노력에도 불구하고, 테오도시우스(Flavius Theodosius Augustus, 347-395, 재위 379-395) 황제 사후인 395년, 로마제국은 마침내 동, 서로마로 분할되게 된다. 테오도시우스 또한 로마의 중흥을 위해 여러모로 노력하였다. 그는 당시 로마를 위협하던 동고트족을 달래어 제국의 협조자로 만들었고, 392년 크리스트교를 국교화함으로써 로마인들의 단합을 유도하고자 했다. 하지만, 이탈리아에서 일어난 이교도들의 반란 진압 당시 테오도시우스가 갑자기 사망하였다. 이후 로마제국은 오늘날 세르비아 베오그라드(Beograd) 인근인 시르미움(Sirmium, 현재 스렘스카 미트로비짜 Sremska Mitrovica 북부) 부근의 사바강에서 다뉴브강, 우나(Una)강 그리고 몬테네그로와 알바니아 국경에 걸쳐 있는 스카다르 호수에 이르는 선을 따라 그의 아들들에 의해 동·서 로마로 각각 분열되게 된다.

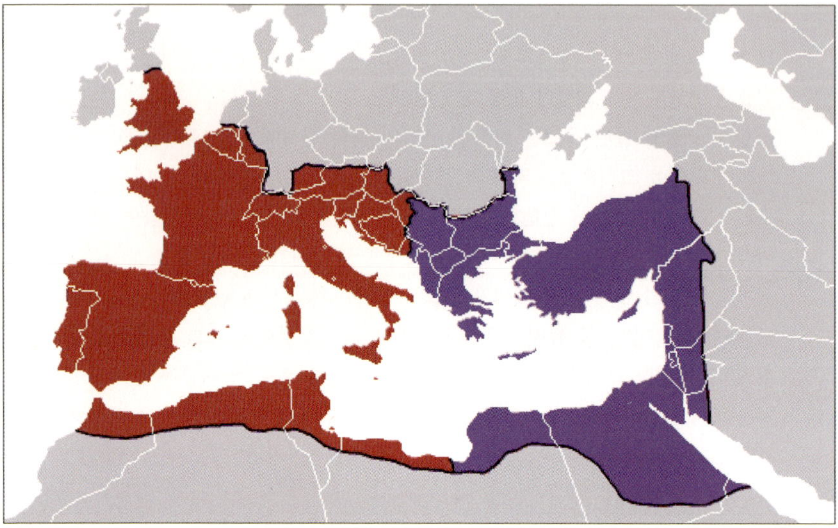

9- **동·서 로마 제국의 분리 선상에 자리한 발칸 유럽**
출처: https://commons.wikimedia.org/wiki/File:Theodosius_I%27s_empire.png

발칸 유럽의 역사와 종교, 문화사에 있어, 동·서 로마 분리는 중요한 의미를 지닌다. 동·서 로마의 분리선은 이후 유럽의 실질적인 종교, 문화적 분할 선으로 이어졌고, 더 나아가 정치, 경제적 분열을 낳는 주요 배경을 형성하였다. 동·서 로마 경계선에 자리한 발칸 지역 주민들은 역사적 흐름에 따라 점차 양 지역의 독특한 문화적 차이를 경험해야 했으며, 종교적 이원화 및 갈등 또한 감내해야 했었다. 실제, 동·서 로마로의 분리는 크리스트교의 분열에도 중대한 영향을 미쳤으며, 동·서 교회의 분열(Schism, 1054년) 또한 이러한 정치적 분열에서 비롯되어 더 가속화되었다고 할 수 있다. 희랍어(헬라어)와 라틴어가 서로 통용되는 등 양대 지역(동, 서로마)에 대한 선교 활동이 자유로웠던 초기 크리스트교 시기와 달리, 동·서 로마제국 분리 이후 서로마의 멸망은 양 지역 교회 간 교류의 단절 및 제례 의식의 이원화를 낳았다. 특히, 1054년 성삼위 일체 논쟁을 둘러싼 로마 교회 교황 레오 9세(Pope Leo IX, 1002-1054, 재임 1049-1054)와 콘스탄티노플 교회의 미카엘 총대주교(Michael I Cerularius, 1000-1059, 재임 1043-1058) 간 갈등이 서로 간의 파문으로 이어

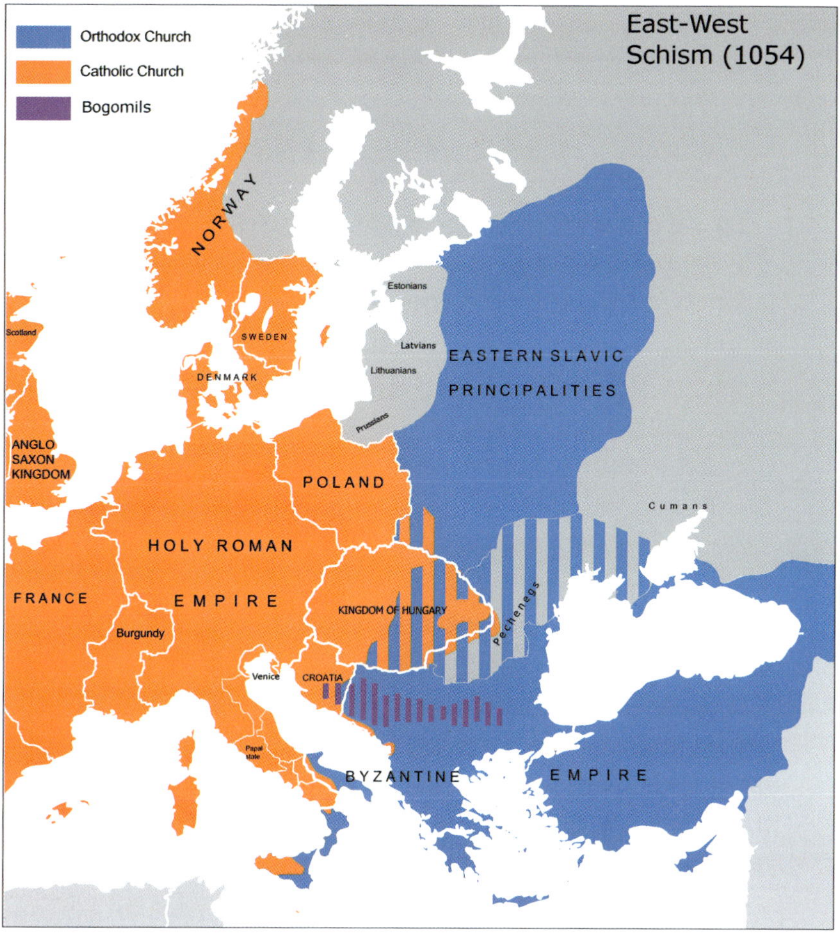

10- **발칸반도를 중심으로 한 1054년 크리스트교 종교 분열선**
출처: https://commons.wikimedia.org/wiki/File:Great_Schism_1054_with_former_borders.png

지면서 동·서 교회의 대분열이 확정되게 된다. 이후, 발칸 유럽의 서쪽 지역은 로마 교회를 축으로 하는 '로마 가톨릭(Catholic)'의 영향력이 확대되었고, 동쪽 지역에선 비잔틴 제국의 영향과 콘스탄티노플 교회를 중심으로 한 '정교(Orthodoxy)'가 이 지역 민족들의 정체성 형성에 큰 영향을 미치게 된다.

남슬라브 역사 속 한마디

발칸 유럽에서의 가톨릭과 정교

발칸 유럽을 특징짓는 한 마디로는 통상 '종교와 문화의 모자이크'를 들 수 있다. 이것은 이 지역을 경계로 양대 크리스트교 교회 간 분화가 이루어졌고, 17세기 이후로 이슬람과 가톨릭 문화권의 경계선이 자리하였기 때문이다. 특히, 로마 교회와 콘스탄티노플 교회, 양대 교회는 세월의 흐름과 교회 간 단절에 따라 서로 다른 예배 의식과 형식이 발달하게 된다. 4세기 서로마 제국의 멸망과 게르만족의 로마 영토로의 진입 이후 양대 교회는 예배 의식과 형식의 단절, 교회 간 불신과 분열을 겪어야 했으며 이것은 1054년 크리스트교의 분열로 이어졌다.

로마 교회의 가톨릭은 교황의 무오류를 바탕으로 교황을 교회 수장으로 하여 통합을 추진하였고, 성직자의 결혼을 금지하고 성상을 숭배하였으며 앉아서 미사를 보고 성호 또한 이마(성부)와 가슴(성자)을 짚은 후 왼쪽 어깨에서 오른쪽 어깨로 긋는 형식으로 이어졌다. 반면, 정교로 발전한 콘스탄티노플 교회와 그 영향 지역들은 동로마 제국의 후신인 비잔틴 제국 황제를 수장으로 콘스탄티노플, 알렉산드리아, 예루살렘, 안티오크, 모스크바 교회의 5명 총대주교가 동일 서열에 자리한다. 더불어 로마 교회의 교황과 달리 이들 총대주교 또한 인간적 오류를 범할 수 있음을 인정하고 고위 성직자를 제외한 일반 사제들의 결혼을 허락하였다. 성화는 숭배하지만, 성상은 금지하였으며 가톨릭과 달리 서서 미사를 보며, 성호를 이마와 가슴을 짚은 후 어깨 오른쪽에서 왼쪽으로 긋는 형식을 선택하였다.

뒤이어 11세기 말에서 13세기 말까지 총 8회 이상 진행된 십자군 원정이 이슬람교도에게 잃어버린 성지 예루살렘 탈환을 목적으로 교황의 요청에 따라 이루어졌다. 하지만 제4차 십자군 원정대의 콘스탄티노플 점령(1203)과 약탈 그리고 1204년 '라틴 제국(Latin Empire, 1204-1261)'의 수립 및 이에 대한 로마 교황의 침묵은 더는 양대 교회가 화합 할 수 없는 상황으로까지 사태를 이끌게 하였다. 이것은 크리스트교의 한 축을 형성하였던 비잔틴 제국의 급격한 쇠퇴와 함께, 양대 교회 간의 불신과 분열의 골을 더욱 깊게 만들게 하였다고 할 수 있다.

11- **콘스탄티노플을 공격 중인 제4차 십자군(1203)**
출처: https://commons.wikimedia.org/wiki/File:PriseDeConstantinople1204PalmaLeJeune.JPG

종교, 문화적으로 볼 때, 동, 서로마의 분리선은 발칸반도를 서방의 로마문화 대(對) 비잔틴 문화, 가톨릭(서방 정교) 대(對) 정교(동방 정교), 라틴(Latin)문자 권 대(對) 끼릴(Cyril/ Ćiril)문자 사용 지역으로 나뉘게 하였다. 그리고 정치적으로 프랑크 제국, 신성로마제국, 합스부르크 제국 대(對) 동로마 제국과 그 뒤를 잇는 비잔틴 제국, 오스만 터키 제국 간의 경계선을 형성케 하였다. 더불어, 이것의 역사적 유산은 20세기에 발생한 발칸 유럽 분쟁들의 배경 및 민족 간 문화, 종교적 이질성의 역사적 주요 배경을 제공하게 된다.

더불어 동·서 로마제국의 분열은 이후 로마제국의 국력 약화와 함께, 경제, 군사적 붕괴를 낳게 된다. 특히 제국 분리와 맞추어 4세기 말부터 5세기 말까지

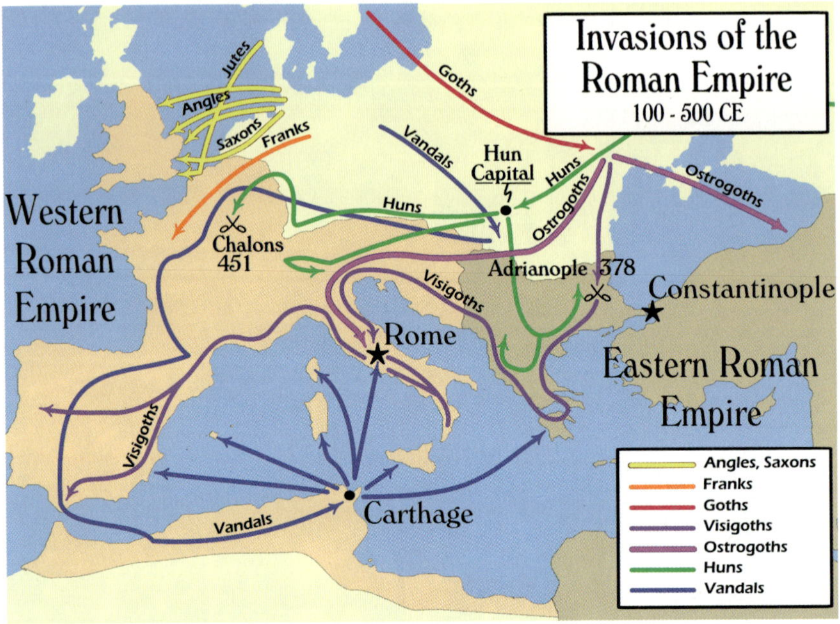

12- **아시아 유목 민족과 게르만족 등 이민족의 로마 제국 침략**
출처: https://commons.wikimedia.org/wiki/File:Invasions_of_the_Roman_Empire_1.png

훈족의 압박에 따른 게르만족의 대이동이 확대되었고, 이것은 476년 서로마 몰락으로 이어졌다. 271년 로마로부터 다치아(Dacia, 오늘날 루마니아) 지역을 빼앗은 동고트족은 로마의 약화를 틈타 점차 그 세력을 넓혀 나갔다. 그리고 4세기에 들어와서는 다뉴브강을 넘어 서로마 및 동로마 내륙의 여러 도시, 그리고 5세기 말에 들어와선 아드리아해와 에게해 연안 도시들까지 약탈하기 시작하였다. 또한, 아시아 유목 민족인 훈족은 375년 등장 이후로 동로마 제국에 의해 패망하기 전(469년)까지 약 100년간 유럽을 위협하였다. 특히, 훈 왕국을 건설한 아틸라(Attila, 406-453, 재위 434-453)는 로마제국들을 계속해서 괴롭혔다.

이민족들의 발칸 유럽 침공은 동로마 제국의 최대 전성기를 구축한 유스티니아누스 1세(Justinian I, 482-565, 재위 527-565) 황제 통치 시기 조금씩 약해져 갔다. 이 시기 동안 동로마 제국은 반달 및 동고트족 정복 등을 통해 이민족들을 몰아

13- **과거 콘스탄티노플 교회 본산지로 이스탄불에 자리한 '하기아 소피아'**

내고 이탈리아와 북부 아프리카 지역을 재탈환했다. 더불어 서고트 왕국의 왕위 분쟁을 이용하여 이베리아 남동부로까지 영토를 확장하는 등 과거 서로마의 상당 지역을 다시 편입하는 데 성공하게 된다. 또한, 페르시아와의 여러 차례 전쟁 승리와 보상금 지급에 따른 휴전협정을 통해 동방으로의 세력확장도 꾀할 수 있었다. 국력 확대를 바탕으로 유스티니아누스 1세는 자신을 국가권력의 중심뿐만 아니라 교회의 정신적 구심점으로 승격시킴으로써 종교와 정치의 일치를 추구하였다. 한편 이때 이후로 동로마 제국에서의 교권과 세속 권 일치 사상은 훗날 콘스탄티노플 교회 즉, 정교를 받아들인 발칸 유럽의 남슬라브족에게 국가와 민족의 운명을 종교 독립권과 동일시하는 의식을 심어주게 하였다. 더불어 이러한 의식 확대는 한편으론 이들 지역에서 종교가 극단적 민족주의 도구로 활용되는 부작용을 낳기도 했다. 유스티니아누스 1세 시기 로마제국의 정통성을 부여하는 법

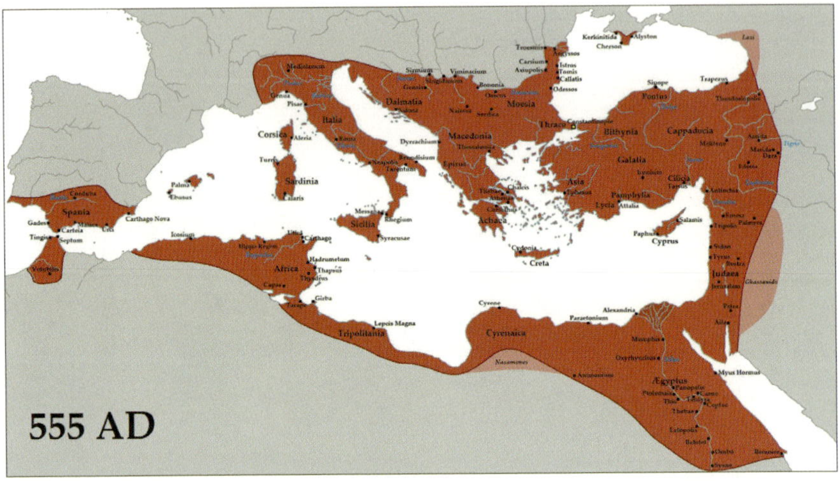

14- 유스티니아누스 황제 시기 동로마 제국의 영토
출처: https://commons.wikimedia.org/wiki/File:Justinian555AD.png

전 완성 및 고대 미학을 상징하는 대표적 크리스트교 건축물인 '하기아 소피아(Hagia Sophia)'가 콘스탄티노플에 완성되었다.

비잔틴 제국 황제이자 콘스탄티노플 교회 수장이었던 유스티니아누스 1세는 정치, 종교적으로 다시 한번 로마제국을 부활시키고자 노력했다. 그는 다시 회복한 서로마 지역마다 콘스탄티노플 교회의 영향력을 확대하는 데도 주력하였다. 하지만, 이러한 유스티니아누스 황제의 노력은 그의 사후 동로마 제국의 쇠락과 함께 저물게 된다. 6세기 중엽 이후 대두된 아바르(Avar) 유목 민족의 침략과 사산조 페르시아의 반격, 그리고 6세기 말과 7세기에 걸친 불가리아, 세르비아 등 남슬라브족의 발칸반도 이주 및 중세 왕국수립은 동로마 제국을 더욱 약화했으며, 발칸 유럽에 있어서도 제국의 영향력 또한 축소되어야 했다.

제2장

중세(7C-17C),
중세 왕국 수립과 외세의 지배

1. 중세 I(7C-13C) : 슬라브족의 이주와 크리스트교화

남슬라브족의 발칸 이주와 정착 | 콘스탄틴 키릴과 메토디우스

2. 중세 II(10C-14C) : 중세 왕국의 수립과 발전

불가리아 중세 왕국 | 크로아티아 중세 왕국 | 세르비아 중세 왕국 | 보스니아 중세 왕국

3. 중세 III(15C-17C): 외세 지배하의 서부 발칸과 제국주의 시대

합스부르크 지배지역 | 오스만 터키 지배지역 | 달마티아 도시들과 라구사 공국

1. 중세 I(7C-13C) :
슬라브족의 이주와 크리스트교화

1) 남슬라브족의 발칸 이주와 정착

원시 슬라브인들은 BC 500년경부터 고대 이란인의 한 분파인 스키타이(Scythai)족의 침입을 피해 발트해와 엘베(Elbe) 강쪽으로 이주하기 시작하였다. 슬라브족의 이주는 긴 시간에 걸쳐 이루어졌는데, 그 이유는 이들 슬라브족이 농경민족이었다는 데서 기인한다. 남슬라브족은 원 거주지보다 따뜻하고 농사하기 좋은 땅을 찾아 점차 남으로 이주해 내려왔고, 내려오는 동안에도 농경과 정착 생활을 위한 터전을 계속 구축하며 이주하게 된다. 당시 엘베강 지역은 켈트족이 지배하던 곳으로 켈트족은 BC 3세기와 5세기에 걸쳐 다뉴브강과 흑해 지역에 걸쳐 자신들의 세력권을 확장하고 있었다. 현재 스웨덴 동부지역에 거주하고 있었던 고트족 또한 슬라브족의 이주에 따라 이전 슬라브 거주지역과 흑해 지역으로 진출하기 시작하였다. 이후 아시아에서 온 훈족의 침입으로 고트족이 멸망하자 민족 간 대이동이 다시 일어나게 된다. 당시 슬라브족은 북부의 일부 슬라브족을 제외하고 대부분 이민족 지배하에 있었다. 하지만 AD 4세기 이후 들어와 엘베강 중, 하류 지역을 장악하던 켈트족들이 서로마 제국의 혼란을 틈타 영토 내로 침입하자 점차 이 지역은 슬라브족으로 메워지게 되었다. 이들이 현재 체코와 슬로바키아 그리고 폴란드의 선조인 '서슬라브족'이고 이들은 엘베강을 건너 그 세력을 점차 확대해 나갔다.

15- **7-9세기 슬라브족의 분화와 정착**

출처: https://commons.wikimedia.org/wiki/File:Slavic_tribes_in_the_7th_to_9th_century.jpg

남슬라브 역사 속 한마디

원시 슬라브족의 발원지는?

원시 슬라브인들의 발원지를 둘러싼 논쟁은 크게 3가지 학설을 중심으로 오랫동안 논의됐다. 우선 첫 번째는 일부 언어학자들을 중심으로 한 학설로 이들은 원시 슬라브인들의 발원지가 오데사(Odessa) 인근의 다뉴브강 유역이며 슬라브어가 게르만어에 영향을 받았다고 주장하고 있다. 두 번째는 일부 고고학자들을 중심으로 제기된 학설로, 이들은 세르비아인을 포함해 원시 슬라브인들은 석기시대 이후로 현재 우크라이나 키에프(Kiev) 북쪽 프리페트(Pripet)강 유역 습지를 중심으로 정착촌을 형성했다고 주장하고 있다. 이러한 주장들 즉, 초기 슬라브 민족이 게르만 문화에 영향을 받아 형성되었다는 주장과 대체로 문화적 빈곤과 빈약을 의미하는 습한 늪지대 문화를 이어받았다는 주장들은 오랫동안 슬라브 민족을 열등한 민족으로 보려는 일부 극우 민족주의 학자들과 정치가들에게 악용되어왔다.

하지만 20세기 초와 중엽을 거치면서 니이델리(L. Niederle)와 폴란드의 여러 고고학자(John Czekanowski, L. Kozlowski, J. Kostrzewski, T. Sulimirski)를 중심으로 연구가 활발히 일어나면서 원시 슬라브 민족 거주지가 알려진 것과는 달리 프리페트강부터 남쪽으로는 카르파티아(Carpathian)산맥까지 그리고 서쪽으로는 비스와(Vistula)강(폴란드 북북 발틱해에서 남으로 흐르는 강), 오데르(Oder)강(독일, 폴란드, 체코를 흐르는 강), 엘베강(독일 발틱해부터 체코까지 이어짐)까지 이르는 광대한 지역에 걸쳐 거주했었다는 주장이 대두되게 된다.

원시 슬라브 민족들의 최초 거주지에 대한 이러한 논쟁에 대해 발칸 유럽 전문가인 페르디난드 쉐빌(Ferdinand Shevill)은 최근의 연구 동향을 언급하면서 대체로 원시 슬라브족들이 광대한 지역을 차지했으며 자신들의 고유한 문화를 발전시켜 왔다고 언급하고 있다.[1]

이와 함께 5세기 6세기에 걸쳐 일단의 슬라브족이 다뉴브강을 넘어 비잔틴 제국 지배를 받던 발칸 지역으로 이주하기 시작하였다. 발칸반도로 이주한 남슬라브족은 점차 북부 아드리아해안부터 흑해까지 그 거주지를 확대해 갔다. 이들

1 Ferdinand Schevill, The History of the Balkan Peninsula. (New York: Arno Press and The New York Times, 1971), p. 73; 원시 슬라브족의 기원을 둘러싼 더 자세한 논쟁은 Francis Dvornik, The Slavs: Their Early History and Civilization, (Boston: American Academy of Arts and Sciences, 1959), pp. 3-13 참조.

은 6세기 중엽 동로마 제국과 서부의 프랑크 제국을 위협하고 있던 아시아 유목 민족인 아바르(Avar)족과 동맹을 맺거나 그 지배하로 들어가 있었다. 비잔틴 제국에 의해 멸망한 훈족을 대신해 오늘날 헝가리지역을 차지한 아바르족은 슬라브족과 함께 이후 이탈리아 해안지역과 발칸 전 지역 그리고 소아시아 일부 지역까지 진출함으로써 그나마 이들 지역에 남아 있던 초기 크리스트교 문화를 상당수 파괴해 버렸다. 이것은 달마티아 지역은 물론 현재 유고슬라비아 북서부지역의 초기 크리스트교 문화의 상당수 흔적이 사라지는 배경이 된다.

반면, 아바르족의 비잔틴 제국 침략과 제국의 약화는 달마티아 지역을 비롯한 발칸 지역을 남슬라브족이 장악할 수 있는 절호의 기회를 제공해주었다. 실제, 6세기 이후 확대된 아바르족의 비잔틴 제국공격은 당시 제국 지배를 받던 남슬라브족이 이를 벗어날 수 있는 장을 마련해 주었다. 626년 아바르족의 콘스탄티노플 포위가 실패로 돌아간 이후 남슬라브족에 대한 아바르족 지배권 또한 급격히 상실되게 된다. 발칸 유럽의 로마 공동체들은 아바르족의 침략과 더불어 급속하게 약화하여갔다. 이를 계기로 남슬라브족은 로마 원주민들을 점차 산악지역으로 몰아내며 발칸의 새로운 주인공으로 등장할 수 있었다. 그리고 8세기 말에 이르러서는 발칸반도 대부분이 남슬라브족에 의해 장악되게 된다. 게다가 9세기 이후 발칸반도를 경계로 한 로마가톨릭과 정교 간의 교세 확장 싸움은 크리스트교를 중심으로 단결해 왔던 이 지역 로마 원주민 공동체들을 급격히 분열시켜갔다. 발칸 유럽에서 비잔틴 제국의 세력약화와 로마 원주민 공동체의 분열은 남슬라브족 세력확대와 중세 왕국 건설의 좋은 기회를 제공하여 주게 된다.

넓은 평야 지대인 중부유럽의 서슬라브족과 달리 산악지대가 많은 발칸 지역에 정착한 남슬라브족은 느슨한 정치, 사회적 구조를 지니고 있었고, 이것은 곧 정치 분열과 군사력 약화로 이어졌다. 또한, 이런 지리적 특성은 남슬라브족이 작은 집단 구성체로 갈라져 독자적인 부족을 형성하는 배경이 되었으며, 다음 세대가 등장하기 전에 서로 간 교류와 문화 전달이 단절되고, 점차 관습, 언어, 정치 조직 차이점이 커지는 배경이 되었다. 9세기 말에는 남슬라브족 분화가 시작되어 크게 불가리아족, 세르비아족, 크로아티아족 그리고 슬로베니아족이라는 4개의 공동체로 나누어지게 된다.

2) 콘스탄틴 키릴과 메토디우스

발칸 유럽의 남슬라브족에게 크리스트교(정교)가 전파되기 시작한 시기는 7세기부터지만, 실질적인 종교 복음은 9세기 말 비잔틴 제국에서 모라비아(Great Moravia, 833-907, 오늘날 슬로바키아와 체코 동부지역) 왕국으로 파견되었던 키릴(Cyril/ Ćiril, 826-869)과 메토디우스(Methodius/ Metodije, 815-885) 형제 그리고 그 제자들에 의해서였다. 이들 형제는 비잔틴 제국의 데살로니끼(Thessaloniki, 당시 솔룬(Solun)) 출신으로 형인 메토디우스는 도서관장을 지낼 정도로 행정 분야와 정치, 외교적인 분야에서 탁월한 능력을 발휘하였다. 그리고 동생인 키릴은 철학, 신학적 재능과 더불어 당시 3대 성스러운 언어로 분류된 헬라어(그리스어, 한자체로는 희랍어), 라틴어, 히브리어는 물론 시리아어, 슬라브어에도 다양한 어학적 능력을 소유하고 있었다.

모라비아 왕국의 두 번째 왕인 라스티슬라브(Rastislav 또는 Rostislav, ?-870, 재위 846-870)는 로마 교회(가톨릭)를 추종하는 이웃 프랑크 왕국의 위협에 놓이게 된다. 더불어 프랑크 왕국이 제1 불가리아 제국과 동맹을 맺으며 압박을 가해오자 새로운 동맹 세력의 필요성에 직면해 있었다. 더불어 그는 국가의 기초를 새롭게 정비하고 문자와 크리스트교 수용을 위해 비잔틴 제국의 황제 미카엘 3세(Michael III, 839/840-867, 재위 842-867)에게 슬라브어로 콘스탄티노플 교회(정교)의 교리를 가르치고, 행정체계 수립을 도와줄 수 있는 사람들을 파견해 달라고 요청하였다. 이에 제국은 862년 키릴과 그의 형인 메토디우스를 파견하게 된다. 모라비아에 도착했을 당시 키릴과 메토디우스에겐 성경을 배우고자 하는 수도승들이 많이 모여들었다. 그들은 효율적이고 빠른 가르침을 위해 새로운 선택을 하게 된다. 실제 중세 크리스트교 복음에 필요한 최소한의 문서나 서적 번역은 이전까지 헬라어와 라틴어가 기본이었다. 하지만 이들은 대중적인 슬라브어로 된 성경 번역을 선택했으며, 이를 통해 크리스트교 확산의 기틀을 마련하게 된다. 실제, 키릴과 메토디우스는 비잔틴 고위관료 후예들로 헬라어와 라틴어에 능통했었고, 어린 시절 자신들의 고향인 테살로니키에서 사용되던 슬라브에도 익숙하였다. 과거 메토디우스는 비잔틴 제국하 슬라브 지역에 파견되어 슬라브어 구술능력을 더욱 향상할 수 있었다. 실제, 9C 당시에도 비잔틴군대 용어에는 라틴어 흔적이 많이 남아 있었다. 키릴이 작성한 비잔틴 문서들을 통해서도 그가 헬라어와 라틴어만큼이나 시리아어와 히브리어를 유창하게 사용했으며, 사마리아어와 시리아어 또한 읽을 수 있었음을 확인할 수 있다.

모라비아에 도착한 이들 형제는 효율적인 크리스트교 전파를 위해 863년 '고대 교회 슬라브어'에 기초한 새로운 문자 체계(글라골 문자 Glogolica)를 수립했다. 그리고 이를 기초로 그동안 히브리어, 헬라어와 라틴어로만 되어있던 성경 번역을 추진해 나갔다. 당시, 그리스 문자의 소문자 초서체에 기초한 글라골 문자에는 콥트문자, 키프로스 문자 그리고 헤브라이 문자 등도 일부 들어가 있었다. 매우 독특한 문자 체계인 '글라골 문자'는 이후 신의 영광과 슬라브족의 주권 그리고 독립성을 상징할 때 주로 애용되게 된다. 새로운 문자 체계 수립과 보급 외에도 이들 형제는 라틴어가 아닌 슬라브어로 예배를 이끌어 갔으며 여러 교회를 수립해 나갔다. 이후 그들의 작업은 로마 교황으로부터도 승인을 받게 된다.

869년 키릴이 사망하고 그들의 후원자였던 라스티슬라브마저 870년 사망하자 모라비아 왕국은 권력 투쟁 끝에 동 프랑크 지지자들이 권력을 장악하게 된다. 이들은 메토디우스와 그 제자들을 이단으로 낙인찍으며 탄압하였고, 메토디우스는 2년 가까이 동 프랑크에서 투옥 생활을 견디어야만 했다. 이후 885년 메토디우스마저 사망하자 이들을 따르던 정교 사제들과 제자들은 모라비아 왕국에서의 전도를 포기하고 여러 지역으로 흩어져야 했다. 그중 성 클리멘트(Saint Clement/ Свети Климент, 840-916)와 성 나움(Saint Naum/ Свети Наум, 830-910)등 키릴과 메토디우스 제자들은 886년 비잔틴 제국으로 가던 도중 제1 불가리아 제국

16- **불가리아에 크리스트교(정교)를 받아들인 보리스 1세(재위 852-889)의 세례 의식 장면**
출처: https://commons.wikimedia.org/wiki/File:57-manasses-chronicle.jpg

의 보리스 1세(Boris I, ?-907, 852-889) 요청에 따라 슬라브어로 설교할 시간을 갖게 되었다. 864년 보리스 1세가 크리스트교(정교)를 받아들인 이후 비잔틴 제국에서 파견 온 사제들이 헬라어로 예배를 보며 불가리아에서 정교 사제들을 양성하던 시기였다.

당시 날로 커지는 비잔틴 제국의 위협 속에서 보리스 1세는 불가리아의 주권과 독립 그리고 문화 정체성 보존에 깊은 관심을 지니고 있었다. 따라서 클리멘트와 나움에게 헬라어보다는 '교대 교회 슬라브어' 예배 확대와 슬라브 문자 개발을 요청하게 된다. 클리멘트와 나움은 이후 약 4,000명에 가까운 제자들을 양성했으며, 슬라브어와 '글라골 문자'를 기초로 불가리아 제국 전역에 정교를 확대해 갈 수 있었다. 훗날 이들은 '글라골 문자'에 좀 더 실용성을 가미한 새로운 문자체를 고안하였고, 스승의 이름을 기려 '키릴 문자(Cyrillic alphabet, 혹은 아즈부카(azbuka))'로 명명하였다. 이를 통해 이들은 문자의 정통성을 강조하고자 했고, 슬라브인을 위한 문자를 만들어 준 창립자이자 스승의 뜻을 기리고자 했다. 이후 '키릴 문자'는 발칸 유럽의 종교 복음과 러시아 등 슬라브족에게 정교 신앙 확대에 이바지하게 된다.

'고대 교회 슬라브어'는 12세기경에 근본적으로 수정되었고, 이후로 각 지역의 구어를 바탕으로 여러 변이형이 나타나게 된다. 이 시기를 '초기 교회 슬라브어 시대'라 부른다. 이 시기의 문헌들은 '글라골 문자(Glagolica)'나 '키릴 문자(Ćirilica)'로 쓰였는데, 이후로도 한동안 중부 유럽의 모라비아, 보헤미아 외에도 발칸 유럽의 크로아티아, 마케도니아와 불가리아 일부 지역에서도 사용되게 된다.

17- **키릴 문자 창시자, 키릴과 메토디우스 형제**

출처: https://commons.wikimedia.org/wiki/File:Cyril-methodius-small.jpg

남슬라브 역사 속 한 마디

가장 오래된 슬라브 문자 문헌은?

오늘날 남아 있는 문헌들 가운데 키릴과 메토디우스에 의해 직접 쓰인 것은 없다. 가장 오래된 것이 10세기 말경에 기록된 것이며, 이 문헌들은 지역에 따라 다양한 판본으로 이루어져 있다. 동슬라브어(러시아어) 판본으로써 '오스트로미르 복음서(Ostromir Gospel, 1056)'는 현존 문헌 중 가장 오래된 것이다. 10세기 초에 쓰인 불가리아어 판본에서는 헬라어와 모라비아어 어휘가 제거되고, 새로운 용어들이 만들어졌다. 이것은 당시 불가리아의 학문 수준을 반영하는 것이었다. 세르비아어 판본으로써는 12세기 것이 남아 있는데, 이 판본은 마케도니아어의 영향을 보여주고 있다. 이 외에도 모라비아어 판본, 보헤미아어 판본, 마케도니아어 판본 등이 있는데, 이중 모라비아어 판본과 보헤미아어 판본은 라틴어의 영향이 많이 보이며, 마케도니아 판본은 어휘나 어구 면에서 키릴 문자의 초기 형태를 보여주고 있다는 점에서 의미가 높다 하겠다.

2. 중세 II(10C-14C) : 중세 왕국의 수립과 발전

1) 불가리아 중세 왕국

가) 제1 불가리아 제국

630년 무렵 불가리아 지역에선 남슬라브족 사이에 일련의 정치적 연합체가 형성되기 시작했다. 이를 기초로 이들은 이후 파노니안 평원 지대(오늘날 헝가

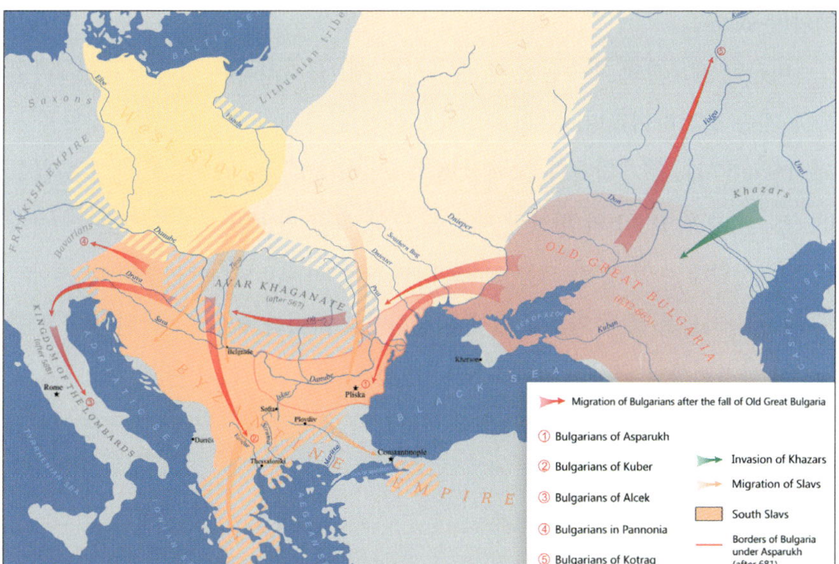

18- **원시 불가르족의 이동과 슬라브족(6-7세기)**

출처: https://commons.wikimedia.org/wiki/File:Bulgarians_and_Slavs_VI–VII_century.png

리와 세르비아의 보이보디나 지방)와 발칸 지역을 장악했던 아바르 유목 민족 지배에서 벗어날 수 있었다. 남슬라브족은 670년 코카서스를 통해 들어 온 원시 불가르(Bulgar)족과 연합해 발칸반도로 세력을 형성해 나가기 시작했다.

오랜동안 발칸반도의 실질적인 지배자였던 비잔틴 제국은 7세기경 이후 아바르족의 침략 그리고 남부에서 이어진 아랍 민족의 공격으로 국력이 쇠약해져 있었다. 이것은 발칸 동부의 남슬라브족을 장악하고 있던 원시 불가르족에게 중세 왕국수립의 좋은 기회를 제공해주게 된다. 681년, 발칸반도의 안정이 필요했던 동로마 황제 콘스탄틴 4세(Constantine IV, 652-685, 재위 668-685)와 원시 불가르족 칸 아스파르후(Khan Asparuh, 640-701, 재위 681-701) 사이에 불가리아 중세 국가 성립을 인정하는 협약이 체결되었다. 이에 따라 제1 불가리아(681-1018)가 수립되게 된다. 콘스탄틴 4세는 아랍 민족의 제1차 콘스탄티노플 포위(674-678)를 풀고 주변 다른 게르만족과 화친 후 곧바로 국경을 침범한 제1 불가리아로 출정하였다. 하지만, 출정 도중 황제 건강 악화와 계속된 패전으로 결국 불가리아 왕국을 인정해야만 했었다.

비잔틴 제국과의 계속된 전쟁 속에서도 제1 불가리아는 협력과 문화교류를 통해 계속 발전하여갔다. 실제, 8세기 초 아랍 민족들의 제2차 콘스탄티노플 봉쇄(717-718)[2] 당시 불가리아의 칸 테르벨(Tervel, 675-721, 재위 700-721)은 레오 3세(Leo III, 685-741, 재위 717-741)의 비잔틴 제국을 도와 아랍 민족의 포위를 푸는 데 군사적으로 지원해 주었고, 칸 크룸 (Krum, ?-814, 재위 803-814) 당시에는 비잔틴 제국과의 전투 승리들을 통해 영토를 크게 확장하기도 하였다. 9세기 비잔틴 제국은 당시 제1 불가리아와 국경을 맞대고 있던 신생 국가인 모라비아 왕국과의 우호 관계 구축을 통해 불가리아 지배권을 강화하고자 했다. 당시 비잔틴 제국은 키릴과

---

2 아랍 민족의 제1차 콘스탄티노플 포위(674-678)는 비잔틴 제국의 콘스탄틴 4세(Constantine IV, 652-685, 재위 668-685) 시기에 단행되었다. 하지만, 비잔틴 제국은 '그리스의 불(Greek Fire)'로 알려진 화염 무기를 갖춘 전투선을 중심으로 이를 잘 격퇴할 수 있었다.

19- **칸 테르벨의 위상을 잘 보여주는 '사자탄 마다라(Madara) 기사상'(1979년 UNESCO 지정)**
- 불가리아 북서부 마다라 마을에 자리한 100m 높이의 암벽 위, 지상 23m에 새김
출처: https://commons.wikimedia.org/wiki/File:Madara-rider-Svik.jpg

메토디우스를 모라비아로 파견해 행정체계 수립에 도움을 주었고 새로운 문자와 크리스트교 보급 등 비잔틴 제국 문화 전승을 통해 관계를 구축해 나갔다.

불가리아의 보리스 1세는 864년 세례를 통해 미하일(Mihail)이란 세례명을 받고 비잔틴 제국으로부터 크리스트교(정교)를 받아들였다. 크리스트교 도입을 통해 왕국 내 단결을 이룬 제1불가리아는 시메온 1세(Simeon I, 864/865-927, 재위 893-927) 시기에 들어와 최대 전성기를 이루었다. 광대한 영토를 바탕으로 비잔틴 제국의 침략을 막아냈던 시메온 1세는 924년에서 926년 사이 로마 교황 요한 10세(John X, 재위 914-928)로부터 황제(Emperor/ 짜르 Car)의 칭호를 얻음으로써 제1 불가리아 왕국은 이때 이후로 제국의 명칭을 얻게 된다. 하지만 926년 시메온 1세는 당시 비잔틴 제국과 연합 중이던 크로아티아 공격에 대패하였다. 큰 충격 속에 927년 시메온 1세는 심장마비로 사망하게 된다. 이후 제1 불가리아 제국은 황제권 갈등과 여러 폭

20- **불가리아 보리스 1세 당시의 제1불가리아 제국의 광활한 영토**

출처: https://commons.wikimedia.org/wiki/File:Bulgaria_under_rule_of_Boris_I.png

21- **불가리아 문화와 영토의 최대 전성기를 이룬 시메온 1세**
출처: https://commons.wikimedia.org/wiki/File:Tsar_Simeon_the_Golden_Age_of_Bulgarian_Literature.jpg

동으로 내적 어려움에 부닥쳐야 했으며, 외적으로도 비잔틴 제국 요청에 따른 헝가리 마자르족의 공격(934-943)으로 국력이 심각하게 소모되어야 했다.

남슬라브 역사 속 한마디

크리스트교를 향한 보리스 1세의 열정과 인간적 고통

제1 불가리아의 보리스 1세는 왕좌를 그의 첫째 아들인 블라디미르(Vladimir, 재위 889-893)에게 물려준 후 불가리아 내 정교 확산과 발전에 주력하였다. 이에 따라 불가리아인 다수가 남슬라브족 최초로 크리스트교(정교)로 개종하였으며, 이것은 불가리아가 발칸반도에서 정교 문화와 문자(키릴)의 중심지가 되는 데 큰 영향을 미치게 된다. 정교를 수용하게 된 불가리아 지배자들과 기존 정교를 받아들이고 있었던 남슬라브 민족 간 통혈이 가능하게 되었으며, 정교의 수용 이후 확대된 남슬라브어 발달과 종교, 문화적 공유는 불가리아 내 민족적 다양성을 극복하게 한 중요 요인으로 작용하였다.

하지만 왕이 된 블라디미르는 보리스 1세와는 다른 길을 선택하였다. 그는 아버지의 친(親)비잔틴 정책 포기와 함께 정교 확산이 비잔틴 세력확대로 이어진다는 생각으로 정교 사원들을 파괴함으로써 보리스 1세의 분노를 일으켰다. 이것은 보리스 1세의 개입을 불렀고, 블라디미르는 아버지에 의해 눈이 먼 채 왕좌에서 쫓겨나야만 했다. 이후 왕위는 보리스 1세의 셋째 아들인 시메온 1세에게로 넘어가게 되었고, 시메온 1세는 제1 불가리아의 최대 전성기를 구축하게 된다.

반면 10세기 말 비잔틴 제국의 새로운 황제로 등극한 바실 2세(Basil II, 958-1025, 재위 976-1025)는 초기 여러 내란을 잘 극복한 후 모든 여생을 불가리아와의 싸움에 전력하였다. 그는 1000년 이후로 불가리아의 상당 지역을 장악해 갔으며, 1014년 7월 클리디온(Kleidion, 오늘날 불가리아, 그리스, 마케도니아 국경) 전투에서 결정적인 승리를 얻을 수 있었다. 그는 전투 당시 생포한 1만 5천 명의 불가리아인 포로들을 100명에 한 명씩 한눈을 멀게 하고 나머지 99명은 두 눈을 멀게 해 불가리아로 돌려보냄으로써 '불가리아인의 학살자'란 별칭을 얻게 된다. 당시 불가리아 제국의 황제 사무엘(Samuel, 재위 997-1014)은 그 충격으로 사망해야 했으며 이후로 불가리아는 쇠락의 길을 가야 했다. 그 결과 제1 불가리아 제국은 1018년 비잔틴 제국의 바실 2세에 의해 결국 막을 내리게 된다.

나) 제2 불가리아 제국

바실 2세는 제1 불가리아 제국 점령 이후 불가리아인들의 독립 움직임과 귀족들의 연대를 막기 위하여 자치권을 최대한 보장해주려 했다. 더불어 불가리아인들의 정교 문화 핵심이자 키릴문자가 만들어진 오흐리드(Ohrid, 오늘날 마케도니아 남부) 교구의 독립 관할권 또한 폭넓게 인정해 줌으로써 불가리아인들을 비잔틴 제국 내로 편입시키려는 정책을 추진하였다. 하지만, 그의 죽음 이후 비잔틴 제국은 내정 혼란이 지속하였고, 중앙의 감시와 보호가 약해진 틈을 이용해 불가리아 토착 귀족들과 비잔틴 제국 지배자들은 피지배 민족인 불가리아인들에게 과도한 세금 징수 및 탄압을 확대하였다. 불가리아인들의 불만 가중 속에 투르노보(Turnovo, 벨리코 투르노보 Veliko Turnovo로 불림) 출신 귀족이던 이반 아센 1세(Ivan Asen I, ?-1196, 재위 1189-1196)와 그의 형인 표토르 4세(Peter IV, ?-1197, 재위 1185-1197)는 1185년 당시 새롭게 비잔틴 제국의 황제가 된 이사키오스 2세(Isaac II Angelos, 1156-1204, 재위 1185-1195, 1203-1204)[3]를 만났다. 하지만 황제는 아센 형제의 권리 요구를 들어주지 않고 오히려 모욕을 가하였고, 형제는 불가리아인들의 지지를 받아 1185년 반기를 들게 된다.

이후 이반 아센 1세는 불가리아인들의 정신적 수도였던 투르노보를 중심으로 불가리아 서부지역을 그리고 표토르 4세는 프레슬라프(Preslav)를 중심으로 불가리아 동부를 각각 지배하였다. 하지만 크리스트교의 성지 예루살렘으로 향하는 십자군의 주요 통로에 자리했던 발칸반도는 당시 팔레스타인 지역의 급변하는 정세에 따라 새로운 위기를 맞이해야 했다. 1187년 10월 이슬람의 영웅인 살라딘(Saladin, 1137-1193, 재위 1174-1193)에 의해 예루살렘(십자군이 88년간 지배)이 함락되었다. 이후 불가리아는 신성로마제국(Holy Roman Empire, 800/962-1806, 1438-1806까지 합스부르크 왕가에서 황제 배출) 황제인 프리드리히 1세(Frederick I, 1122-1190, 황제 1155-1190)가 이끄는

---

3 이사키오스 2세는 비잔틴 제국 콤니누스(Komnenos) 왕조의 마지막 황제로 공포정치로 유명했던 안드로니쿠스 1세(Andronikos I Komnenos, 1118-1185, 재위 1183-1185)와 갈등하다가 황제가 데살로니키를 함락한 시칠리아 군대를 견제하기 위해 콘스탄티노플을 잠시 비운 틈을 이용해 1185년 반정에 성공하였다. 1195년 불가리아 원정을 준비 도중 형(Alexios III Angelos, 1153-1211, 재위 1195-1202)의 반란으로 왕위에서 쫓겨나지만 이후 그의 아들(Alexios IV Angelos, 1182-1204, 1203-1204)이 제4차 십자군을 이끌고 와 1203년 7월 콘스탄티노플을 점령함에 따라 잠시 아들과 공동 황제에 복위되었다. 그러나 십자군의 횡포로 인해 민중 반란이 일어나자 아들은 암살되었고 그 또한 뒤를 이어 사망하게 된다. 그 뒤 1204년 십자군에 의해 라틴제국(Latin Empire, 1204-1261)이 수립되는 결과로 이어졌다.

22- **이반 아센 2세시기 제2 불가리아 제국의 영토**

출처: https://commons.wikimedia.org/wiki/File:Bulgaria-Ivan_Asen_2.png

제3차 십자군에게 콘스탄티노플 진입시 이를 협조하겠다 약조하였고, 비잔틴 제국에는 새로운 긴장감이 감돌게 된다. 하지만 비잔틴 제국과의 갈등을 우려한 제3차 십자군이 우회 길을 선택하자, 불가리아는 오히려 비잔틴 제국의 공격을 맞이해야 했다. 계속 이어진 비잔틴 제국의 공격을 잘 막아낸 표토르 4세와 이반 아센 1세는 1189년 공동 황제에 올랐으며 제2 불가리아 제국(1185-1396)이 수립되게 된다.

이후 제2 불가리아 제국은 아센(Asen) 왕조(1187-1256) 시대를 열었고, 표토르 4세의 막내 동생인 카로얀(Kaloyan, ?-1207, 재위 1197-1207)과 이반 아센 2세(Ivan Asen II, ?-1241, 재위 1218-1241) 시기에 들어와 문화와 경제, 사회적으로 최고의 절정기를 맞이하였다. 당시 제2 불가리아 제국의 영토는 동쪽으로는 흑해, 서쪽으로는 아드리아해, 남쪽으로는 에게해, 그리고 북쪽으로는 다뉴브강과 오늘날 키예프를 가로지르는 드네프르(Dnieper, 러시아-벨라루스-우크라이나를 거침)강까지 이르렀다. 또한, 독립 정교회 주교 임명권을 일임받는 것으로 비잔틴 제국 및 로마 교황과도 종교적으로 화해하는 한편 북서쪽에서 밀려오던 헝가리를 몰아내면서 최대의 번영을 누렸다. 그 결과 제국의 수도인 투르노보는 발칸반도의 종교(정교), 경제적 중심지가 되게 된다. 제2 불가리아 제국은 가장 큰 위협이었던 비잔틴 제국이 약화하자 더욱 발전해 나갔다. 1203년 제4차 십자군에 의해 콘스탄티노플이 점령되고 1204년 라틴 제국(Latin Empire)이 수립된 이후 비잔틴 제국은 급격히 쇠락하게 되었다. 반면 제2 불가리아 제국은 이후로 한동안 '제3의 로마(The Third Rome, 종교적으로 제1의 로마는 로마, 제2는 콘스탄티노플을 의미)'로 불리게 된다.

그러나 이반 아센 2세 사망 이후 불가리아는 왕위 쟁탈전을 비롯해 여러 내분에 휩싸여야 했다. 특히 1257년 아센 왕조가 무너지고 황제권 다툼이 확대되자 농민들의 생활은 더욱 악화하였다. 이런 가운데 13세기 유럽 원정에 나선 몽고-타타르족의 공격과 함께 헝가리의 침공 그리고 뒤이은 중세 세르비아 왕국과의 계속된 싸움은 제2 불가리아 제국의 국력을 더욱 쇠락시켰으며, 일반 민중들의 생활은 극도로 피폐해져 갔다. 한편 잦은 반란과 전쟁 그리고 극도로 심해진 내적 혼란은 불가리아인들 사이에 보고밀(Bogomil/ Bogumil)교의 확대를 불러왔다. 당시 보고밀 교는 양대 교회(로마 교회의 가톨릭, 콘스탄티노플 교회의 정교)로부터 이단으로 핍박을 받고 있었다. 지방 영주들의 계속된 분열과 충성심 약화가 이어지는 가운데 내분과 잦은 민란은 제2 불가리아 제국을 더욱 힘들게 했다. 이런 가운데 14세기 이후로 중세 세르비아 왕국은 발칸반도의 새로운 강자로 부상 중이었고, 남쪽에선 오스만 터키가 점차 강성해져 불가리아는 커다란 위기감을 느끼게 된

23- **제2 불가리아 제국의 마지막 항전, 니코폴리스 전투(1396) 장면**
출처: https://commons.wikimedia.org/wiki/File:NikopolisSchlacht.jpg

다. 불가리아가 다른 발칸 중세 국가들과 끊임없는 싸움을 이어가는 동안 14세기 중엽에 들어와 오스만 터키는 비잔틴 제국의 영토를 조금씩 정복해가기 시작했다. 결국, 불가리아는 세르비아 중심으로 치렀던 1389년 6월 코소보(Kosovo) 전투에 참전했지만, 오스만 터키에게 패배하였고 1393년에는 3개월간의 포위 공격 끝에 수도인 투르노보마저 함락당하게 된다. 이후 불가리아는 제국 부활을 위해 헝가리, 크로아티아, 독일과 베네치아 해군 등 여러 크리스트교 국가들과 함께했던 1396년 9월 니코폴리스(Nicopolis) 전투에 참전하였다. 하지만 이 전투에서도 십자군 연합 부대가 패전함에 따라 불가리아인들은 1878년까지 약 500여 년간 오스만 터키 지배를 받아야만 했다.

2) 크로아티아 중세 왕국

가) 왕국의 수립과 발전

6, 7세기에 걸쳐 크로아티아인은 다른 남슬라브처럼 우크라이나를 거쳐 발칸반도로 이주하였으며, 이후 5형제 공동체로 나누어져 사바강과 드라바(Drava)강 사이의 현 슬라보니아(Slavonia/ Slavonia) 지방과 아드리아 해안가인 달마티아 지역 등 현재의 크로아티아 지역에 거주하였다. 이러한 주장에 대한 명백한 기록은 없지만 7세기경에 들어와 크로아티아인이 발칸 지역 곳곳에 이미 거주하고 있었다는 것은 분명하다. 실제 10세기 비잔틴 제국의 기록에 따르자면 헤라클리우스(Heraclius, 575-641, 재위 610-641) 황제가 비잔틴으로부터 아바르 부족을 몰아내기 위해 크로아티아인을 비잔틴군에 편입시켰다는 내용이 담겨있다. 헤라클리우스 황제는 로마제국의 라틴어 대신 헬라어를 공용어로 선택해 제국의 독자성을 수립하고 새로운 군사, 행정 조직을 개편하는 등 제국의 유지를 위해 노력했던 인물이다. 630년 무렵에는 크로아티아인이 비잔틴 제국의 도움으로 달마티아에서 아바르와 세르비아인 연합세력을 물리쳤다는 기록 또한 남아 있다. 이후 크로아티아

인들은 오늘날 슬로베니아(Slovenia)와 크로아티아에서 이민족들을 몰아낼 수 있었으나, 한동안 비잔틴 제국의 영향력 아래에 들어가야 했다.

남슬라브 역사 속 한 마디

크로아티아 부족 기원의 다양한 학설

크로아티아 부족 기원에 대한 다양한 학설들이 자리하고 있는데, 일부 크로아티아 역사가들은 크로아티아인은 다른 남슬라브족과 달리 중앙아시아에서 세력을 형성하고 있던 샤르마냔(Sarmatian)인들로 이들은 한때 북부 보헤미아(Bohemia, 오늘날 체코)와 폴란드 남부지역을 정복했으며, 오늘날 폴란드 남부의 크라코프(Krakow) 근처에 당시 백크로아티아(White Croatia)라 불리던 작은 나라를 건설하였다고 보고 있다. 이후 크로아티아 민족은 이 지역의 다수 민족을 형성하고 있던 슬라브 민족들과 섞여, 슬라브 언어와 문화를 받아들이며 슬라브화 되었다는 주장이다.

이 외에도 크로아티아인을 뜻하는 '흐르바트(Hrvat)'란 용어의 기원을 쫓아, 오늘날 아프카니스탄 지역 헤라트(Herat)인근의 하라흐바티예(Harahvatije)란 페르시아 지방 이름의 유래를 근거로 이 지역에서 크로아티아 민족이 기원 되었다는 학설도 있다. 이와 함께 오늘날 이란에 자리한 한 부족의 명칭과 유사하다는 근거를 들어, 러시아에서 남슬라브족이 남하할 때 이 지역에서 대규모 거주한 뒤 현재의 크로아티아 지역으로 이주해 들어왔다는 등 여러 학설이 존재하고 있다.[4]

그러나 8세기에 들어와 비잔틴 제국은 내적으로는 계속된 황제권 다툼과 반

4 Neven Budak, Prva stoljeća Hrvatske, (Zagreb: Hrvatska sveučilišna naklada, 1994), p. 11; Francis Dvornik, The Slavs: Their Early History and Civilization, (Boston: American Academy of Arts and Sciences, 1959), pp. 27-28 참조.

정으로 국력이 소모되어 갔으며, 외적으로는 아랍 민족들의 연이은 공격과 제1 불가리아 제국과 잦은 전쟁으로 영토를 상실하는 등 여러 어려움에 직면해 있었다. 따라서 제국은 거리상 먼 크로아티아에 대한 영향력을 계속 유지하기 어려웠다. 반면, 서유럽에선 로마 교회 교황과 결탁한 프랑크 왕국이 점차 발칸으로 그 세력을 확대하기 시작하였다. 그 결과 8세기 말에 들어와 달마티아 지역을 제외한 크로아티아 대부분은 프랑크 왕국에게 정복당했고, 프랑크인들은 이들 지역에 로마 교회 영향력을 확대하고자 노력하였다. 그 결과 803년, 프랑크 왕국의 뒤를 잇는 신성로마제국의 샤를마뉴(Charlemagne/ Charles I, 748-814, 롬바르드 왕 774-814, 프랑크 왕 768-814, 황제 800-814)대제 지배하에서 로마 교회 영향 아래 크로아티아인들의 크리스트교 개종이 확대되게 된다. 이에 따라 해안도시인 자다르(Zadar)로부터 아드리아해를 따라 북쪽으로 20km 떨어진 닌(Nin)에서 최초 크리스트교 교구가 수립되었다. 이렇게 수립된 크로아티아의 크리스트교 교구는 신성로마제국의 비호 아래 지속적인 발전을 이루었다. 그 결과 이들 지역에 대한 로마 교회의 영향력이 점차 증대되게 된다. 로마 교회와 콘스탄티노플 간 경계선에 자리한 크로아티아는 양대 교회의 끊임없는 교세 확장 싸움터가 되어야 했다. 로마 교회를 받아들인 내륙지역과 달리 아드리아해의 달마티아 지역은 9세기까지도 여전히 비잔틴 제국과 콘스탄티노플 교회 영향력 아래에 놓여 있었다. 대족장(Veliki župan)이던 트르피미르 1세(Trpimir I, 재위 845-864)가 864년 사망한 이후 크로아티아에선 양대 교회를 등에 업은 권력 투쟁이 시작되었고, 반란군을 피해 그의 아들들은 콘스탄티노플로 피신해야만 했다. 이후 878년, 비잔틴 제국의 지원으로 트르피미르 1세의 둘째 아들인 즈데슬라브(Zdeslav, 재위 878-879)가 왕권을 회복할 수 있었다. 이러자 이탈리아로 이어지는 길목에 자리한 크로아티아의 중요성을 인지하고 있던 로마 교황 요한 7세(John VII, 재위 872-882)는 크로아티아에서의 콘스탄티노플 교회 영향력 확대를 크게 우려하게 된다. 교황은 불가리아 보리스 1세 방문길의 호위를 즈데슬라브에게 부탁했고 이를 통해 크닌(Knin) 지역 반란군들이 즈데슬라브를 제거하는 데 일조하게 된다. 그 결과 비잔틴과의 우호 관계를 기초로 달마티아 및 내륙에 대한 콘스탄티노플 교회를 확장하고자 했던 즈데브슬라브의 노력은 실패하게 된다. 이것은 이후 크로아티아 내륙이 로마 교회로 완전히 편입되는 결과로 이어졌다.

925년, 닌의 족장이던 토미슬라브(Tomislav, 대족장 910-925, 왕 925-928)는 당시 비잔틴의 세력약화를 이용해 크로아티아 공동체들을 통합해갔고 마침내 크로아티아 중세 왕국을 탄생시켰다. 비잔틴 제국의 약화는 그 영향권 안에 있던 세르비아의 라쉬카(Raška) 공국에도 영향을 미쳤다. 라쉬카 공국은 대족장 블라스티미르(Vlastimir, 805-851, 재위 830-850) 사후 한동안 왕권 다툼에 따른 혼란에 빠져야 했다. 뒤이어 자하리야(Zaharija Pribislavljević, 890-?, 재위 922-924) 시절엔 불가리아의 시메온 1세가 자하리야의 사촌인 차슬라브(Časlav, 890-960, 재위 927-960)를 내세워 침공함에 따라 큰 위기를 맞이했다. 이후 차슬라브는 비잔틴 제국 요청에 따라 들어온 용병 마자르족과의 드리나(Drina)강 전투에서 패전하였고, 960년 그의 가족들과 함께 사바강으로 던져줘 죽임을 당함으로써 제1 불가리아 제국이 이들 지역으로의 영향력 확대에 직접 참여를 결심하게 하였다. 크로아티아로 피신한 자하리야 또한 얼마 뒤 사망하자, 크로아티아는 제1 불가리아 제국의 침략 위협에 직면하게 된다.

제1 불가리아 제국의 침략이 예정된 가운데 로마교회에게 있어 크로아티아의 방어는 큰 의미를 지니고 있었다. 더불어 당시 비잔틴 제국 또한 제1 불가리아 제국의 계속된 위협과 침략으로 커다란 어려움에 놓여 있었다. 토미슬라브는 이러한 기회를 잘 활용하고자 했다. 923년 비잔틴 제국의 콘스탄티노플 교회는 로마 교황인 요한 10세에게 로마 교회와 콘스탄티노플 교회의 해당 관구들을 공동으로 관리하여 불가리아인들의 공격을 막아낼 것을 제안했다. 이에 대해 요한 10세는 그동안 비잔틴 제국 담당하에 있던 달마티아 도시 관구들을 로마 교회로 귀속시킬 것을 요구하게 된다. 이에 비잔틴 황제는 달마티아의 해양 도시들인 스플리트, 자다르, 트로기르(Trogir) 등 상당 도시들의 관할권을 토미슬라브에게 넘겨주겠다는 약속을 해야 했다. 당시 비잔틴 제국은 921년부터 924년까지 이어진

24- **크로아티아 중세 왕국의 최초의 왕, 토미슬라브 왕위 즉위식**
출처: https://commons.wikimedia.org/wiki/File:Oton_Ivekovic,_Krunidba_kralja_Tomislava.jpg

제1 불가리아 제국의 라쉬카 공국 침공으로 발칸반도에서 자신의 영향력을 급격히 상실해 가고 있었다. 더불어 지리적으로 멀리 떨어져 있던 달마티아 지역에까지 관심을 가질 여유가 없었다. 라쉬카 공국이 제2 불가리아 영향력 하로 들어간 이후 크로아티아는 불가리아 제국과의 본격적인 전쟁에 직면하게 된다. 로마 교황 요한 10세는 925년 토미슬라브를 크로아티아 독립왕국의 왕으로 임명한 후, 불가리아와의 싸움에 임할 것을 명하게 된다. 불가리아의 크로아티아 침공 속에 926년 오늘날 보스니아 북동부 지역에서 치른 대전투에서 크로아티아는 결정적인 승리를 거두었고, 이에 따라 그는 독립왕국의 본격적인 기틀을 마련할 수 있게 되었다.

비잔틴 제국은 약속대로 달마티아 여러 도시와 성을 토미슬라브에게 넘겨주었고, 크로아티아의 중립과 친(親) 비잔틴 정책을 약속받았다. 이에 대해 로마 교회는 비잔틴 제국의 영향력을 감소시킨다는 차원에서 이를 반겼다. 이후 크로아티아는 아드리아해의 달마티아 지역을 중심으로 점차 내륙지역으로 영토를 확대하여

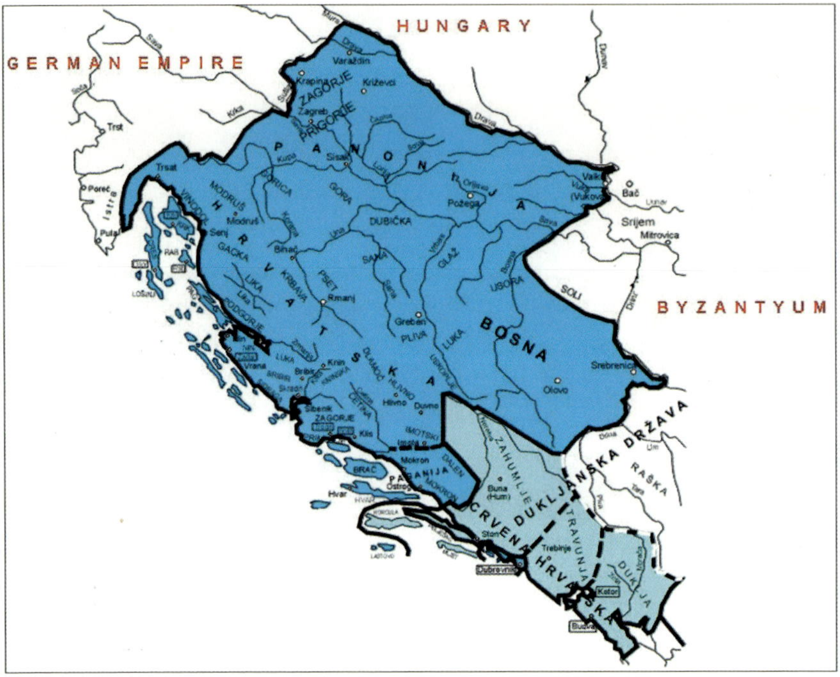

25- **크레쉬미르 1세 시기 왕국의 최대 영토**

출처: https://commons.wikimedia.org/wiki/File:Kingdom_of_Croatia.jpg

갔다. 토미슬라브 사후 트르피미르 2세(Trpimir Ⅱ, ?-935, 재위 928-935)가 왕위를 이었고 이어 크레쉬미르 1세(Krešimir I, ?-945, 재위 935-945)시기에 들어와 크로아티아 중세 왕국은 최고의 전성기를 맞이하였다. 크레쉬미르 1세는 아드리아 해안을 따라 북부 달마티아의 해안도시인 리예카(Rijeka)에서부터 남부 헤르체고비나 지방의 네레트바(Neretva)강 유역까지 영토를 확장하였다. 그리고 내륙으로 북쪽으로는 헝가리와 국경을 마주했으며 남쪽으로는 비잔틴제국과 세르비아의 라쉬카 공국과 국경을 마주하게 되었다. 크레쉬미르 1세는 강력해진 국력을 바탕으로 비잔틴제국의 바실 2세로부터 '크로아티아와 달마티아의 왕(Kralj Hrvatske i Dalmacije)'으로 승인받음으로써 대외적으로도 왕국의 기틀과 정통성을 확고히 할 수 있었다.

10세기 후반에 들어와 크로아티아 중세 왕국과 베네치아 공국(Republic of

Venice) 사이엔 달마티아와 아드리아 해안 영향력을 둘러싼 긴장감이 확대되었다. 그 배경은 비잔틴 제국에게서 달마티아와 아드리아 해안 도시 지배권을 획득한 크로아티아 왕국이 이들 지역에 대한 영향력과 지중해 무역권을 확보하려던 데서 비롯되었다. 아드리아 해안의 달마티아 도시들은 고대 그리스, 로마 시절부터 중요 지역으로 아시아와 유럽, 아프리카 간 무역을 주도하는 베네치아 공국에 절대 놓칠 수 없는 전략적 요충지였다. 크로아티아는 베네치아와 달마티아 도시들에 아드리아해 통과 선박의 안전을 빌미로 정기적인 공물을 요구했다. 하지만 드르쥐슬라브(Stjepan Držislav, ?-996/997, 재위 969-996/997) 왕 시기에 들어와 베네치아는 크로아티아에 조공을 거부하였고, 이어 달마티아 도시들에 대한 주도권 장악 싸움이 전개하였다. 반면 비잔틴제국은 이 둘 간의 싸움을 이용해 1024년 다시 달마티아와 아드리아 해안 도시들에 대한 직접적인 지배권을 선포하게 된다. 이후 이들 해안 도시들은 왕국의 최대 전성기인 크레쉬미르 4세(Petar Krešimir Ⅳ, 재위 1058-1074/1075) 시대에 이르러서야 크로아티아로 다시 통치권이 넘어갈 수 있었다.

크레쉬미르 4세 시기, 크로아티아는 1054년 로마 교회와 콘스탄티노플 교회 간 종교 대분열의 분기점에 자리하고 있었다. 더불어 노르만족의 달마티아 비잔틴 도시들에 대한 계속된 공격으로 비잔틴제국의 세력이 점차 약화하자 크레쉬미르 4세는 아드리아 연안과 달마티아 지배권을 재확보할 수 있게 된다. 노르만족의 달마티아 비잔틴 도시들에 대한 공격은 당시 로마 교황의 묵인하에 이루어졌고, 이것은 이들 지역에 대한 비잔틴제국의 영향력을 상당히 훼손했다. 또한, 당시 비잔틴제국은 소아시아 지역에서 새로운 강자로 부상한 셀주크 터키(Seljuk Turk)족으로부터도 압력을 받고 있었다. 이처럼 유럽과 아시아 전역에 걸친 대외적 어려움에 따라 비잔틴제국은 달마티아 지역 영향력을 계속 유지하기가 어렵게 된다. 비잔틴제국 영향력에서 벗어난 크레쉬미르 4세는 왕국의 영토를 북쪽으로는 이스트라(Istra)반도와 헝가리 국경까지, 남쪽으로는 헤르체고비나 지방의 네레트바강까지 다시 확대함으로써 크로아티아 중세 왕국은 제2의 전성기를 맞이할 수 있었다.

26- **크레쉬미르 4세 왕위 대관식**
출처: https://commons.wikimedia.org/wiki/File:Hrvatski_skolski_muzej_Petar_Kresimir_IV_300109.jpg

남슬라브 역사 속 한 마디

크로아티아 중세 왕국의 최대 전성기, 크레쉬미르 4세의 삶과 업적

크레쉬미르 4세는 크로아티아 역사에 있어 가장 역동적이고 가장 많은 영토를 이룩한 왕으로 손꼽히고 있다. 그의 여러 업적 중 하나는 고대 그리스, 로마 이래로 유럽과 아시아를 잇는 중개무역을 통해 부를 축적한 아드리아 연안 도시들과 견줄만한 쉬베니크(Šibenik)를 새롭게 건설한 것이라 할 수 있다. 이것은 후대 사람들이 쉬베니크를 가리켜 '크레쉬미르 4세 왕의 도시'로 부르게 하는 배경이 되기도 했다.

당시 크로아티아는 1054년 종교 대분열을 선언한 양대 교회(로마 교회의 가톨릭/ 콘스탄티노플 교회의 정교)의 분리선 상에 자리해 있었다. 당시의 혼란 속에 크레쉬미르 4세는 로마 교회와의 강력한 유대관계를 기초로, 가톨릭 확산 정책을 추진해 나갔다. 하지만, 당시까지도 아드리아 해안은 콘스탄티노플 교회 세력이 강한 상태였다. 실제로, 종교의식과 결혼, 장례 등 일반인들의 문화 풍습 곳곳에는 오랜동안 이어져 온 비잔틴제국의 영향력이 여전히 남아 있었다. 무엇보다도 로마 교회에선 라틴문자와 라틴어 설교를 강력히 요구하였지만, 당시까지도 아드리아해의 상당수 교회는 비잔틴제국의 영향으로 만들어진 고대 교회 슬라브어인 '글라골 문자'에 더 익숙해 있었다. 강압적인 크레쉬미르 4세 정책들은 민중들의 잦은 불만과 반란을 낳았지만, 그는 강력한 추진력으로 자신과 로마 교회에 반대하는 모든 세력을 진압해 나갔다. 그는 가톨릭교회 설립과 확산에 공을 많이 들였다. 그 결과 자다르와 비오그라드, 쉬베니크, 그리고 인근의 스크라딘을 비롯해 여러 도시에서 성당과 수도원들이 세워질 수 있었다.

당시, 크레쉬미르 4세는 아드리아 연안과 달마티아 도시들에서 비잔틴제국의 영향력을 최소화하기 위해 발칸반도를 침략한 노르만족을 활용하고자 했다. 하지만, 비잔틴제국과 노르만족 간에 휴전이 타결되자 상황이 바뀌게 된다. 오랫동안 그의 강압적인 교회 정책에 불만을 품은 아드리아 연안 도시들은 노르만족을 용병으로 불러드렸고, 노르만족에게 크레쉬미르 4세가 체포되는 상황에 부닥치게 되었다. 이후, 그는 노르만족 요구에 따라 많은 몸값을 낸 것은 물론, 자다르와 트로기르를 비롯한 상당수 해안 도시의 영유권을 포기해야만 했었다. 하지만, 이러한 그의 노력에도 불구하고 역사 기록에는 그가 풀려나지 못했고, 결국 노르만족의 감옥에서 비참하게 생을 마감해야 했다고 알려진다.

나) 후계자 부재와 헝가리의 영향력 확대

크레쉬미르 4세 시기 최대 전성기를 맞이했던 크로아티아 중세 왕국은 그의 사후 왕위를 이을 후계자 부재로 혼란기를 맞이하게 된다. 여러 지역의 반(Ban 지역 자치 영주)들이 크로아티아 왕위 다툼에 참여했으며, 결국 오늘날 슬라보니아의 포사비나(Posavina) 지역의 반이었던 즈보니미르(Dmitar Zvonimir, ?-1089, 반 1064-1075,

왕 1075-1089)가 새로운 크로아티아 왕으로 추대되었다. 다른 세력들을 제치고 즈보르미르가 왕으로 추대된 배경에는 당시 로마 교회의 영향력과 입김이 크게 작용했다고 할 수 있다. 크레쉬미르 4세가 죽자 로마 교황은 비잔틴제국과 정교(콘스탄티노플 교회) 영향권에서 완전히 벗어나 로마 교회에만 충성할 인물을 찾고 있었다. 로마 교회에게 있어 양대 교회 접합점에 자리한 크로아티아는 교세 확장의 중요 교두보이자 절대 양보할 수 없는 전략적 요충지였다. 그 의도를 알아차린 즈보르미르는 당시 중부유럽의 강력한 가톨릭 국가였던 헝가리에 접근하였다. 그는 훗날 헝가리 왕이 되는 라디슬라브(László/ Ladislav, 1040-1095, 헝가리 왕 1077-1095,

27- **바티칸에 프레스코화로 제작(1611)된 로마 교황을 향한 즈보니미르의 맹세**

출처: https://commons.wikimedia.org/wiki/File:Prisega_zvonimirova.jpg

크로아티아 왕 1091-1095) 여동생인 옐레나(Helen/ Jelena Lijepa)와 결혼한 사이였고, 그녀의 도움으로 로마 교회와 접촉할 수 있었다. 즈보르미르는 크로아티아 왕위에 대한 도덕적, 정신적 지원을 조건으로 로마 교회에 대한 충성과 복종을 교황에게 약속하였다. 이에 따라 1075년에 크로아티아에 파견된 로마 교황의 특사는 크로아티아의 새로운 왕으로 즈보르미르를 강력하게 추천하였고, 결국 그는 크로아티아의 왕으로 추대될 수 있었다. 즈보르미르는 이후 지속해서 영토확장을 추진하여 아드리아 해안가를 따라 북으로는 이스트라반도로부터 남으로는 현 몬테네그로(Crna Gora)의 쩨티니예(Cetinje)까지, 또 내륙지방에 있어선 드리나강 중심부와 드라바(Drava)강 그리고 다뉴브강 유역까지 영토를 확장해 가면서 로마 교회의 영향력을 확장해 나갔다.

하지만 로마 교회를 향한 무리한 충성에 반감을 품은 귀족 반란이 더해지면서 즈보르미르 왕은 1089년 4월 크닌에서 의문의 죽음을 맞이하게 된다. 즈보르미르의 갑작스러운 사망 이후 왕국은 혼란에 빠졌다. 그의 어린 아들은 병으로 일찍 죽었고, 딸만 있던 관계로 왕권은 크레쉬미르 4세의 남동생 아들인 스트예판 2세(Stjepan II, 재위 1089-1091)에게로 넘어갔다. 하지만, 그 또한 지병으로 2년 후 사망하자, 왕위계승권을 둘러싼 귀족 간의 치열한 다툼이 이어졌다. 이에 따라 즈보르미르의 처인 리예파는 1091년, 자신의 오빠이자 헝가리 왕 라디슬라브를 크로아티아 왕위 후보로 내세워 귀족들의 동의를 얻는 데 성공하게 된다. 헝가리 왕에 이어 크로아티아 왕으로까지 인정받은 라디슬라브는 1094년 자그레브(Zagreb)에 가톨릭 교구를 세웠고, 이 교구는 이후 크로아티아 가톨릭교회의 중심지가 되었다.

라디슬라브가 1095년에 사망하자 그 뒤를 이어 헝가리의 왕이 된 그의 동생인 콜로만(Kálmán/ Koloman, 1070-1116, 헝가리 왕 1095-1116 크로아티아 왕 1097-1116)은 크로아티아 왕위계승 준비를 해나갔다. 하지만 크로아티아 일부 귀족들을 중심으로 왕권 재확립에 대한 요구가 이어졌다. 이들은 이미 1093년 스바취치(Petar Svačić, 재위 1093-1097)를 크로아티아의 새로운 왕으로 선출하였으며, 헝가리의 새로운 왕위계승에 저항하고자 했다. 하지만 1097년 마지막 저항군이 그보즈드(Gvozd) 산 전투에서 헝가리에게 패배하였다. 오늘날 그보즈드 산은 마지막까지 저항한 귀족의 이름을 따 '페타르 산(Peter's Mountain/ Petrova Gora)'으로 불리고 있다. 주요 저항군을 물리친 콜로만 왕은 1102년에 크로아티아 왕위에 오르는 대관식을 거행하였다. 이후로도 자다르, 스플리트, 쉬베니크, 트로기르 등 달마티아 주요 도시들의 저항이 이어졌지만, 하나둘 헝가리의 지배 아래로 편입되게 된다. 콜로만 왕은 당시 반발하는 크로아티아 귀족들과 달마티아 도시들을 달래기 위해 자치권을 존중할 것과 중요 결정을 크로아티아 반과 귀족들의 자치의회(Sabor)에 일임할 것을 약속하였다. 더불어 달마티아의 도시들에 주교 임명권을 부여하고 주요 세금 면제권 또한 허락함으로써 헝가리 왕국에 대한 충성을 유도하고자 했다. 이때부터 헝가리 왕은 자동으로 크로아티아 왕으로 동시에 인정받을 수 있었고, 향후

28- 그보즈드 산에서 마지막까지 저항한 페타르 스바취치의 죽음

출처: https://commons.wikimedia.org/wiki/File:Oton_Ivekovic,_Smrt_kralja_Petra_Svacica_u_Gori_Gvozdu_1097_god.jpg

크로아티아인들의 서구 지향적 문화와 민족사에 큰 영향을 미치게 된다.

헝가리의 크로아티아 장악과 영향력 확대가 이어졌지만, 오랫동안 이 지역 관할권을 유지해왔던 비잔틴제국은 별다른 힘을 발휘하지 못하였다. 11세기 후반, 비잔틴제국은 경제적, 군사적 중요 지역이었던 소아시아를 셀주크 터키에 빼앗기고 황제가 포로가 되는 등 심각한 어려움에 부닥쳐있었다. 따라서 비잔틴제국은 헝가리로의 크로아티아 왕위계승 등 발칸반도의 여러 정세에 깊숙이 개입할 여력이 거의 존재하지 못하였다. 1081년에 비잔틴제국 황제로 등극한 콤네노스(Alexios I Komnenos, 1048-1118 재위 1081-1118)는 제국의 부흥을 다짐하고, 1095년 로마 교황인 우르반 2세(Urban II, 재위 1088-1099)에게 셀주크 터키 공격에 동참해 달라고 요청하였다. 우르반 2세는 이 공격이 예루살렘 성지를 이슬람교도들로부터 탈환하고, 콘스탄티노플 교회를 로마 교회에 통합시킬 좋은 기회라 생각하였다. 교황은 유럽 가톨릭 국가에 십자군 원정 참여를 호소하였고, 제1차 십자군 원정(1096-1099)이 시작되었다.

콜로만의 크로아티아 왕위계승 이후 헝가리는 1차 대전이 종식될 때까지 크로아티아에 대한 배타적인 종주권을 행사하였다. 헝가리는 이때 당시 크로아티아가 헝가리로 완전히 병합되었다고 언급하고 있다. 이에 반해, 크로아티아 역사가들은 몇백 년 동안 헝가리와 크로아티아는 정치적 연합관계였으며, 이 기간 크로아티아는 독자적인 정치권과 경제권을 유지하였다고 주장하고 있다. 이때 이후로 크로아티아는 헝가리를 비롯한 중부유럽과 서유럽의 문화권으로 편입되게 된다. 이로 인해 크로아티아는 정교 문화를 대표하는 세르비아와 역사, 문화 그리고 종교적으로도 서로 다른 길을 가야 했다. 시간이 지나면서 두 민족의 민족성과 가치관 차이는 점점 벌어졌고, 이는 훗날 최초의 통일된 남슬라브왕국 아래에서 그리고 제2차 세계대전 이후 수립된 사회주의 유고슬라비아연방 하에서 상호 갈등과 반목을 낳는 중요 배경이 되었다. 더불어 연방붕괴 도중 민족 간 충돌과 분쟁의 배경을 형성하게 된다.

3) 세르비아 중세 왕국

가) 왕국의 수립과 발전

비잔틴 황제인 콘스탄틴 7세(Constantine VII, 905-959, 재위 913-959) 당시 기록에 의하면 남슬라브족 분파였던 세르비아인은 7세기부터 발칸의 남쪽으로 이주해 들어왔고, 오늘날 세르비아, 몬테네그로, 코소보, 그리고 보스니아와 헤르체고비나 지역에 정착하였다. 남슬라브 중에 최초로 중세 왕국을 세운 민족은 불가리아인으로 '제1 불가리아 제국'이다. 당시 불가리아는 비잔틴제국 영향권에 있던 세르비아의 라쉬카 공국으로 영토확장을 추구하였다. 하지만, 결과적으로 1018년 비잔틴제국의 바실 2세에 의해 불가리아는 무너지게 되었다.

제1 불가리아 제국을 무너트린 바실 2세는 세르비아 지배권을 더욱 강화하려 노력하였다. 당시 세르비아의 각 부족은 험준한 산악 특성으로 인해 서로 간 교류와 단합이 어려운 상황이었다. 하지만 정교 전파에 따라 점차 종교를 중심으로 유대성이 확대되었고 지역 간, 민족 간 통합 또한 강화될 수 있었다. 당시 세르비아 부족들은 중앙집권 국가의 필요성을 인식하고 쥬판(Župan)이라 불리는 족장들을 중심으로 정치적 연합체를 구성하고자 했다. 마침내 9세기 중엽에 이르러 세르비아인의 대족장(Great župan/ Veliki župan)이 된 블라스티미르는 비잔틴제국과 동맹을 맺고 자치 공국으로써 합법성을 인정받아 세르비아 남부 산악지대인 현 노비 파자르(Novi Pazar)의 샨자크(Sandžak) 지방에 '라쉬카 공국'을 수립할 수 있었다. 블라스티미르는 비잔틴으로부터 크리스트교를 수용한 이후 세력을 넓혀 아드리아 해안지역인 현 몬테네그로의 코토르(Kotor) 지역을 중심으로 한 '제타(Zeta) 공국'을 흡수할 수 있었다. '듀클리야(Duklija) 공국'으로도 불리는 '제타 공국'은 1040년경 보이슬라브(Stefan Vojslav, 재위 1040-1043) 대족장 시절 비잔틴제국의 침략을 물리치며 독자적 공국을 구축해 나갔다. 이후 아들인 보이슬라블레비치(Mihailo I Vojislavljević, 재위 1050-1081)시기에 들어와 로마 교황 그레고리 7세(Gregory VII, 재위 1073-1085)와 유대관계를 맺으며 1067년 '슬라브족의 왕(King of Slavs)' 칭호를 부여받기도 했다. 하지만 1094년 비잔틴제국 지원을 받은 라쉬카 공국에 의해 멸망함으로써 제타 공국은 역사 속으로 사라지게 되었다.

중세 세르비아 왕조 원조인 라쉬카 공국은 1166년 당시 대족장이던 네마냐(Stefan Nemanja, 1113/4-1199, 재위 1166-1196)를 중심으로 20여 년에 걸쳐 세르비아 독립왕조 건설을 모색하게 된다. 결과적으로 비잔틴제국의 영향력에서 완전히 벗어나진 못했지만, 1186년 네마냐는 비잔틴에게 빼앗긴 제타 지역을 다시 편입시킬 수 있었다. 더불어 그는 국가와 교회 간 강력한 유대관계 구축과 코소보 지역을 중심으로 세르비아 중세왕조의 기틀을 마련했다. 1196년에 왕권을 첫째 아들인 부칸 네마니치(Vukan Nemanjić, 라쉬카 재위 1202-1204, 두클리아 재위 1190-1207) 대신 그의 둘째 아들인 스테판 네마니치(Stefan Nemanjić, 1165-1228, 대족장 1196-1217, 왕 1217-1228)에게 넘겨주고 자신은 세르비아의 중세 유명한 사원인 스투데니짜(Studenica) 사원과 그리스 아소스(Athos) 산에 정교회 성지로 알려진 힐란다르(Hilandar) 사원을 건립하는 등 정교 발전과 확대에 주력하였다. 왕위계승에 불만을 품은 부칸 네마니치의 구테타가 2년 만에 마감되자 대족장은 다시 네마니치에게 넘어가게 되었다.

29- **스투데니짜 수도원에 자리한 네마냐의 프레스코화**
출처: https://commons.wikimedia.org/wiki/File:Stefan_Nemanja.jpg

대족장이 된 네마니치는 무엇보다도 세르비아의 안정과 국력 강화에 전력을 기울였다. 1217년 당시 로마 교황인 이노센트 3세(Innocent Ⅲ, 1160/61-1216, 재위 1198-1216) 허락에 따라 세르비아는 중세 왕국을 선포했다. 당시 비잔틴제국은 1203년

30- 성 사바에 의해 정교식으로 치러진 스테판 네마니치 왕위 대관식
출처: https://en.wikipedia.org/wiki/Stefan_the_First-Crowned#/media/File:Свети_Сава_крунише_свог_брата_Стефана_Првовенчаног,_by_Anastas_Jovanović.jpg

제4차 십자군 원정대가 콘스탄티노플을 점령하고 1204년 라틴 제국을 수립함에 따라 혼돈의 시기에 처해있었다. 따라서 오랫동안 제국 지배 아래에 있던 슬라브족들이 독자적으로 독립왕국을 세우려던 움직임에 제대로 대응할 수 없었다. 스테판 네마니치는 뛰어난 외교술을 바탕으로 그 기회를 잘 이용하였다. 하지만 로마 교황의 왕위 인정은 상당수 세르비아 정교 교회로부터 반대에 직면해야 했다. 네마니치는 콘스탄티노플 교회로부터도 왕권승인을 인정받고자 했지만, 제4차 십자군의 콘스탄티노플 점령으로 이 일이 쉽지 않은 상황이었다. 그는 마침내 1219년 세르비아 독립 정교회가 수립되자 자신의 동생인 성 사바(Sveti Sava, 1169/1174-1236, 재위 1219-1235)의 도움으로 세르비아 정교 의식에 따른 두 번째 대관

식을 치를 수 있었다. 이로써 그는 '세르비아 최초의 왕'이란 뜻을 의미하는 '스테판 프르보벤차니(Stefan Prvovenčani)'란 칭호를 얻게 된다.

네마니치 시대에 들어와 세르비아 중세 왕국은 정치적으로 독립왕국을 선포하였다. 하지만 종교적으로 세르비아 정교회는 불가리아 오흐리드 소속의 지역 교구로 남아 있었다. 네마냐의 막내로 셋째 아들인 라스트코(Rastko) 왕자는 정교회에 입문하여 '성 사바'란 세례명을 받았고 세르비아 정교 발전을 위해 노력하였다. 그는 1219년 마침내 니예카(Nijeka)에 있던 정교회 총대주교로부터 세르비아 정교회를 독립교구로 승격시키는 승인을 얻어낸다. 이에 따라 최초의 세르비아 정교회 독립교구가 현재 코소보의 쥐짜(Žica)에 세워졌고 성 사바는 세르비아 독립교구의 초대 총대주교가 되었다. 그는 이를 계기로 세르비아 정교회와 수도원을 개축하거나 보수했고, 교회 서적을 번역하는 등 그의 아버지인 네마냐와 더불어 세르비아 민족주의의 핵심축인 세르비아 정교의 기틀을 마련하는 데 한평생을 바쳤다. 이후로 세르비아 정교는 세르비아 중세왕조와 세르비아 민족의 가장 중요한 정신적 버팀목이 되게 된다.

종교 안정과 이를 통한 민족 간 단합은 세르비아 중세 왕국의 발전을 가져왔다. 세르비아의 후대 왕들은 종교 안정을 바탕으로 내부의 정치적 갈등을 해소할 수 있었으며, 이웃 불가리아 제국과 비잔틴제국의 압력으로부터 세르비아 민족의 정치적, 민족적 정체성을 지켜나갈 수 있었다. 이후 세르비아 정교회를 로마 교회 영향권 아래 두고자 했던 로마 교황의 압력이 거세지자, 세르비아는 비록 정치적으로는 로마와 협력하였지만, 종교적으로는 비잔틴제국과의 협조 속에 독립교구로써 자치권을 유지하는 외교적 완숙함을 보여주었다. 1166년 스테판 네마냐 이후로 등장한 네마니치(Nemanjić) 왕조 동안(1166-1371) 세르비아 중세 왕국은 안정된 정치와 강력한 군사력을 바탕으로 점차 자신의 영토를 발칸 전 지역으로 확장해 갔으며 이웃 국가들과의 무역 증대를 통해 경제적 부를 쌓아갔다. 특히 달마티아 지역 상인들은 세르비아 특산품들을 서유럽과 레반트(Levant 동부 지중해 및 그 섬과 연안 국가) 지역 특산품들과 서로 교역하며 유럽의 동쪽과 서쪽을 엮는 역할을 하였다. 안정된 정치력과 경제력을 바탕으로 세르비아 중세 왕국은 과거 서로마지역에서부터 지중해와 아드리아 해안 국가 그리고 비잔틴 지역을 상호 연결하는 중심지로서 발전할 수 있었다.

나) 중세 세르비아 전성기

세르비아 역사상 가장 위대한 왕으로 칭송받는 스테판 두샨(Stefan Uroš IV Dušan, 1308-1355, 왕 1331-1346, 황제 1346-1355) 시기에 이르러 세르비아 중세왕조는 전성기를 맞이하게 된다. 두샨은 아버지 스테판 우로쉬 3세(Stefan Uroš III Dušan, 1281-1331, 재위 1322-1331)[5]와 그의 두 번째 부인(Theodora, 불가리아 공주) 사이에서 태어난 아들로 권력 다툼 끝에 아버지를 권좌에서 밀어내고 세르비아의 왕이 되었다. 두샨 시기에 세르비아는 베오그라드에서부터 그리스 남부지역에 이르는 발칸 대부분 영토를 장악했고 당시 유럽의 가장 강력한 중세 국가 중 하나로 성장하였다. 이에 힘입어 1346년 두샨은 현재 마케도니아의 수도인 스코프예(Skopje)에서 '세르비아인과 그리스인, 불가리아인의 황제(Emperor of the Serbs and Greeks and Bulgarians/car Srba i Grka i Bugara)'로 추대되게 된다. 그는 세르비아 중세 왕국의 수도를 오늘날 마케도니아의 오흐리드로 옮기고 자신을 비잔틴의 새로운 계승자란 의미로 황제(Car)라 칭하였다. 그는 세르비아 독립 정교회를 발칸 전 지역 담당 총대교구로 발전시키려는 야심을 지니고 쥐짜에 있던 초대 세르비아 총대교구 자리를 코소보의 페치(Peć)로 옮겼다. 경제적으로도 세르비아는 두샨 시대에 이르러 유럽과 소아시아 지역을 상대하는 무역을 통한 부를 축적해 갔으며, 이러한 해상무역은 아드리아 해안 도시들이 주도하였다.

1354년에 들어와 두샨은 비잔틴법전에 기초하여 세르비아 민족의 전통과 관습을 가미시킨 독자적인 세르비아법전을 완성한다. 이 법전은 세르비아가 농목축업 중심의 봉건국가로서 이전 슬라브족 원시성에서 탈피하여 비잔틴 문명의

---

5 스테판 데찬스키(Stefan Dečanski)로도 불렸다.

31- **1346년 두샨 황제 즉위식**
출처: https://commons.wikimedia.org/wiki/File:Coronation_of_Emperor_Du%C5%A1an,_in_%22The_Slavonic_Epic%22_(1926).jpg

정치와 사회 구조 등을 만들어 나갈 수 있는 기틀이 되었다. 두샨 시기 강대해진 국력을은 비잔틴 제국에게 큰 위협으로 다가왔고, 제국은 소아시아에서 세력을 키워가던 오스만 터키에게 군사적 도움을 요청하였다. 이를 계기로 1345년 오스만 터키의 발칸 침략이 시작되게 된다. 하지만 두샨은 1345년에서 1349년에 걸친 터키 공격을 잘 막아낼 수 있었다.

그러나 1355년 46세의 나이로 두샨이 사망한 이후 세르비아 중세 왕국은 쇠락의 길로 접어들게 된다. 세르비아 중세왕조 가운데 가장 무능한 왕이자 나약한 왕으로 일컬어지는 우로쉬 5세(Stefan Uroš V, 1336-1371, 재위 1355-1371)는 계속 증대되는 터키의 위협과 국내 분란을 효과적으로 극복하기에는 역부족이었다. 또한,

32- 1360년대 당시 세르비아 제국의 지방 지배자들

출처: https://commons.wikimedia.org/wiki/File:Serbia_1360_en.png

세르비아는 그때까지도 소규모 부족사회 습성이 남아 있었고 따라서 무능한 왕이 강력하게 중앙집권적인 국가를 계속 유지한다는 것은 불가능한 일이었다. 내부적으로 왕족과 지방 영주들 간 권력 투쟁 심화 속에 특히 마케도니아 지배자였던 부카쉰(Vukašin Mrnjavčević, 1320-1371, 재위 1365-1371)과 우글레쉬(Uglješa Mrnjavčević, 1346-1371) 형제의 반란은 네마니치 왕조의 멸망을 재촉하였다. 당시 부카쉰은 우로쉬 5세와 더불어 세르비아 왕국의 공동 지배자이기도 했다. 이런 혼란 중에 두샨의 아버지인 스테판 데찬스키의 세 번째 부인(Maria Palaiologina, 비잔틴 제국 공주)의 아들인 시메온 우로쉬(Simeon Uroš, 1326-1370, 지배 1359-1370) 또한 권력 다툼에 참여하여 자신의 황제권을 요구하였다. 그의 요구를 우로쉬 5세가 받아들이지 않자 시메온 우로쉬는 자신의 영지인 그리스 북부와 알바니아 지역을 독립해서 나가버리는 등 두샨 황제 사망 이후 세르비아는 완전한 분열 위기에 놓여 있었다. 이러한 내부 혼란은 오스만 터키가 세르비아를 다시 공격하기 좋은 빌미를 제공해 주었다. 결국, 세르비아 중세 왕국은 오스만 터키에게 1, 2차 마리짜(Marica)강 전투(1363년, 1371년)에서 패배하였고, 후사 없이 죽은 우로쉬 5세를 비롯해 그 형제들이 모두 사망함에 따라 네마니치 왕조의 맥은 세르비아 역사에서 완전히 사라지게 되었다.

다) 오스만 터키의 발칸 침공과 코소보 전투

세르비아를 복속시킨 오스만 터키의 무라드 1세(Murad Ⅰ, 1326-1389, 재위 1359-1389)는 세르비아에게 봉신 국가로서 예의를 강요하였고, 조공과 군대 상납 조건으로 라자르 흐레베리야노비치(Lazar Hrebeljanović, 1329-1389, 재위 1373-1389) 군주(크네즈 knez)에 의한 세르비아인 통치를 허용하여 주었다. 실제로 오스만 터키의 유럽 정복의 대표 전략 중 하나는 점령지역 용병들을 다른 지역 침공시 선봉에 서게 하는 것이었다. 훗날 이 제도의 발달은 야니차르(Janissary/ janjičar/ Yeni Çeri)라는 독특한 용병제도로 이어졌다. 이 전략에 따라 오스만 터키는 유럽 침공시 크리스트교 민족 간 전투를 벌이게 하였고, 이를 통해 좀 더 쉽게 정복사업을 해나갈 수 있었다.

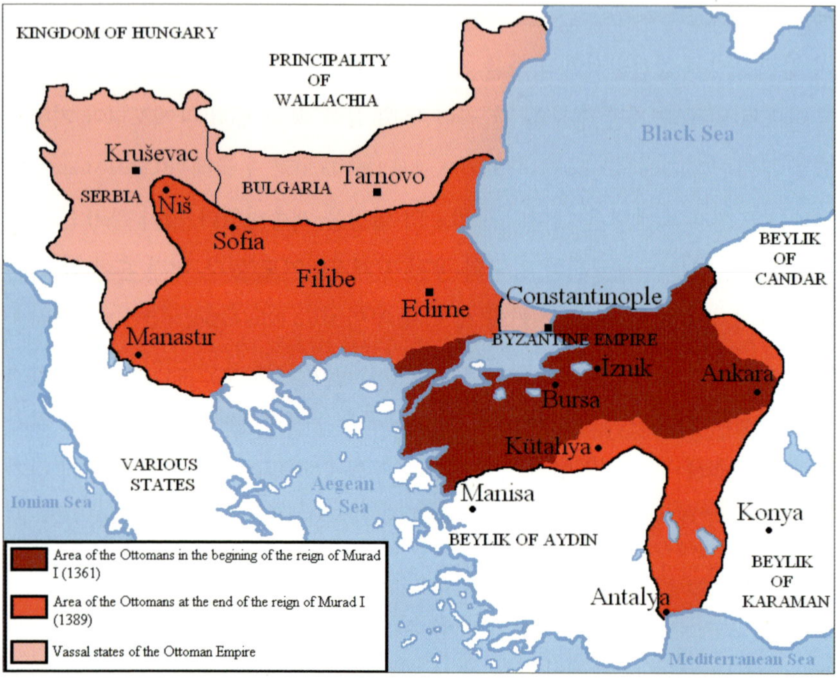

33- **오스만 터키 무라드 1세의 유럽 원정과 영토 확대**
출처: https://commons.wikimedia.org/wiki/File:3_-Murad_I_map.PNG

세르비아 중세왕조 쇠퇴 속에 1389년 6월 15일 라자르는 헝가리, 보스니아, 알바니아 등 주변 크리스트교 민족들을 연합해 구성한 약 1,2000명-30,000명을 이끌고 무라드 1세가 이끄는 오스만 터키군 약 30,000명과 코소보 언덕에서 제1차 코소보 전투를 벌이게 되었다. 당시 세르비아 민족 영웅인 밀로쉬 오블리츠(Miloš Oblić, ?-1389)가 거짓 항복 속에 독이 묻은 칼로 무라드 1세를 처치하는 데 성공하였다. 무라드 1세의 죽음을 확인한 아들 바예지드 1세(Bayezid I, 1354-1403, 재위 1389-1402)는 전투에 동행했던 동생들을 죽이고 술탄에 올랐다. 전열을 정비한 그는 세르비아와 다시 전투를 치렀으며 여기서 승리하게 된다. 그는 1390년 라자르의 아들인 스테판 라자레비치(Stefan Lazarević, 1377-1427, 재위 1389-1427)를 봉신 신하(데스포트 Despot)로 앉히고, 라자르의 딸을 하렘으로 데려갔다. 역사가들은 이 당시

34- **1389년 6월 제1차 코소보 전투**
출처: https://commons.wikimedia.org/wiki/File:Battle_of_Kosovo,_Adam_Stefanovi%C4%87,_1870.jpg

전투를 서로 무승부였다고 평가한다. 하지만 남아 있던 국력을 모두 소진한 세르비아에 비교해 오스만 터키는 더욱 막강한 국력과 자원을 보유하고 있었다는 점에서 오스만 터키의 유럽 원정이 더 가속화되는 계기가 되었다고 할 수 있다.

코소보 전투는 세르비아의 성령 축일인 6월 28일 비도브단(Vidovdan, 성 바이터스 Vitus의 날)과의 상징성으로 연결되면서 전투에 관련된 전설들은 이후 세르비아 민중들에게 민담과 구전문학을 통하여 계속해서 전해 내려왔다. 이 전설들은 훗날 오스만 터키 지배에 대한 세르비아 민족의 저항정신을 고취하는 데 일조하게 된다. 또한, 이후 세르비아 민족이 외세 침략으로 어려움에 부닥칠 때마다 코소보 전투의 여러 영웅적인 전설들과 민담, 설화들은 세르비아 민족과 지도자들에게 자주 인용되었고, 이를 통해 세르비아 민족주의 의식을 고취해 갈 수 있었다. 코소보는 세르비아 역사에서 1, 2차 코소보 전투와 함께 이민족의 직접 지배가 시작되는 치욕스러운 역사로 기록되었고, 훗날 세르비아 민족의식의 출발점으로 평가받게 된다.

오스만 터키의 바예지드 1세는 코소보에서의 최종승리에도 불구하고 중국 명나라에 의해 사라진 몽고제국(원제국)의 부활을 꿈꾸며 중앙아시아에서 발현한 '티무르(Timur, 1336-1405, 재위 1370-1405) 제국(1370-1507)' 침략으로 인해 유럽 원정을 포기해야만 했다. 오스만 터키는 1402년 소아시아의 앙카라(Ankara)전투에서 티무르 제국에게 대패하였고, 바예지드 1세 아들인 메흐메드 1세(Mehmed I, 1379-1421, 재위 1413-1421)에 의해 1413년 재건되기 전까지 유럽 진출을 미루어야만 했다.

세르비아에서는 라자르의 뒤를 이은 스테판 라자레비치가 국력을 다시 모아 빼앗긴 주권과 영토회복을 꿈꾸었으나, 이미 대부분의 세르비아 영주와 귀족들은 코소보 전투 이후 오스만 터키 지배하의 영주나 신하 또는 술탄 군의 일부로 편입되어 현실적으로 불가능한 이상이었다. 그 또한 1402년 티무르 제국과의 앙카라전투에 오스만 터키 봉신으로 참여하는 등 오스만 터키의 소멸 없이는 더는 중세 왕국의 독립 회복이 어려운 상황이었다. 하지만, 1402년 오스만 터키가 티무르 제국에게 패배하고 혼란에 빠지자 라자레비치의 뒤를 이은 쥬라즈 브란코비치(Đurađ Branković, 1377-1456, 재위 1427-1456)는 이를 기회로 삼아 헝가리에 도움을 요청하였다. 헝가리는 세르비아의 요청을 받아들여 1428년 오스만 터키와의 협상에서 세르비아를 침략하지 않을 것과 브란코비치를 세르비아 지배자로 인정할 것을 요구하였다. 당시 오스만 터키는 티무르 제국과의 전투에서 입은 피해 복구는 물론 내적 혼란으로 아직 안정되지 않은 상황이었다. 따라서 당시 중부유럽의 강대국이던 헝가리와의 전쟁 대신에 헝가리의 요구조건을 승낙해주었다. 그러나 세르비아는 그 보답으로 헝가리에게 베오그라드를 비롯한 세르비아 북부지역을 내어 주어야만 했다. 이후 세르비아는 베오그라드 남동쪽 50킬로미터에 자리한 스메데레보(Smederevo)에 요새를 새롭게 구축하였고, 1459년 오스만 터키에 의해 점령되기 전까지 이곳을 수도로 삼게 된다.

1437년, 내분을 정리한 오스만 터키는 1428년 맺은 헝가리와의 약속을 깨고 세르비아와 헝가리를 침공하였다. 당시 로마 교황인 유게니우스 4세(Eugenius IV, 1383-1447, 재위 1431-1447)의 제창 아래 헝가리군, 세르비아군, 알바니아군 그리고 왈라키아 군을 중심으로 '바르나(Varna) 십자군'이 결성되었고, 1444년 불가리아 흑해 인근 바르나 강에서 무라드 2세(Murad Ⅱ, 1403/1404-1451, 재위 1421-1451)의 오스만 터키군과 전투를 벌이게 되었다. 그러나 이 전투에서 크리스트교 연합군은 무참히 패배하였다. 이후 크리스트교 세력이 오스만 터키를 유럽에서 몰아낼 수 있으리라는 확신은 유럽에서 사라졌으며, 이와 함께 비잔틴제국과 발칸 유럽에 대한 서유럽 크리스트교 국가들의 지원과 재건 노력 또한 사라지게 된다. 크리스트교 연합군에 대한 계속된 승리와 1448년 제2차 코소보 전투 승리 이후 오스만 터키는 마침내 1453년 비잔틴제국 수도인 콘스탄티노플을 점령하였다. 그리고 1459년에는 중세 세르비아의 마지막 수도인 스메데레보를 장악함으로써 오스만제국의 발칸 지배가 본격적으로 시작된다. 이후 세르비아를 비롯해 발칸 유럽 민족들은 1878년 3월 산 스테파노(San Stefano)조약과 동년 6월 베를린(Berlin) 조약에 의해 독립되기 전까지 대략 400년을 오스만 터키 지배하에 놓이게 되었다. 또한, 발칸 동쪽 지역에 대한 오스만 터키의 지배는 합스부르크가와 '오스트리아-헝가리 이중제국'(Dual Monarchy, 이후 '오-헝 이중제국' 또는 '이중제국'으로 약칭함)으로 이어지는 서유럽제국 지배를 받게 되는 발칸의 서쪽 남슬라브족과 서로 다른 역사, 문화, 정치 그리고 사회적 경험과 특징들을 가지는 원인이 되었다.

4) 보스니아 중세 왕국

가) 왕국의 태동

'보스니아(Bosnia)'는 세르비아어 또는 크로아티아어로 '보스나(Bosna)'로 불린다. 용어의 기원은 보스니아 북부에서 사라예보를 통과해 북부의 사바강으로 흘러 들어가는 보스나(Bosna)강에서 유래한 것이며, 이 강을 중심으로 형성된 인종 집단을 중세 보스니아 민족의 기원으로 보고 있다. 발칸반도의 다른 지역에 정착한 남슬라브와 마찬가지로 보스니아 지역에 남슬라브족이 정착한 시기는 6세기 말과 7세기 초이며, 초기 이들 민족은 세르비아와 크로아티아인처럼 작은 부족 단위로 정착하였다. 그러나 보스니아 등 이들 남슬라브가 정착한 지역들은 험한 산악지역이란 지리적 특성과 잦은 주변 민족들의 침입으로 인해 민족 정체성을 명확하게 구분하는 것이 어렵다고 할 수 있다. 보스니아 내 거주 남슬라브족은 국가 모습을 갖췄다기보다는 세르비아에서처럼 주파(Župa)라 불리는 작은 국가 단위체들을 지닌 연합체 성격을 지니고 있었다. 또한, 가장 나이가 많으며 명망 있는 주판(족장 Župan)이란 지배자가 거주민들을 지배하였다. 이처럼 보스니아 내에 정착한 초기 슬라브족들은 최고령자들과 각 씨족 대표들의 지배를 받는 '씨족 귀족 정치'의 특징을 보였다. 이들은 자신들의 정치적 입지에 따라 사회적 지위를 유지하고 있었다. 비록 고대 그리스와 로마처럼 강력한 정치력을 지닌 정치구조가 이들에게 존재하진 않았지만, 여러 기록을 통해 적어도 주판들이 각자의 정치적 입지를 지녔음은 확실한 사실로 보인다. 보스니아에 정착한 남슬라브인은 발칸 유입 이전부터 부족을 구성하고 정치, 군사적 엘리트 집단을 유지한 채 도착했다. 이를 바탕으로 보스니아 남슬라브인은 기존 로마 원주민들을 몰아낼 수 있었고, 여러 유목민족의 간섭을 이겨내는 등 역경들을 헤쳐 나갈 수 있었다.

남슬라브족 정착 이후부터 12세기까지 보스니아 역사는 한마디로 주변 민족들의 침략기로 볼 수 있다. 트브르트코 1세(Tvrtko I Kotromanić, 1338-1391, 반 1353-1377, 왕 1377-1391)가 독립 국가를 건설하기 이전까지 보스니아는 다른 남슬라브족이 번갈아 가며 지배하였고, 따라서 지리적 의미 외에 독자적인 역사를 서술하는 것은 불가능하다. 중세 왕국 수립 이전의 보스니아 역사를 살펴보자면, 우선 10세기 초에 보스니아 일부가 중세 세르비아에 편입되었다가 960년에는 크레쉬미르 2세(Mihajlo Krešimir II, 재위 949-969)가 통치하던 크로아티아로 편입된다. 곧이어 997년, 제1 불가리아 제국의 사무엘 황제 시기 보스니아는 불가리아 지배 아래로 들어가지만, 1018년 제1 불가리아 제국이 바실 2세가 이끈 비잔틴 제국에게 멸망한 뒤로는 한동안 비잔틴제국의 지배를 받아야 했다. 11세기 후반 잠시 보스니아 일부 영토가 다시 크로아티아 왕국에 편입되었지만, 이후 헝가리의 발칸 세력확장으로 1137년에 들어와선 헝가리의 지배를 받게 된다. 1167년에 들어와 헝가리 세력이 약화하자 보스니아는 다시 비잔틴제국에 편입되지만, 1180년 헝가리는 크로아티아 지배권을 한층 강화해가며 보스니아에 대한 종주권 또한 주장하고 나왔다. 헝가리의 보스니아 지배가 강화되자 보스니아에 거주하던 남슬라브인들의 반발이 확대되었고, 이후 자신들의 독립왕국을 향한 움직임이 시작되었다. 이러한 분위기 속에서 보스니아 영주(반 ban)였던 쿨린(Kulin, 재위 1180-1204)은 남슬라브인을 규합하여 자치권을 수립해 나가기 시작한다.

나) 보스니아 교회 논쟁

보스니아에 최초 크리스트교 전파는 9세기 이후부터이며, 주로 로마와 콘스탄티노플에서 온 선교사들에 의해 이루어졌다. 로마 교회는 달마티아 해안을 중심으로 점차 보스니아 내륙으로 전파되었다. 특히 비잔틴제국의 바실 2세가 사망한 이후 제국의 영향력이 약화하자 프란체스코(Francis-kan)를 중심으로 한 로마가톨릭 영향력이 확대되었다. 이후 보스니아 중세 왕국 수립 전까지 북부와 중부, 달마티아 지역은 헝가리 영향하에서 가톨릭 영향권에 속하게 된다. 하지만 당시 로마가톨릭을 받아들인 이들의 신앙심은 매우 원시적인 단계에 머물러 있었다. 12세기 이후로 보스니아의 가톨릭교회들은 아드리아 해안의 중세 도시인 라구사(Ragusa/ 오늘날 두브로브니크 Dubrovnik) 대주교 하에 있었으나, 당시 라구사 교구조차도 성경을 읽고 이를 해석해 줄 라틴어 구사자가 부족하는 등 매우 원시적 단계를 벗어나지 못하고 있었다. 게다가 아드리아 해안과 내륙을 가로막는 험준한 디나르 알프스(Dinaric Alps/ Dinarski alpe) 지대로 인해 보스니아 내륙에 거주하던 상당수 남슬라브인은 제대로 된 가톨릭 신앙 교육과 의식을 습득할 수 없었다.[6] 따라서 보스니아 내 가톨릭교도들은 고유 민간 신앙과 전통을 가톨릭 의식에 접목해 갔으며,

---

6 John V. A. Fine(1994). "The Medieval and Ottoman Roots of Modern Bosnian Society." Mark Pinson ed. The Muslims of Bosnia-Hercegovina. (Cambridge: Harvard University Press). p. 4.

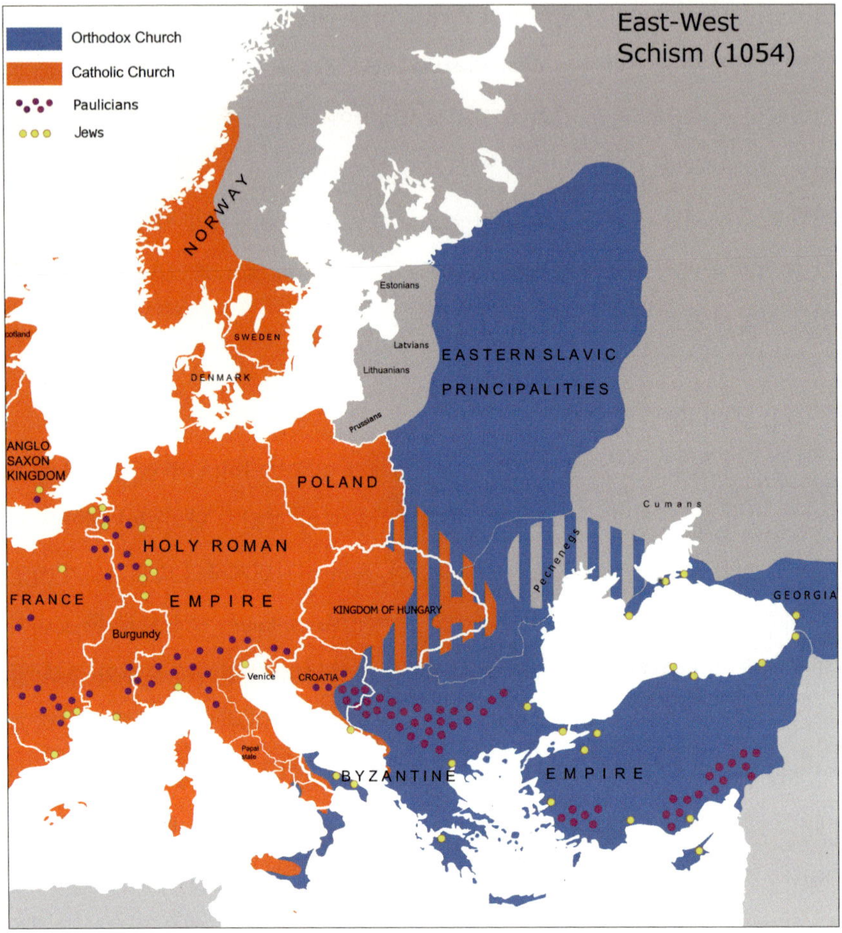

35- **동서 교회 분기점 시기, 보고밀교의 분포도**
출처: https://commons.wikimedia.org/wiki/File:Great_Schism_1054_with_former_borders.png

이것은 중세 '보스니아 교회(Bosnian Church/ Crkva Bosanska)'를 둘러싼 이단 논쟁과 함께 오스만 터키 지배하에서 이들의 대규모 이슬람 개종의 배경이 되게 된다.

반면 보스니아 동부를 비롯해 모스타르(Mostar)와 네레트바강 유역을 중심으로 현재 헤르체고비나인 훔(Hum)지역은 1168년부터 1326년까지 네마니치 왕조의 세르비아 지배하에서 정교회의 영향을 받았다. 특히 1219년 세르비아 왕국 독립과 더불어 세르비아 정교회가 독립교구로 인정되자 훔지역의 여러 교회는 세르비아의 대교구 밑에 편입되었다. 하지만 가톨릭을 믿던 보스니아 남슬라브인들처럼 이들의 신앙심 또한 그리 깊지 못하였다. 당시 동·서 로마 분기점과 동·서 교회 접합점에 자리했던 보스니아는 빈번한 외세침입과 양대 교회 세력 간의 영역권 다툼 그리고 무엇보다도 종교적 신앙심과는 별개로 자신들의 영역 내에서 토지 등 기득권 지키기에 급급한 귀족들의 잦은 변심 등으로 인해 많은 어려움을 겪고 있었다. 이와 함께 험준한 지리적 특징과 고립은 보스니아의 분권화 전통들로 이어졌고, 이것은 이후 보스니아가 중앙 집중적 국가통합을 이루는 데 큰 어려움을 안겨주게 된다.

보스니아는 양대 교회 접합점에 자리했었고, 보스니아의 교회들은 빈번한 외세침입과 지역적 특성으로 인해 오랜동안 로마 교회로부터 고립되어 있었다. 이로 인해 보스니아 교회는 독자적인 형태로 운영되어야 했으며, 약한 신학 토대 위에 교회 의식 또한 전통신앙과 결합 된 느슨한 형태를 유지했었다. 또한, 세르비아 정교의 영향으로 인해 1190년경부터 보스니아 교회는 가톨릭도 아닌, 그리고 정교도 아닌 독특한 종교형태로 발전하면서 점차 이단화로 내몰리고 만다. 이런 가운데 보스니아인들의 실제 일상생활과 사회적 삶에 큰 영향을 미쳤던 보고밀교가 10세기 중반 이웃 불가리아와 세르비아를 거쳐 보스니아로 전파되어 갔다.

크리스트교의 이원적 분파인 보고밀교는 로마 교회의 가톨릭과 콘스탄티노플 교회의 정교회 모두로부터 이단으로 해석되었다. 특히, 불가리아와 세르비아에서 많은 박해를 받아야 했다. 하지만 박해를 피해 보스니아로 들어온 보고밀교도들은 반 쿨린을 도와 당시 보스니아가 주변 외세로부터 독립을 이루는데 많은 이바지를 하게 된다. 보고밀교에 대한 보스니아인의 믿음은 점점 커갔으며 반 쿨린과 보스니아 귀족들 또한 보고밀교를 주요 종교 중 하나로 인정하게 된다. 그러나 보고밀교에 대한 보스니아의 호의는 이를 이단으로 규정하고 있던 로마교황청의 분노와 함께 보스니아에 대한 영향력을 더 확고히 하고자 했던 헝가리의 개입을 불러오게 된다.

헝가리는 반 쿨린 이후 확대되던 독립왕국에 대한 보스니아의 의지를 꺾을 의도로 보고밀교 혹은 파타네리교(Patareni)라 불리는 보스니아 교회를 이단으로 규정하였다. 그리고 로마 교황의 허락을 빌미 삼아 헝가리는 십자군을 일으켜 1235년에서 1241년 사이에 걸쳐 보스니아를 수차례 공격하게 된다. 헝가리는 보스니아 정복 이후 보고밀 교도를 처단하고 보스니아 교회 성직자들을 소집하여 이단화를 막기 위한 종교적 개혁조치를 의결하였다. 그러나 보스니아 교회는 오랜동안 로마 교회와의 고립 속에 성장해 왔고, 이로 인해 헝가리의 개혁조치들은 한계에 봉착해야만 했다.

남슬라브 역사 속 한 마디

중세 보스니아 교회 논쟁

중세 보스니아 무슬림 기원과 관련하여 여러 상반되는 주장들이 있는데 이러한 이유는 당시 시대적 배경과 보스니아의 지정학적 위치, 그리고 보스니아 지역에 퍼져 있던 보스니아 교회의 모호한 정체성에서 비롯된다. 보스니아는 가톨릭의 로마 교회와 정교의 콘스탄티노플 교회 세력의 경계선이 관통하는 지역으로서 양 지역의 문화나 종교 중 어느 하나가 주도적인 세력으로 성장할 수 없었던 곳이었다.

19세기 말부터 시작된 중세 보스니아 교회와 관련된 논쟁은 크게 두 가지 학설로 나누어 볼 수 있는데, 우선 하나는 보스니아 교회를 이원론적이거나 신 마니교도적, 혹은 보고밀교와 파타네리교라 주장하고 이를 크리스트교의 이단으로 규정하고 있는 주장이다. 이들의 주장에 따르자면, 보고밀교는 3세기 메소포타미아 지역에서 발생한 마니교(Manichaeism)로부터 13세기 프랑스 남부인 알비(Albi)지방의 알비주의파(Albigenism)까지 그 맥을 같이 하고 있다. 이후 불가리아에서 처음 발생했으나, 10세기를 전후로 불가리아와 이웃 세르비아에서 박해를 받다가 이후 보스니아로 전파된 후 정착에 성공하여 보스니아에 만연하게 되었다는 것이다.

이와 다른 의견으로는 신마니교나 파타네리교와는 다르게 보스니아 교회가 성신과 삼위일체, 교회건물, 십자가, 성인예배, 종교예술, 구약성경 등을 중시하였다는 점을 들어, 기본적으론 가톨릭의 일파였다는 주장이다. 보스니아 교회가 이단으로 몰린 이유는 보스니아 종주권을 확보하고자 했던 헝가리와 세르비아가 의도적으로 양대 교회 형식이 혼합된 보스니아 교회를 이단으로 몰아세웠다는 것이다. 특히, 1235년-1241년에 있었던 헝가리의 보스니아에 대한 십자군 파견은 가톨릭에 대한 보스니아인들의 반감을 확대하였으며, 이후 가톨릭교와의 공식적인 관계단절로 체계적인 교육을 받지 못한 성직자들이 양성되었고, 이들에 의해 비( )가톨릭적인 여러 의식이 행해지게 되면서 일련의 악순환이 이어지게 되었다고 주장하고 있다. 종교적인 측면만을 고려한다면 보스니아 교회와 보고밀교는 엄밀히 구분되는 특징들을 갖고 있다. 당시 보스니아 교회에서 행했던 예배형식과 특히 포도주를 마시는 행위는 보고밀교와 엄밀히 구분되는 종교의식이며 특히 보고밀교에서 사용하지 않았던 성호, 구약성경 그리고 교회건물 사용 등을 고려하면 보스니아 교회가 이단화되며 일정부분 보고밀적 요소들을 받아들였지만, 보스니아 교회를 보고밀로 보는 것은 무리가 있다고 주장하고 있다.

다) 왕국의 발전과 쇠퇴

14세기 말, 헝가리는 1102년부터 지배해온 크로아티아에서의 독립 움직임에 따라 어려움을 겪고 있었고, 그 진압을 위해 이웃 국가인 보스니아의 활용이 필요하였다. 보스니아의 반으로 취임한 코트르마니치 2세(Stjepan II Kotromanić, 재임 1322-1353)는 대외적으론 헝가리를 의식해 1347년 가톨릭으로 개종하고 프란체스코 선교사들을 받아들였지만, 내부적으론 지하에서 활동하던 보고밀 교도들의 강력한 지지에 힘입어 보스니아 내 세력들을 하나로 묶어갈 수 있었다. 이후로 보스니아는 오스토야(Stjepan Ostoja, 재위 1398-1404, 1409-1418) 시기를 제외하고 모든 통치자가 가톨릭을 신봉하였다. 하지만 코트로마니치 2세는 당시 보스니아의 종교적 혼재와 반발을 고려하여 종교문제에 있어서는 관용정책을 추진하려 했다.

자신의 종교를 강요했던 주변 왕국들과 달리 보스니아의 이런 정책은 종교에 대한 지배 귀족들의 의식과 성향을 그대로 반영해 주는 것이라 할 수 있다. 실제로 보스니아의 귀족들과 주민들은 종교적 편협성보다는 자신들의 이익에 따라 자유롭게 종교를 개종해왔으며, 이것은 훗날 오스만 터키의 지배 당시 보스니아인들의 대규모 이슬람 개종의 배경을 형성하였다. 대외적으로도 그는 영토를 크게 확장했는데, 우선 크로아티아 통치에 어려움을 겪던 헝가리를 도와 반(反)헝가리 세력들을 제거하고 그 대가로 바나트(Banat) 등 크로아티아 일부 영토를 얻을 수 있었다. 또한, 그는 세르비아 밀루틴(Stefan Uroš II Milutin, 1253-1321, 재위 1282-1321)왕이 사망한 이후 심화 된 세르비아 내 왕위 다툼과 혼란을 틈타 1326년 세르비아 영향권 하에 있던 훔 지역을 정복하게 된다.

코트르마니치 2세 이후 트브르트코 1세 시대에 들어와 중세 보스니아의 영토는 더욱 확장되었다. 트브르트코 1세는 우로쉬 5세 시기 세르비아가 오스만 터키와의 제1, 2차 마리짜(1363, 1371)강 전투에서 패한 이후로 네마니치 왕조가 단절되자, 1374년 세르비아로 영토를 확장해 갔다. 뒤이어 그는 자신이 사라져 버린 세르비아 왕조를 계승했다고 주장하게 된다. 트브르트코 1세는 달마티아 지역의

36- **보스니아 왕국의 전성기를 이룩한 트브르트코 1세의 문장과 영토**

출처: https://commons.wikimedia.org/wiki/File:Coat_of_arms_of_Kingdom_of_Bosnia.svg
https://commons.wikimedia.org/wiki/File:Medieval_Bosnian_State_Expansion−en.svg

여러 해안 도시들을 포함한 크로아티아 영토 일부를 획득함으로써 보스니아 중흥을 이끌어갔다. 이를 계기로 그는 봉건영주의 의미를 지닌 '반'의 칭호를 벗어나 1377년부터 왕을 의미하는 '크랄뤼(Kralj)'라는 칭호를 사용하게 된다. 보스니아의 계속된 영토확장에 따라 트브르트코 1세는 '세르비아, 보스니아, 달마티아, 크로아티아와 인근 해안 도시의 왕(Kralj Srba, Bosne, Dalmacije, Hrvatske i primorja)'이라 불리며 보스니아 중세 왕국의 최대 전성기를 만들어나갔다. 그러나, 1391년 트브르트코 1세의 죽음 이후 왕권을 둘러싼 후계자들의 분란과 외세의 간섭으로 인해 중세 보스니아 왕국은 최대의 위기를 맞게 된다.

보스니아의 토마쉬(Stjepan Tomaš, 1411-1461, 재위 1443-1461)왕 시절, 헤르체고비나 대공인 부크취치(Stjepan Vukčić, 1404-1466, 재위 1435-1466)는 토마쉬 왕의 권위를 부정하고 왕국에서 떨어져 나가 헤르체그(Herceg, 독일식 표현으로 왕보다 낮고 백작보다 높은 공작 지위) 준독립 국가를 선언하게 된다. 나머지 보스니아 왕국영토도 지방 귀족들의 세력다툼으로 인해 해체되자 왕국의 힘은 급속히 약화하였다. 내적 혼란 속에 달마티아 지역의 상권을 노리던 베네치아 공국이 다시 보스니아 해안지역에 영향력을 확대해 왔으며, 북쪽으로는 헝가리가, 동쪽에선 오스만 터키의 압력이 가중되는 등 보스니아 중세 왕국은 점차 기울어지게 된다.

오스만 터키에 의한 세르비아 중세 왕국 붕괴는 보스니아 중세 왕국에도 큰 위기로 다가왔다. 15세기 중반 이후 보스니아에 대한 오스만 터키의 압력이 계속해서 증대되었고, 왕국 유지를 위해 보스니아는 로마 교회와 헝가리 등 가톨릭 국가들의 도움을 절실히 필요로 했다. 교황은 그 조건으로 보스니아 교회 개혁과 함께 보고밀화 된 교회들의 해체를 요구했다. 따라서 세르비아의 마지막 수도인 스메데레보(Smederevo)에서 오스만 터키에게 저항했던 토마셰비치(Stjepan Tomašević, 세르비아 데스포트 1459. 04-06, 보스니아 왕 재위 1461-1463)는 1461년 보스니아의 왕이 된 후 보스니아 교회의 성직자들을 교화시키고 이를 거부하는 신도들을 보스니아 밖으로 추방하는 조치를 단행하였다. 이들 중 일부는 가톨릭으로 개종하였고, 또 일부는 훔으로 이주하여 정교도 인이 되거나 훗날 오스만 터키 지배과정에서 이슬람으로 개종하게 된다. 헝가리는 세르비아 왕국에 이어 보스니아마저 오스만 터키에게 넘어가는 것에 대해 심각한 위협을 느끼고 있었다. 따라서 보스니아를 제국 간 완충 지대로 두기 위해 보스니아 왕국 지원을 서두르게 된다. 하지만 오스만 터키의 보스니아 진출을 막기에는 역부족이었다. 마지막까지 저항하다 1527년 터키에 병합된 야이쩨(Jajce) 등 일부 지역을 제외하곤, 1463년 6월 보스니아 중세 왕국은 오스만 터키하로 들어갔다. 뒤이어 강력하게 저항했던 헤르체그 대공 지배하의 험준한 요새들마저 1482년 오스만 터키에게 점령당함으로써 보스니아 중세 왕국은 그 막을 내리게 되었다.

보스니아 중세는 짧은 기간의 독립왕국 시대를 제외하곤 그 대부분을 이웃 민족들에 의한 침략과 지배의 역사로 보내야 했다. 그러나 빈번한 외세 지배에도 불구하고 어떠한 지배 민족도 보스니아인들을 완전히 장악하거나 동화시키지는 못했다. 그 이유는 이들의 지배 기간이 짧거나 너무 자주 지배세력이 바뀐 이유로 지배세력과 그 종교에 대한 보스니아인의 충성심을 유도할 충분한 시간을 지니지 못하였기 때문이다. 그리고 중세 동안 이어진 빈번한 외세침입과 간섭은 보스니아만의 독자적인 민족 정체성 수립을 어렵게 했고, 종교적인 이단화를 불러왔다. 그리고 이들 요소는 보스니아 남슬라브인이 훗날 오스만 터키 지배하에서 다른 지역 남슬라브인보다 좀 더 쉽게 경제적, 정치적 이익을 좇아 이슬람으로 개종을 하게 된 결정적인 역사적 배경이 되었다.

3. 중세 III(15C-17C): 외세 지배하의 서부 발칸과 제국주의 시대

1) 합스부르크 지배지역

가) 합스부르크의 남슬라브족 지배과정

남슬라브족이 합스부르크(Habsburg) 왕조와 맺은 최초의 인연은 1278년 비엔나 근처의 '뒤른크루트(Dürnkrut) 전투'에서부터이다. 오타카르 1세(Přemysl Otakar I, 1155-1230, 재위 1192-1193, 1197-1230) 시대 독일 내란을 틈타 독립을 쟁취한 보헤미아는 오타카르 2세(Přemysl Otakar Ⅱ, 1233-1278, 재위 1253-1278)시기에 들어와 왕국의 전성기를 맞이하였다. 1260년대 오타카르 2세는 당시 몽고-타타르족의 유럽침공으로 약화 된 헝가리 왕국을 공격하여 헝가리 왕을 살해하고, 헝가리 하 오스트리아 영토의 대부분을 점령하였다. 그는 또한 당시 헝가리하에 있던 아드리아 해안의 남슬라브 거주지역을 자신들의 지배지역으로 편입시키게 된다. 하지만 보헤미아의 세력증대는 이웃 국가인 독일을 자극하였다. 오타카르 2세는 신성로마제국 황제를 희망하였지만, 1273년 치러진 선거에서 7표의 만장일치로 제국의 새로운 황제는 합스부르크 왕가의 루돌프 1세(Rudolf I, 1218-1291, 재위 1273-1291)에게 돌아갔다. 이후 이 지역에서의 긴장감이 확대되게 된다. 루돌프 1세는 오스트리아 등 그 동안 상실했던 제국의 영토와 권위를 회복고자 했으며, 영지 반환을 거부하는 보헤미아 왕국에 대해 선전 포고하였다. 루돌프 1세와 오타카르 2세는 1278년 8월 비엔나 근처의 뒤른크루트에서 사활을 건 전투를 벌였고 보헤미아 왕국 지배에서 벗어나고자 했던 슬라브 민족들은 루돌프 1세에게 협력하게 된다. 이 전투에

37- **1278년 루돌프 1세와 오타카르 2세 간 뒤른크루트 전투 장면**

출처: https://commons.wikimedia.org/wiki/File:Schnorr_von_Carolsfeld_-_Die_Schlacht_Rudolfs_von_Habsburg_gegen_Ottokar_von_B%C3%B6hmen.jpg

서 보헤미아군은 합스부르크 군대와 폴란드 등 슬라브 민족연합 그리고 헝가리 군 등 연합군에 의해 대패하였고, 오타카르 2세는 전사하였다. 이 전투를 계기로 보헤미아 왕국의 슬라브족 지배는 끝을 맺었으며, 이 지역의 새로운 지배자로서 합스부르크 왕조가 등장하게 된다. 이후 합스부르크 왕조는 1374년 현재 크로아티아 지역의 이스트라반도를 쟁취하고, 이어 1384년에는 이스트라반도 북쪽 트르스트(Trst/ Trieste)를 점령하는 등 발칸 북부지역을 대부분을 장악하였다. 1437년 크로아티아 지배권을 가지고 있던 헝가리가 오스만 터키의 계속된 공격에 따라 자신들의 왕위 계승권을 합스부르크 왕조에 넘겼고, 이에 따라 크로아티아는 합스부르크 하로 들어가게 된다. 이로써 합스부르크는 발칸 유럽의 서북부를 장악해 가며 슬로베니아와 크로아티아의 새로운 지배자로 등장하였다.

38- **찰스 5세 시기 합스부르크제국의 영토**

출처: https://commons.wikimedia.org/wiki/File:Dominions_House_Habsburg_abdication_Charles_V.jpg

크로아티아는 1463년 보스니아 왕국이 오스만 터키에게 무너진 이후로 그 위협에 직면했고, 국경 지역엔 새로운 요새 구축과 함께 방어진지가 세워졌다. 하지만 1493년 9월 크로아티아의 반인 데렌친(Mirko Derenčin, 재위 1493. 04-09)이 이끄는 크로아티아 방위군이 스파히(Spahi)로 불리는 8천여 오스만 터키 기병대와의 전투에서 터키군의 매복과 기습 공격으로 대패하였다. 당시 오스만 터키는 보스니아의 야이쩨 점령에 실패한 이후 공격 루트를 크로아티아 본토로 정했고, 크로아티아는 3천여 명의 기병과 주로 농민들로 구성된 8천여 명의 보병 부대를 이끌고 이들과 대적하였다. '피의 평원(크르바브스코 폴리예 Krbavsko polje) 전투'라 불린 이 전투는 이후 크로아티아인에게 있어 세르비아인의 코소보 전투에 버금가는 역사적 의미를 지니게 되었다.

신성로마제국 황제가 된 합스부르크 가문의 찰스 5세(Charles V, 1500-1558, 재위 1519-1556)는 자신의 동생인 페르디난드 1세(Ferdinand I, 1503-1564, 재위 1556-1564)에게 슬로베니아와 크로아티아-슬라보니아 국경지대 통치를 맡긴다. 페르디난드 1세는 이 지역의 크로아티아 귀족들에게 봉건 의무를 면제해주는 대신에 오스만 터키에 대항하기 위한 군사조직 강화를 요구하였다. 이러한 방식은 오스만 터키를 향한 방어력 향상뿐만 아니라, 훗날 헝가리 반란에 크로아티아 군사조직을 활용하는 데 활용되기도 했다.

1389년 6월 코소보 전투가 세르비아 중세왕조의 몰락을 가져왔다면, 북으로 진격해오던 오스만 터키와 이를 막으려는 헝가리 왕국 사이의 1526년 '모하츠(Mohać) 전투'는 헝가리 왕국의 실질적인 몰락을 가져왔다. 당시 모하츠 전투에서 패전하고 어린 루이스 2세(Louis II, 1506-1526, 재위 1516-1526)왕 마저 사망하자 헝가리는 커다란 혼란에 빠지게 된다. 당시 오스만 터키는 직접 병합한 세르비아와는 달리 헝가리는 조공국가로 남겨두었다. 이후 헝가리와 보헤미아 그리고 크로아티아의 귀족들은 자신들을 보호해줄 왕으로 합스부르크의 페르디난드 1세에게 왕권을 넘겨주는 대신 안위를 부탁하게 된다. 1527년, 페르디난드 1세는 크로아티아 왕으로 추대받았다. 이후 합스부르크를 이었던 오스트리아 제국(Austrian Empire, 1804-1867)은 1866년 프로이센과 싸움에서 패배하고 '오-헝 이중 제국'으로 개명 전까지 약 300년 넘게 슬로베니아인과 크로아티아인의 실질적인 지배자로 자리하였다.

나) 16세기 농민 봉기와 종교개혁 운동의 여파

합스부르크가 발칸 북부의 남슬라브족 지배를 강화하고 있을 때, 오스만 터키는 사바강 인근의 크로아티아 남부지역을 포함해 발칸 남동부 지역을 모두 휩쓸고 있었다. 1526년 모하츠 전투에서 헝가리 주력군을 대파한 오스만 터키는 1541년엔 헝가리 왕국 수도인 부다(Buda)를 점령한 이후 계속해서 크로아티아와 오스트리아를 향해 나아갔다. 오스만 터키의 유럽 침략으로 크로아티아와 슬로베니아 농토는 황폐해졌고, 농산물 출하량의 급속한 감소와 함께 지역 농산물 가격의 폭등을 불러왔다. 이로 인해 지주들은 농노들로부터 세금을 받을 때 금전보다는 현물을 선호하였고, 농산물을 모두 착취당한 농노들의 어려움은 더욱 가중

39- **자그레브의 '성 마르코 성당' 앞에서 화형식을 앞두고 있는 마티야 구베츠**
출처: https://commons.wikimedia.org/wiki/File:Oton_Ivekovic,_Smaknuce_Matije_Gupca_(na_trgu_ispred_crkve_sv._Marka_u_Zagrebu).jpg

되었다. 지주들의 비인간적 착취에 대한 농노들의 불만은 1573년 마티야 구베츠(Matija Gubec, 1548-1573)를 중심으로 한 크로아티아-슬로베니아 농민 봉기의 계기가 되었다. 후에 크로아티아와 슬로베니아 역사가들은 농민혁명가 구베츠를 외세 지배에 저항했던 순교자로 묘사하였고 오늘날까지도 그의 업적을 기리고 있다.

하지만 실제에 있어 당시 구베츠와 농민들의 적은 외세보다는 외세에 빌붙은 슬라브 귀족들이었다. 따라서 이 시기 농민 봉기는 반(反)외세 투쟁보다는 계급 투쟁적인 성격이 더 강하다고 평가할 수 있다. 이런 이유로 사회주의 시절 유고슬라비아 공산당은 구베츠의 농민 봉기를 계급 투쟁 차원에서 찬양하기도 했다. 농민 봉기는 빠른 속도로 다른 지역으로 확대되었고, 종교개혁(Reformation)과 더불어 유럽 내 단결을 막는 주요 원인이 되었다. 슬로베니아와 크로아티아가 종교개혁과 농민 봉기라는 내부의 적과 힘겨운 투쟁을 하고 있던 16세기는 오스만 터키의 유럽 공략이 본격화된 시기이기도 했다. 유럽 내 크리스트교 국가 간 분열과 전쟁은 오스만 터키를 향한 저항을 더욱 약화했으며 오스만 터키가 더욱 손쉽게 유럽으로 세력을 확장할 수 있는 배경이 되기도 했다. 또한, 이것은 합스부르크의 동쪽 지배지역이었던 세르비아 보이보디나와 헝가리 그리고 크로아티아 슬라보니아 지역이 오스만 터키에게 쉽게 점령당한 배경이 되기도 했다. 크로아티아와 슬로베니아 또한 합스부르크 방어선이 확고히 구축되기 이전까지 빈번하게 오스만 터키의 침략으로 고통받아야 했다.

16세기 유럽의 종교적 동요는 슬로베니아인들과 크로아티아인들에게도 많은 영향을 주었다. 상당수의 슬로베니아, 크로아티아와 달마티아의 귀족들이 신교 개혁안을 기꺼이 받아들였고, 1555년에는 신약성경이 슬로베니아어로, 1562년에는 최초의 크로아티아어로 된 성경이 출판되기도 하였다. 프로테스탄트 학교들과 교회들이 슬로베니아의 류블랴나(Ljubljana)를 비롯해 여러 도시에 그리고 크로아티아 수도인 자그레브(Zagreb)에 세워졌다. 신교운동은 독일문화의 영향을 받은 상층 귀족들을 중심으로 슬로베니아와 북부 크로아티아에서 한때 그 세력을 형성하였다. 그러나 17세기 초에 크로아티아 남부와 달마티아를 중심으로 반(反) 신교운동이 본격화되자 슬로베니아와 크로아티아 지역의 신교 개종 귀족들을 예전 상태로 돌이켜 놓았다. 1609년 크로아티아에선 최고의결 기관인 귀족의회(Sabor) 결의에 따라 구교(가톨릭)만을 허용한다는 칙령이 발포되었다. 이후 가톨릭 교리를 보다 체계적으로 교육하기 위해 예수회에서는 가톨릭 학교를 건립했으며, 새로운 문법책과 사전 그리고 다양한 종교 서적 출판이 이 시기에 절정에 이루게 된다.

다) '스렘스키 카를로브찌 조약' 배경과 의미

슬로베니아와 크로아티아를 장악한 합스부르크 제국은 17세기 지배체계를 새롭게 정비하고 오스만 터키에 대항하기 위한 견고한 방어 체제를 구축하고자 하였다. 이를 위해 이 지역 귀족의회인 사보르의 권한을 축소하는 것과 함께 중앙집중

40- **1690년 세르비아 봉기 실패 이후, 코소보 페치 대주교인 쯔르노예비치(Arsenije III Crnojević, 1633-1706, 재위 1674-1690)를 따라 코소보에서 보이보디나 지역으로 이주하는 36,000여 가구의 세르비아인들**
출처: https://en.wikipedia.org/wiki/File:Serbmigra.jpg

을 유도하였다. 또한, 크로아티아와 보스니아를 남북으로 가로지르는 오스만 터키와의 경계선을 설정하였으며, 이 지역에 터키 박해와 수탈을 피해 이주한 세르비아인을 중심으로 남슬라브 정착촌을 만들고 이들을 관리할 헝가리인을 이주시켰다. 대규모 정착촌 형성은 잦은 전쟁으로 인한 국경지대 황폐화를 막고 방어진지 구축에 필요한 인력 수급과 여러 지역으로 흩어져있던 소수 이민족을 통제할 필요성에 따라 정책적으로 이루어졌다. 합스부르크는 새로운 국경 정착촌에 모인 민족 집단들에게 종교적 자유와 토지개간 그리고 집과 세제 혜택을 주는 등 어느 정도의 자치권을 허용해주는 대신에 경계선 지역의 1차 방어 임무를 맡겼다.

특히, 1683년 오스만 터키의 제2차 비엔나 공격이 실패로 돌아가자 합스부르크는 양 제국 간 국경선 방어선을 더욱 체계적으로 구축할 필요성을 지니게 된다. 1699년 '스렘스키 카를로브찌(Sremski Karlovci) 조약'으로 오스만 터키는 헝가리

41- **1699년 스렘스키 카를로브찌 조약 원문**
출처: https://commons.wikimedia.org/wiki/File:Treaty_of_Karlowitz.jpg

와 크로아티아, 그리고 슬라보니아 영토를 다시 합스부르크에게 넘겨주어야 했다. 크로아티아, 보스니아, 세르비아, 루마니아와 헝가리 등 발칸 지역을 동과 서로 가로지르는 오스만 터키와 합스부르크 간 '군사경계선(Military Frontier)'은 '스렘스키 카를로브찌 조약'으로 더욱더 명확해졌다. 이 지역내 민족집단들은 후에 국경수비대란 의미에서 '그라니차르(graničar)'로 불렸으며, 이때 생긴 경계선은 전선이라는 의미의 '보이나 그라니짜(Vojna granica)' 혹은 '보이나 크라이나(Vojna krajina)'로 불리게 된다. 이때 이후로 합스부르크는 자국의 지배지역을 발칸의 남서쪽으로 더욱 확장해 갔다. 그리고 오스만 터키의 압제를 피해 전선으로 온 세르비아인들은 새롭게 합스부르크 지배지역으로 바뀐 슬라보니아와 헝가리 남부 그리고 보이보디나 지역에서 국경수비대로 정착할 수 있었다. 18세기, 오스만 터키의 위협이 약해지자 크로아티아 귀족들은 이전 군사경계선 지역

42- **보이나 그라니짜 분포 지도**
출처: https://commons.wikimedia.org/wiki/File:Militargrenze,_Wojwodowena_und_Banat.jpg

을 다시 되돌려 줄 것을 합스부르크에게 요청하였다. 그러나 그라니차르의 값싸고 충실한 군사력을 바탕으로 국경 안정을 유지할 수 있었던 합스부르크는 크로아티아의 이런 요구를 거절했다. 또한, 그라니차르 또한 특권과 자치권 폐지에 대한 우려로 크로아티아의 요구에 반대하였다. 그 결과 이들 지역의 세르비아인들은 근대 세르비아 왕국이 형성될 때까지 자치권과 정교 문화를 유지할 수 있게 된다.

하지만, 합스부르크 이주 정책에 따른 보이나 그라니짜에서의 세르비아인 정착은 오늘날 크로아티아 슬라보니아 지역과 세르비아 보이보디나 지역에 나타나는 모자이크식 민족, 종교 분포의 배경이 되었다. 그리고 이것은 다양한 민족문제를 낳게 된다. 특히 합스부르크 지역에서 종교적 자유와 선진 서구교육 기회를 가졌던 그라니차르는 19세기 근대 세르비아 독립왕국 시기에 민족의 자주성과 대(大)세르비아주의 이상을 전파하는 등 새로운 엘리트 그룹으로 성장하였다. 또한, 1990년대 사회주의 유고슬라비아연방 해체 시기에는 유고 내전과 보스니아 내전에서 그라니차르 출신의 후예들이 내전에 적극적으로 가담함으로써 민족갈등이 더욱 확대되는 계기가 되기도 했다.

2) 오스만 터키 지배지역

가) 오스만 터키의 유럽 원정

오스만 터키는 술탄 슐레이만 1세(Suleiman I, 1494-1566, 재위 1520-1566) 시기에 들어와 발칸반도를 포함 헝가리의 대부분 지역과 아랍 반도 그리고 이집트와 북아프리카 거의 모든 해안지역을 장악하였다. 이후 유럽인들에게 오스만 터키는 유럽의 일원으로 인식되기 시작하였다. 16세기에 들어와선 오스만 터키를 유럽에서 몰아내기 어렵다는 인식 아래 크리스트교 국가들의 십자군 정신마저 쇠퇴하였다. 이와 더불어 유럽의 일부 국가들은 자신들의 이익을 좇아 오스만 터키를

43- **슐레이만 1세의 명에 의해 베오그라드 함락(1521) 이후 잡은 헝가리 포로들을 코끼리로 밟아죽이는 장면**
출처: https://commons.wikimedia.org/wiki/File:Execution_of_Prisonsers_Belgrade–Suleymanname.jpg

유럽 세력 간 역학 구도 안으로 끌어들였다. 특히, 프랑스는 1525년 헝가리와 합

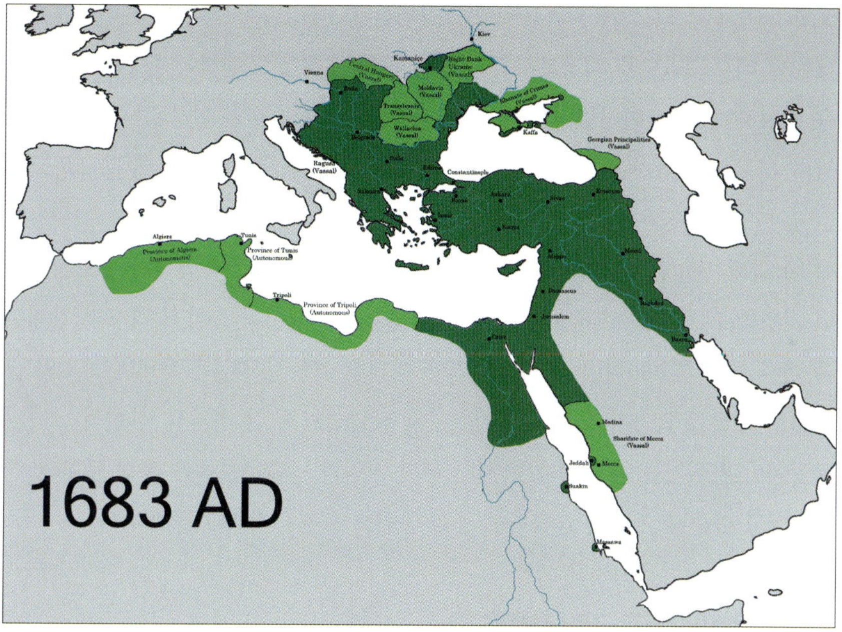

44- **1683년 메흐메드 4세 시기 오스만 터키의 영토(연한 연두색은 봉신 국가)**
출처: https://en.wikipedia.org/wiki/File:OttomanEmpire1683.png

스부르크 왕조를 공격할 때 오스만 터키에 지원을 요청하기도 했다. 이후 프랑스는 약 300여년 간 오스만 터키와 정치적 밀월관계를 지속하였다. 유럽의 분열과 무기력 속에 오스만 터키군의 유럽침공은 계속되어 1521년 헝가리 지배하에 있던 베오그라드를 점령하였고, 1526년에는 헝가리군을 모하츠 전투에서 대파해 헝가리를 몰락시켰으며, 이 기세를 몰아 1529년에는 마침내 비엔나까지 진격해 포위하게 된다.

술탄 메흐메드 4세(Mehmed Ⅳ, 1642-1693, 재위 1648-1687) 시기인 1683년 두 번째 비엔나 공격이 이루어진다. 그러나 오스만 터키의 제2차 비엔나 포위는 합스부르크와 폴란드 등 주변 크리스트교 연합군의 강력한 저지로 실패로 돌아갔다. 합스부르크의 계속된 공격 속에 1686년 헝가리의 부다가 함락되고 1687년에 치른 제2차 모하츠 전투에서조차 대패하자, 메흐메드 4세는 술탄 자리를 슐레이만 2세

(Suleiman II, 1642-1691, 재위 1687-1691)에게 양위한 후 물러나야 했다. 슐레이만 2세는 1690년 베오그라드를 재정복하고 재정과 군사 개혁을 단행하는 등 제국의 추락을 방지하는 데 주력하였다. 이후 오스만 터키는 세력 선을 남으로 후퇴하여 현 사바-다뉴브-우나강을 따라 합스부르크 제국과 경계를 이루었다. 이후로 오스만 터키의 유럽 확장은 끝을 맺게 된다. 1699년 양 제국 간 '스렘스키 카를로브찌 조약'에 의해 형성된 이러한 경계선은 현재의 슬로베니아, 크로아티아와 보이보디나 지방 그리고 보스니아, 세르비아와 마케도니아 사이의 문화적 역사적 경계선을 이룬 채 이후 200여년 간 지속하였다. 이러한 역사적 경험은 1918년 최초의 남슬라브족 통합 국가가 수립되기 이전까지 남슬라브족 간 정치적, 사회적 그리고 문화적인 차이점을 불러왔다. 오스만 터키 지역의 남슬라브족은 유럽 문화와 단절되었고 이슬람 요소가 남슬라브 문화 중심으로 깊숙이 파고들게 된다.

나) 오스만 터키의 지배 정책들

오스만 터키의 지배를 받았던 남슬라브족의 사회제도, 행정체계 그리고 경제체제는 제국의 이해에 따라 새롭게 재편되어야 했다. 우선 오스만 터키하의 남슬라브족에게 큰 영향을 끼친 사회제도로는 종교조직이자 사회조직의 기초를 이룬 '밀레트(Millet) 제도'를 들 수 있다. 이 제도는 오스만 터키가 지배지역에 대해 종교적 자유 제공 명분으로 각 종교 공동체에 해당하는 종교조직을 만들게 하고 이를 통해 일반 피지배 민족을 통제한 제도였다. 종교적 자유와 12세 이상 남자에 대한 징집면제 대가로 각 종교조직은 사회질서 유지와 조세조달 그리고 군수물자 충당이라는 의무를 수행해야 했다. 밀레트 제도는 오스만 터키 영토로 편입된 다양하고도 이질적인 민족들에게 그들의 종교, 문화적 자치성과 고유성을 보장해 주는 대신에 술탄을 정점으로 결집할 수 있었던 오스만 터키의 대표적인 사회 안정제도였다. 밀레트 제도 내에선 무슬림과 관련된 송사 외에는 중앙정부의 간섭 없이 결혼, 이혼, 출생, 사망, 교육, 언어, 전통 등 사회, 문화적인 관습에서 독자적인 자치권과 결정권을 지니는 등 자신들의 종교 집단에 의한 관습법과 제도가 통용될 수 있었다. 밀레트의 최고지도자는 전체 구성원에 대한 책임과 함께 조세, 치안유지의 의무가 있었다. 하지만, 술탄만이 이들에 대한 지배권을 지녔고 그 권위가 인정되었다. 오스만 터키는 밀레트 제도를 제국의 이질적이고 다양한 민족들을 통합하는 원동력으로 활용하였으며, 결과적으로 제국의 사회 안정에도 크게 이바지하게 된다.

이 제도하에서 정교도들은 '로마 민족(Roman Nationa)'으로 불리며, '밀레트-이-럼(Millet-i-Rum)' 조직에 해당하였다. 오스만 터키에게 있어 비잔틴제국은 로마제국의 후신이었으며, 과거 비잔틴제국 안의 정교를 받아들인 세르비아인, 불가리아인, 그리스인, 알바니아인 그리고 조지아인 등은 로마 민족으로 분류되었다. 그리고 제국 내 가톨릭인들 즉 가톨릭 알바니아인, 가톨릭 불가리아인, 가톨릭 보스니아인 그리고 헝가리인 등은 '밀레트-이-라틴(Millet-i-Latin)'으로, 제국 내 무슬림 집단은 이슬람(Islam)으로 분류되었다. 이슬람교도들은 전쟁에 나가는 대가로 토지 배분과 신분 상승의 기회를 얻을 수 있었다. 반면 정교도와 가톨릭교도 등 크리스트교도들은 종교 자유와 징집면제 대가로 사회질서 유지를 위한 각종 세금과 중앙정부에 대해 조세, 공공사업으로의 강제 동원 그리고 군수물자 충당이라는 의무를 수행해야만 했다. 18세기 말까지 오스만 터키지배하의 크리스트교 남슬라브족 농노들은 이 제도하에서 힘겹지만, 자신들의 종교를 지켜나갈 수 있었으며, 경제적으로도 서유럽의 농노들보다 좀 더 나은 조건에서 생활할 수가 있었다. 하지만 19세기 이후 오스만 터키의 국력 약화는 중앙정부 영향력이 지방정부까지 미치지 못하는 사태를 초래했고, 이것은 지방 무슬림 지주들과 공무원들의 부패 및 약탈 증대를 불러왔다. 그리고 이것은 결국 19세기 이후 크리스트교 농민 봉기의 주요 원인을 제공하여 주었다.

오스만 터키하 남슬라브족에게 큰 영향을 미친 또 하나의 사회제도는 '데브쉬르메(Devshirme/ devşirme)'였다. 이 제도는 당시 8세에서 20세 사이의 크리스트교 아이들을 강제로 징집하여 제국의 군사와 행정업무를 맡겼던 제도이다. 여기에 징집되는 아이들은 주로 건강하고 부모가 살아있으며 결혼하지 않은 가장 모범적인 크리스트교 아이들과 그리스인이 주류를 이루었다. 이렇게 선택된 아이들은 소아시아 내륙의 아나톨리아(Anatolia) 지방에서 훈련을 거쳐 제국의 수도인 이스탄불로 보내졌다. 이들은 각자의 재능에 따라 분류되어 용병군대인 야니차르나 기초적 행정관료인 카페탄(Kapetan)으로 훈련됐다. 이들은 강제적으로 이슬람으로 개종해야 했으며 터키어와 오스만 터키의 역사와 문화를 배워야 했다. 술탄의 친위 부대였던 야니차르의 경우 결혼 또한 허락되지 않았는데, 16세기 이후에서야 조금씩 완화되게 된다. 그리고 정복 전쟁이 어느 정도 한계에 이르던 1594년 이후 일반 무슬림에게도 야니차르 지원이 허락됐다. 이 제도를 통해 제국의 새로운 지도층으로 등장한 이들은 비록 이슬람교로 개종했음에도 불구하고 때론 터키인들로부터 이방인으로 취급받기도 했고, 고향 사람들에게도 종교 개종으로 인해 받아들여질 수 없었다. 결국, 이들은 술탄에 대한 절대적인 충성을 통해서만 자신의 신분과 생명을 보장받을 수 있었다. 오스만 터키는 영토 전쟁 증대에 따라 점차 데브쉬르메 제도를 확대하였고 16세기 이후 이들은 양적 성장과 함께 제국 유지의 중요 요소로 자리하게 된다. 매년 그 수는 계속해서 증대하여 1699년 약 68,000명에 이르렀고, 이때를 정점으로 이후로 조금씩 줄어들게 되었다. 실제로 이들 가운데는 뛰어난 능력과 술탄의 총애로 제국의 최고 직책이자 '대(大)재상'을 의미하는 대(大)베지르(Grand Vizier/ 벨리키 베지르 Veliki Vezir) 자리까지 오르는 인물들이 다수 등장하기도 했다.

남슬라브 역사 속 한 마디

오스만 터키의 독특한 제도, 데브쉬르메

오스만 터키 지배 동안 이슬람으로 전향한 보스니아 무슬림은 제국의 중앙과 지방에서 충실한 공무원과 봉신의 임무를 수행했었다. 이들은 특히 보스니아가 오스만 터키 제국 서쪽의 가장 변방에 있었다는 지정학적 중요성에 따라,

자율권을 통해 영토보존을 위한 자체적인 방어 역할 또한 수행했다. 오스만 터키가 제국하의 크리스트교인 등 여러 다른 이질적 종교 집단들을 이슬람으로 동화시키고 제국 발전에 끌어들였던 제도로는 무엇보다도 '데브쉬르메 제도'를 들 수 있다. 데브쉬르메 제도의 기원은 오스만 터키 제국의 기초를 세웠던 무라드 1세(Murad I, 1326-1389, 재위 1361-1389) 시기로 거슬러 올라간다. 그는 포로로 잡은 크리스트교인들 중에서 무예가 뛰어나고 술탄에게 충성을 맹세한 이들을 중심으로 보병 부대를 구성하였고, 여기서부터 데브쉬르메 제도가 시작되었다고 할 수 있다.

세르비아어와 크로아티아어로 데브쉬르메 제도는 '피의 공물(Tribute in Blood/ Danak u krvi)'이란 의미를 지닌다. 그 의미만큼 제국 내 여러 마을에서 출생한 8세에서 20세 사이의 똑똑한 크리스트교 남자아이들은 오스만 터키의 본토로 강제로 끌려가야 했으며, 이슬람교로의 개종 뒤 술탄과 제국을 위해 희생해야 했다. 이 아이들은 다양한 훈련과 교육을 받은 뒤 각자의 능력에 따라 제국 내의 하급 공무원인 '카페탄' 혹은 술탄의 직속 예하의 보병부대인 '야니차르'로 편입시킨 제도이다. 이들은 비록 제국에 의해 기술적으로 훈련된 용병들이었지만, 술탄에 대한 절대적인 충성을 통해 그들의 지위와 부를 보장받고자 노력했다. 따라서 적어도 정규병의 필요성이 대두되던 근대 국가 수립 이전까지 이들은 끊임없는 내부 반란에 시달려야 했던 술탄에게 있어 가장 큰 우군이었다고 할 수 있다.

데브쉬르메 제도를 통해 형성된 이들은 점차 세력을 키웠고, 제국의 중요한 영향력을 행사하는 자리에까지 오르게 된다. 이들 중 보스니아와 관련된 대표적인 인물로는 인종상 보스니아 내 세르비아인인 소콜로비치(Mehmed-paša Sokolović, 1506-1579, 제35대 대재상 재위 1565-1579)를 들 수 있다. 보스니아 비쉐그라드(Višegrad)에서 어린 시절을 보낸 그는 데브쉬르메 제도에 따라 제국으로 끌려가, 여러 전공을 세운 뒤 술탄의 바로 아래 직급인 대재상에까지 오른 인물이다. 1577년 그는 드리나 강 위에 아름다운 아치형 석조 다리를 건설하였고, 이 다리는 이보 안드리치(Ivo Andrić)의 노벨 문학상 수상작인 '드리나강의 다리(The Bridge on the Drina/ Na Drini ćuprija)'의 무대가 되기도 했다. 또한, 그는 1459년 이후 사라진 세르비아 정교회를 1557년에 페치 독립관구(The Patriarchate of Peć/ Pećka patrijaršija)로 다시 독립시켜 세르비아가 정교회가 다시 독립교구로 발전할 수 있는 전기를 마련해 주었다.

45- **데브쉬르메 제도에 따라 술탄에게 바쳐진 아이들**
출처: https://commons.wikimedia.org/wiki/File:Janissary_Recruitment_in_the_Balkans-Suleymanname.jpg

그러나 17세기 말 이후 이들은 집단세력화되어 제국 내에서 자신들의 지위와 권력을 이용하여 갖은 부패와 악행을 일삼는 등 국력 약화의 주요 요인이 되기도 했다. 특히 술탄의 친위부대로 출발했던 야니챠르는 강해진 정치적 입지를

46- 소콜로비치에 의해 건설된 드리나강의 다리(1577년 완공, '메흐메드 파샤 소콜로비치 다리'로 불림)
출처: https://commons.wikimedia.org/wiki/File:Mehmet_pasa_bridge_boat.jpg

이용하여 술탄의 지위를 종종 위협하였고, 18세기 이후 실시된 술탄의 개혁조치를 반대하는 가장 큰 세력이 되게 된다. 술탄 개혁에 대한 집단적인 저항은 특히 중앙정부로부터 상당한 자치권을 부여받고 있었던 보스니아와 불가리아 등 발칸 반도 내에서 더욱 극렬하였다. 오스만 터키 행정체계의 핵심은 봉토의 분배와 세수 제도에 있었다. 당시 오스만 터키는 전부 26개의 속주(Pashalik, Pashaluk 또는 Beylerbeylik/ pašaluk/ paşalik)로 구성되어 있었으며, 그중 5개가 발칸반도에 자리해 있었다. 느슨한 지방 행정체계인 속주는 1453년 콘스탄티노플 점령 이후부터 유지되어 온 것이었다. 이들 속주는 중앙정부에서 파견한 영주인 파샤(Pasha/ paša/ paşa)에 의해 통치되었다. 지방행정을 운영하는 데 있어 파샤들은 지방 토착 무슬림의 협조가 절대적으로 필요하였고, 이를 빌미로 지방의 토착 무슬림은 그들의 권한을 크게 행사할 수 있었다. 특히 당시 변방에 해당했던 보스니아 속주들에서 이러한 현상은 더했다. 중앙집중화된 행정체계 및 조세제도 구축 그리고 중앙에서 관리하는 정규군 양성 등 술탄의 개혁조치는 이들에게는 자신들이 오랫동안 유지해 온 기득권의 포기를 의미했었다.

오스만 터키의 지배정책 중 남슬라브족에게 큰 영향을 미쳤던 또 다른 제도로는 토지제도와 세수 제도를 들 수 있다. 16세기 당시 발칸 인구 중 90% 이상은 농촌에 거주했었다. 술탄은 제국 내 모든 땅의 실질적인 소유자였으며 개인소유의 땅이나 경작지는 존재할 수 없었다. 오스만 터키의 초기 군대는 티마르(Timar, 술탄이 하사한 봉토)를 소유한 티마리오트(Timariot/ 혹은 티마를리 timarli, 봉토 소유자)로 구성되어 있었다. 티마리오트의 대다수는 시파이(Sipahi)라 불리는 기병대가 주를 이루였으며, 술탄의 명에 의해 모집될 경우 약 5만-9만 명으로 구성되어 있었다. 그리고 시파이는 이러한 지방에서 차출된 티마리오트와 중앙 정부군으로 구성되었다. 하지만 16, 17세기 이후 기병대 중심의 군대편성은 점차 보병 중심의 야니챠르로 대체되게 된다. 영토 획득 전쟁이 완전히 끝난 18세기, 이 제도는 당시 제국의 쇠퇴, 이에 따른 수혜 봉토의 부족, 야니차르에 대한 막대한 봉급 그리고 이를 해결하기 위한 여러 개혁조치 목적으로 봉급을 주고 정규군을 양성하는 제도로 대체되었다. 시대적 상황과 제도 변화에 따라 술탄이 부여하는 봉토의 수혜대상자들 또한 변모하였고, 특히 수혜 봉토 부족은 술탄에 대한 충성심 약화와 더불어 수혜자 간 갈등을 일으키게 하였다.

세수 제도에 있어 일부 지역에선 무슬림 또한 세금을 내기도 했지만, 대부분 지역에서 세금은 비(非)무슬림에게만 부과되었다. 당시 세금은 12세 이상 농민 남성들에게 부과되었다. 세금부여의 원칙은 오스만제국의 독특한 징병 제도에서 유래했다. 제국 내 무슬림 남자들은 전쟁 발생시 징병 의무가 있는 대신, 세금이나 노역에 참여할 의무는 존재하지 않았다. 반면, 모든 비(非)무슬림 남자들은 징병 의무가 없는 대신 전쟁터로 가는 군대 물자 공급과 부역 그리고 중앙과 지방 세금에 대한 납부의 의무가 있었다. 이 외에도 토지 경작 또는 통행세 등 다양한 항목의 비정규 세금 또한 부과되었다. 그런데도 제국 초기 비(非)무슬림에게 부과되던 세금은 당시 서구 농민들과 비교해 볼 때 비교적 적은 양이었다. 하지만, 18, 19세기에 들어와 세금체계 부패와 잦은 전쟁으로 인한 세수 부족 그리고 세금착

취 증대에 따라 상황은 역전되게 된다. 특히 기본적인 세금 외에 계속 증대되는 각종 명목의 특별세는 주요 농민 봉기의 동인을 제공했다. 그러나 제국은 농민 봉기에 대해 주로 잔인한 보복으로 봉기 확산을 차단하려 했고, 이것은 19세기 후반 러시아를 비롯한 서구 열강 개입의 빌미를 제공케 하였다.

초기 오스만 터키 경제는 상대 지역을 점령한 후 이를 통해 부를 축적하는 약탈경제 특징을 지니고 있었다. 이러한 약탈경제는 14세기-17세기 초까지 정복사업이 활발하던 시절 전쟁 참여의 큰 동기를 유발하기도 했다. 하지만 오스만 터키는 대부분 시간을 이웃 국가들에 대한 전쟁준비나 전쟁으로 일관하였고, 전쟁의 상처를 복구하는데 대부분 국력과 시간을 소모하는 악순환을 거듭하게 된다. 게다가 제국은 서유럽과 달리 경제발전을 위한 체계적 계획 수립에도 무지했다. 제국이 점령한 세르비아와 보스니아 그리고 코소보 등 발칸지역은 풍부한 산림과 함께 광산자원을 보유하고 있었다. 하지만 제국은 이들 지역을 점령한 후에도 과거 중세 국가들이 이룩해 놓았던 광산촌 개발 등을 상당수 포기하는 등 농목축업 분야 외에는 그리 큰 관심을 보이지 않았다. 주요 상업과 무역은 주로 제국에 충성하는 크리스트교도들에게 부여하였으며 제국은 이들로부터 보호 등 관리 명목으로 일정 정도의 세금을 걷는 것으로 만족해했다. 대신 터키인들은 주로 다리나 사원 건설 등 공공사업 관리 책임자나 이슬람 사제와 같은 종교 직에 관심을 가짐으로써 서유럽과 달리 산업발전을 소홀히 하게 된다. 산업혁명과 중상주의를 중시한 서유럽과의 경제적 격차는 시간이 갈수록 확대되었으며, 이것은 결국 서유럽과의 군사력 격차와 함께 제국의 몰락을 가져오게 하였다.

17, 18세기 대규모 개인 경작지 증가는 티마르 제도에 기초한 제국의 토지체계를 무너트리고 있었다. 초기 티마르 제도에 의하면 전쟁에서 공을 세우거나 제국에 이익을 안겨준 시파히 등은 술탄으로부터 봉토를 수여 받고, 사망시 토지를 술탄에게 다시 돌려주어야 했다. 다만, 첫째 아들은 1치프트(çift), 즉 5.5-13.8헥타르에 해당하는 봉토를 상속받을 수 있었다. 시파히가 만약 전쟁에 7년 이상 복무하지 않거나 부패와 명령 불복종으로 문제를 일으키면 역시 봉토는 술탄에게 회

수되었다. 그러나 시대가 흐르며 상속 토지가 점차 증대되었고 반면 술탄의 토지는 점점 줄어들자 술탄은 부족분을 영토확장을 통해 보충해 나갔었다. 티마르 제도하에서 지주와 영주들은 영지 내 농민들에게 자신이 소유한 티마르에 나와 1년에 3일씩 의무적으로 일을 시킬 수 있었다. 당시 이것은 서유럽 농민들이 1주일에 2-3일씩 나와 영주의 토지를 개간해야 하는 것에 비교하면 매우 좋은 조건이었다. 하지만, 16세기 중엽 이후 제국의 영토팽창이 중단되자 시파히 등 무슬림 지주들은 자신들의 경제적 부를 계속 유지하기 위해 농민들에게 더욱 많은 부담을 가중해갔다. 그리고 야니챠르 세력증대와 더불어 이들이 제국 곳곳에 정착하게 되면서 경제적 이권을 둘러싸고 스파히와 야니챠르 간 갈등이 시작되자 농민들의 고충은 더욱 커져갔다. 기존의 스파히는 속주 총독인 파샤와 함께 속주 내 봉건기사 계급으로써 농민들을 지배하였지만, 이후 등장한 야니챠르는 총독 권위를 무시하는 것은 물론 스파히의 봉토마저 탈취해가면서 농촌 사회는 커다란 혼란에 봉착해야 했다.

게다가 제국 초기 정착된 '공적 토지 소유제'인 '티마르 제도'가 16세기 이후로 '사적 토지 소유제'인 '치플리크(Chiflik 또는 Chiftlik/ čitluk/ çiflik 또는 çiftlik) 제도'로 대체되어가자 토지 세습 가속화 문제와 함께 경작 농민들의 부담을 가중하게 된다. 실제 이들 지주는 노예와 다름없는 새로운 토지계약 조건을 농민들에게 강요하였고, 이에 따라 오스만 제국하 농민들은 점차 이주의 자유마저 없어진 봉건적 농노로 전락하게 되었다. 결국, 야니챠르와 무슬림 지주들의 지나친 횡포로 인해 많은 농민이 그들의 토지를 빼앗긴 채 농노로 전락하거나 아니면 농촌을 떠나야 했다. 그리고 농촌을 떠난 이들은 산적집단인 하이두크(hajduk)가 되거나 해적인 우스코크(uskok)가 되어야 했다. 실제, 사적 경작지 확대와 농촌 황폐화는 18, 19세기 발칸 유럽 내 여러 농민 봉기의 주된 요인으로 등장하였다. 1791년 베오그라드 등에서 농민 봉기가 일어났고 중앙정부의 개입 속에 봉기 원인을 제공한 야니챠르가 쫓겨났다. 하지만 1801년 쫓겨났던 야니차르들이 다시 무력으로 중앙에서 임명된 파샤를 몰아내었고, 이후 농민 봉기자 색출과 함께 대규모 처형을 단행하기도 했다. 오스만 터키 중앙정부의 약화는 이 지역에서의 더 큰 농민 봉기와 함께 생존권 저항 투쟁을 일으키게 하였다.

다) 남슬라브 민족 정체성 지속과 발전

오스만 터키 제국하에서 남슬라브민족은 수백 년간 이슬람의 지배를 받았지만, 제국의 종교정책인 밀레트 제도로 인해 자신들의 종교와 고유한 문화 유지가 가능하였다. 심지어 이들 종교 지도자 중 일부는 제국 내 여러 조직에서 실제적인 활동을 하기도 하였다. 세르비아 경우에 있어선 1219년 성 사바에 의해 최초 독립교구로 된 세르비아 정교회가 1459년 스메데레보 전투 패배와 더불어 오흐리드에 자리한 그리스 교구 하로 편입되어야 했다. 당시 오흐리드 대교구는 콘스탄티노플 대교구의 직접적인 담당 하에 있었다. 하지만 드리나강에 다리를 만든 소콜로비치가 세 번째 재상(Third Vizier/ treći vezir) 시절(1555-1561), 그의 결정으로 1557년 세르비아 정교회는 다시 독립 관구를 되찾을 수 있었고 이 독립권은 1766년까지 지속하게 된다. 이 기간에 세르비아 정교회는 세르비아 민족에 있어 종교뿐만 아니라 역사와 언어 등 모든 면에 있어 민족의식 유지와 고취에 주요 역할을 담당하였다. 또한, 1766년 오스만 터키의 압력에 의해 폐지되기 전까지 세르비아 정교회는 외세하에 억눌린 세르비아 민족의 민족 정체성(National Identity) 유지에 결정적 역할을 한 유일한 기관이었다. 특히, 오스만 터키의 중세 세르비아 침략 당시 현재 보이보디나(Vojvodina) 지역으로 피신한 상당수의 세르비아인은 이 지역에서 그들과 함께 온 정교 사제들을 중심으로 세르비아 정교 사원들을 건설하였다. 세르비아 본토에 대한 오스만 터키 지배 동안에도 프루쉬카 고라(Fruška Gora) 지역을 중심으로 한 정교회 사원들은 세르비아 민족 정체성을 유지에 많은 이바지를 하였다. 이러한 노력 결과 18세기 말에는 세르비아 민족문화가 융성할 수 있었다. 이를 토대로 세르비아 정교 사원들은 세르비아가 근대왕국 재건시 국가수립에 필요한 민족의식 고취와 함께 중요한 교육기관으로 발전하게 된다.

오스만 제국하에서 세르비아 민족에게 정교회가 민족문화 유지와 성숙기관으로 활용되었다면, 농민들의 구전 문화는 미래에 부활할 세르비아 민족에 대한 재확신을 불어넣는 역할을 담당하였다. 당시 구전 문화의 주요 소재는 세르비아 중세 왕국의 융성했던 이야기, 1389년 6월 코소보 전투에서 오스만 터키에 저항하여 싸운 세르비아 영웅 이야기와 무슬림 지주와 관료들의 압제에 못 이겨 산적과 해적이 된 하이두크와 우스코크가 무슬림 압제에 대항하던 의적들 이야기 그리고 18-19세기 사이 세르비아인들 독립 저항 모습들을 다루고 있다. 또한, 당시 구전으로 내려온 다양한 시들은 세르비아 일반 민중들의 삶과 시대적 상황, 그들의 도덕적 가치관과 역사에 대한 이해, 개인적인 소망과 사랑 그리고 무엇보다도 외세하에서 두려움을 이겨내려는 공동체적 의식을 잘 보여주고 있다. 특히, 1389년 6월에 있었던 코소보 전투 관련 전설들은 오늘날까지도 그대로 이어져 세르비아 민족 정체성 형성에 큰 의미를 지니고 있다. 특히 코소보 전투 기념일로 인정된 6월 28일은 세르비아의 축일 성인인 비도브단이자, 역사 속에서 1914년 보스니아 내 세르비아계 민족 청년인 프린찌프(Gavrilo Princip, 1894-1918)가 사라예보에서 오스트리아 황태자 부처를 암살하여 제1차대전의 시발점을 제공한 날이기도 하다. 또한, 6월 28일은 1921년 '세르비아-크로아티아-슬로베니아 왕국(Kingdom of Serbs, Croats and Slovenes/ Kraljevian Srba, Hrvata i Slevenaca)'하에서 세르비아 민족주의 구현이라 할 수 있는 '비도브단 헌법(Vidovdan Constitution/ Vidovanski ustav)'이 통과된 날이다. 이러한 구전 문화는 세르비아 민족이 어려움에 부닥치거나 외세의 지배하에서 신음할 때마다 세르비아인들의 단결과 민족주의를 고취해주는 역할을 담당하였다.

3) 달마티아 도시들과 라구사 공국

가) 달마티아의 해양 도시들

합스부르크 제국과 오스만 터키 지배에서 그나마 자유로울 수 있었던 지역은 아드리아 해안과 그 인근 도시들이었다. 오래전부터 도시국가 형태로 발전해

온 아드리아 해안 도시들은 지리적으론 거대한 산맥지대인 디나르 산맥에 의해 발칸 내륙지방과 차단됐다. 이에 따라 해안 도시들은 내륙에서 밀려오는 외세 침략으로부터 상대적으로 안전할 수 있었다. 이러한 지형적 특성으로 인해 전통적으로 내륙과의 교역보다는 배를 사용하는 해상무역이 활발히 이루어짐으로써 독자적인 문화와 전통수립이 가능했었다. 오늘날 이들 지역에선 고대 그리스와 로마 시대 유적지가 많이 발견되고 있으며, 9세기에서 12세기 베네치아 공국 영향으로 이 시기의 여러 유물과 성곽 등 도시 형태들이 남아 있기도 한다.

중세 크로아티아 왕국 시기, 아드리아 해양 도시들은 왕국의 교역과 종교 전파 그리고 문화의 중심지로서 중요한 역할을 하였다. 1102년 크로아티아의 왕위가 헝가리로 넘어가자 이 지역은 헝가리와 베네치아 공국의 영역에 따라 나뉘어 통치되었다. 자치권 박탈에 대한 일부 저항도 있었지만, 대체로 아드리아의 해양 도시들은 헝가리와 베네치아 공국의 보호 아래 오랫동안 상업적 번영과 예술을 꽃피울 수 있었다. 이후 14세기에 들어와 세르비아와 보스니아 중세 왕국들이 성장하게 되면서 이후 두 세력 판도에 따라 지배를 번갈아 받아야 했다. 하지만 오스만 터키의 발칸 침공은 아드리아 해안으로부터 이전 지배세력들을 몰아내게 되는 뜻밖의 결과를 낳기도 했다. 아드리아 해양 도시국가들의 지배자였던 헝가리와 다른 중세 슬라브 왕국들이 무너지는 가운데 해안 도시들은 디나르 알프스라는 험준한 산악 지형에 따른 이점으로 내륙에서 밀려오는 오스만 터키의 공격을 한동안 모면함으로써 독자적인 발전의 계기를 마련할 수 있었다.

오스만 터키의 발칸반도 침공과 유럽 원정이 확대되자 내륙에 있던 많은 세르비아인과 보스니아내 크로아티아인들은 아드리아 해안의 달마티아 지역과 크로아티아 본토로 이주하여 들어왔다. 이들 중 달마티아 지역으로 밀려온 남슬라브족은 기존에 거주하던 원주민들과 서로 섞여가며 이들 지역에 남슬라브적 요소를 확대하게 된다. 이후 3세기 동안 아드리아해 달마티아 도시들은 바다로부터는 베네치아 공국, 그리고 내륙으로부터는 오스만 터키 제국 사이에서 그 운명이 결정돼야 했다. 당시 달마티아는 1699년 합스부르크 제국과 오스만 터키 제국 간

48- 오스만 터키를 상대로 베네치아 공국과 스페인 등 크리스트교 연합군이 승리한 레판토 해전(1571)
출처: https://commons.wikimedia.org/wiki/File:%27The_Battle_of_Lepanto%27,_painting_by_Andries_van_Eertvelt.jpg

맺은 '스렘스키 카를로브찌 조약'의 경계선에 따라 북부의 리예카(Rijeka)부터 중부 달마티아의 자다르까지는 합스부르크 제국하로 복속되었다. 그 결과 자치권을 유지했던 아드리아 해양 도시들은 자다르로부터 남부 달마티아의 라구사까지로 한정되었다. 베네치아 공국은 내륙에서 1526년 모하츠 전투에서 헝가리가 패전한 데 반해, 1571년 10월 레판토 해전(The Battle of Lepanto)에서의 승리를 비롯해 여러 세기 동안 지속하던 아드리아 해안의 달마티아 도시국가들에 대한 오스만 터키의 공격을 막아내는 데 성공하게 된다. 1683년 제2차 비엔나 포위가 실패한 이후 오스만 터키는 유럽 전역에서 계속해서 밀려 내려가 발칸반도로 영토가 한정되어야 했으며, 1693년 이후로는 아드리아 해안에서 완전히 사라지게 된다. 하지만, 18세기 후반에 들어와 스페인과 포르투갈 등의 신대륙 발견과 신항로 개발에 따라 무역노선이 바뀌자 베네치아 공국과 함께 달마티아 해양 도시들 또한 쇠퇴해야 했다.

아드리아 해양 도시들의 쇠퇴는 해군력의 약화로 이어졌고, 이것은 곧 내륙 세력의 침공을 불러왔다. 베네치아 공국은 1797년 나폴레옹 점령을 받아들여야 했다. 1806년 나폴레옹은 점령한 달마티아 지역과 이스트라반도를 류블랴나(Ljubljana 오늘날 슬로베니아 수도)를 수도로 한 '일리리아 지방(Illyrian Provinces/ Iliriske pokrajne)'이란 명칭과 함께 프랑스의 한 속주로 편입시켰다. 비록 짧은 기간이었지만 나폴레옹의 지배는 오랫동안 제국의 지배 속에서 단순한 피지배 민족으로 살아와야 했던 이 지역 사람들에게 많은 영향을 남겨주었다. 프랑스의 간접 지배를 받는 동안 수많은 정치 및 경제, 사회 개혁이 단행되었으며 이 지역의 농업과 상업은 활기를 되찾을 수 있었다. 더불어 현대적 행정체계 도입과 자유로운 토론 문화 속에 세르비아 정교회 지위 향상과 함께 크로아티아 민족 정체성 확대 또한 이루어지게 된다. 이것은 훗날 남슬라브족 통합 운동인 '일리리즘(Ilirism/ ilirizam)' 형성에도 큰 영향을 미쳤다. 하지만 나폴레옹 몰락 속에 달마티아 등 아드리아 해안 도시들과 라구사 공국은 1815년 6월 비엔나(Vienna) 협정에 따라 다시 오스트리아 제국으로 귀속되어야 했고 크로아티아 내륙과 슬라보니아 지역는 헝가리의 지배하로 들어가야 했다. 이어 이들 지역의 자치권 축소와 함께 나폴레옹 시절 단행된 여러 개혁이 폐기되거나 사라지게 되었다. 그러나, 프랑스 혁명 사상이 남긴 다양한 혁명 정신은 이후 제국 지배에 대한 저항정신 고취와 함께 독립을 향한 이상으로 이어지게 된다.

49- **프랑스의 속주가 된 일리리아 지방**
출처: https://commons.wikimedia.org/wiki/File:Italy_c_1810.png

중세 여러 세기 동안 이어진 오스만 터키의 유럽 원정과 이를 막아내려는 합스부르크 제국의 저항은 발칸반도 내륙 도시들의 황폐화를 불러왔다. 반면, 험준한 디나르 알프스 산맥으로 내륙과 단절되었던 달마티아 지역 도시들의 사회, 문화적 삶은 상대적 번영과 자유를 누릴 수 있었다. 특히 이 도시들은 고유한 남슬라브적 문화 속에서도 베네치아 영향력 확대로 이탈리아 르네상스의 예술이 활발히 전개되었다. 달마티아 문화의 정수는 특히 다양한 건축, 조각 그리고 문학 작품들에서 보인다. 문화적 창작 활동이 가장 활발했던 시기는 13세기에서 17세기로 이 시기 동안 쉬베니크, 스플리트 그리고 두브로브니크에서 가장 정교한 건축물들과 조각들이 창조되었다. 이 당시 이루어진 건축과 조각 양식은 후기 고딕과 르네상스 스타일이 겸비된 로마네스크 양식들이 주를 이루었으며, 특히 649년 최초 대성당이 된 이후로 세월의 무게에 힘들어했던 스플리트의 성 돔니우스 대성당(Cathedral of St. Domnius)은 로마네스크 양식에 따라 12세기에 종탑이 새롭게 건설되었고, 13세기에 걸쳐 내부의 다양한 구조물들이 기존 로마제국 당시 건축물들에 더해지면서 재건되게 된다. 문학에선 초기작품에는 라틴과 키릴문자 그리고 초기 슬라브 문자인 글라골리짜 등 세 문자가 주를 이루었지만, 이 시기에 들어와 슬라브적 요소와 함께 라틴어가 결합 된 독특한 달마티아 문학적 특징들이 나타났다.

나) 라구사 공국의 발전과 쇠퇴

달마티아 도시 중 가장 대표되는 곳은 오늘날 두브로브니크로 불리는 '라구사 공국'이었다. 9세기에 공국은 비잔틴과 프랑크 왕국의 영향력 아래에서 활발한 중개무역으로 부를 축적할 수 있었다. 이후 비잔틴 세력이 축소되고 베네치아 영향력 확대 속에 비잔틴의 권위와 합스부르크 제국의 지배, 세르비아 중세 왕국과 헝가리, 베네치아 그리고 오스만 터키 제국 지배하에 있었으나 자신들의 고유한 자치권을 계속 유지했었다. 11세기에서 14세기 사이 라구사는 해양 무역을 통해 축적한 자신의 부를 이용해 주변으로 영토를 계속 확대해 갔고, 14세기 중엽에 들어와 헝가리와 베네치아 간 세력다툼에서 조공을 조건으로 자치권을 유지할 수 있었다. 이후 오스만 터키의 영향력 확대는 라구사 공국에게 새로운 기회를 안겨주게 된다. 오스만 터키 제국이 아시아로 이어지는 해양통로를 장악함에 따라 베네치아 공국의 중개무역은 침체기를 맞이했던 데 반해, 라구사 공국은 제국의 비호 속에 힘을 키워갈 수 있었다. 14세기에서 16세기 초 사이 라구사 공국은 오스만 터키에게 매년 일정 정도의 공물을 바치는 대신 유럽과 아시아 사이를 오가며 활발한 중개무역을 통해 부를 축적하였다.

15-16세기 동안 베네치아 공국처럼 자체적으로 만든 대규모 선단을 바탕으로 해상무역을 본격화하면서 공국의 최대 전성기를 구가하게 된다. 기록에 따르자면 가장 융성했던 16세기 라구사 공국은 약 180개의 대형 선박들을 보유하고 있었으며, 그 용적만도 36,000 카르(kars)(1 kar는 2/3톤에 해당)에 달할 정도로 어마어마한 규모를 자랑하고 있었다. 이 규모는 당시 베네치아 공국이 보유하고 있던 함선 규모와도 맞먹을 정도였다. 이것은 또한 공국 의회가 1568년, 해양 보험 설립 법률을 제정케 한 배경이 되기도 했다. 라구사 공국의 대형 선단들은 고도의 외교술에 힘입어 이탈리아반도는 물론 이집트를 포함한 북아프리카 연안 지역, 스페인, 프랑스 남부 지중해 지역, 그리고 터키 본토까지 자유롭게 항해할 수 있었다. 일부 기록에는 당시 인도와 아메리카 지역까지 항해하여 무역거래를 하였다고 알려지기도 한다. 당시 라구사 공국은 베네치아 공국과 오스만 터키 사이의 균형을 잘 맞추어 나가며, 아시아와 유럽을 잇는 중요한 도시로써 급성장하였다. 또한, 거두어들인 부를 활용해 주변 지역들로의 계속된 영토확장을 추진하여, 베네치아와 어깨를 견줄 수 있는 '해양 무역 공국(Maritime Republic)'으로 발전할 수 있었다. 무엇보다도 오늘날 존재하는 건축물 중 상당수가 이 당시 세워진 것들이며, 라구사 공국의 부와 번영은 자연스럽게 다양한 예술과 문화 발전, 건축학의 융성으로 이어졌다. 그 결과 이 당시 라구사 공국에서 나온 여러 예술 작품들과 문학 작품들은 중세 크로아티아 문학을 대표하는 중요한 요람으로 평가받고 있기도 하다.

그리고 이렇게 축적된 부는 훗날 상인들의 시민 계급화로 이어졌으며, 19세기에 들어와 남슬라브 통합운동을 위한 문화 운동의 핵심 역할을 담당하게 된다. 하지만 라구사 공국의 번영은 17세기에 들어와 보다 확대된 신대륙 발견과 새로운 항로 개발로 멈추어야 했다. 특히 1667년 일어난 대규모 지진으로 당시 공국내 인구의 1/5에 해당하는 5,000명이 사망하였고, 일부 건축들만을 제외한 성내 건물의 3/4이 또한 파괴되면서 해양 무역 도시로서의 명성 또한 점차 쇠퇴해갔다. 두브로브니크 역사에 있어 1667년 대지진은 공국이 쇠락해가는 시발점이 되게 된다. 1797년, 베네치아 공국을 점령한 프랑스 나폴레옹 군대는 1806년 두브로브니크를 점령하였고, 그 결과 1808년에 들어와 라구사 공국의 독립 주권은 상실되었다. 나폴레옹의 몰락 이후 맺어진 1815년 6월 비엔나 협정 결과, 두브로브니크는 다른 아드리아해 연안의 도시들과 여러 섬처럼 오스트리아의 직접적인 지배하로 들어가야만 했다. 오스트리아는 오랫동안 라구사에 새겨진 독립과 자치의 흔적들을 지우고자 했으며, 그 목적으로 1909년 도시의 행정 이름을 참나무 숲을 의미하는 '두브로브니크(Dubrovnik, 두브라바 Dubrava/ 두브 Dub는 참나무 Oak란 뜻)'로 변경하였다. 훗날 1918년 제1차 세계대전에서 오스트리아가 패전국이 됨에 따라, 두브로브니크는 최초의 남슬라브족 통합 국가인 '세르비아-크로아티아-슬로베니아 왕국(1929년 '유고슬라비아 왕국'으로 개칭)' 하로 편입되게 된다.

50- **스르즈 산에서 내려다본 두브로브니크 성의 전경**

남슬라브 역사 속 한마디

아드리아해의 진주, 두브로브니크

'크로아티아의 아테네' 혹은 라틴어로 '세계의 보물(Thesaurum mundi)'이란 별칭을 지닌 두브로브니크(행정구역 내 약 4만 3천명 인구 상주, 이중 세르비아 정교도인은 약 1,700명, 무슬림은 약 2,300명 거주)는 영국에서 가장 위대한 시인 중 하나로 평가받는 바이런(George Gordon Byron, 1788-1824)이 유럽 곳곳을 여행하던 도중 이곳을 '아드리아해의 진주'라 칭송하게 되면서 더욱 유명해지기 시작했다. 더불어, 아드리아 해안에 자리한 크리스트교 전통의 중세 도시인 두브로브니크는 아일랜드의 극작가이자 소설가로 1925년 노벨 문학상을 받은 버나드 쇼(George Bernard Shaw, 1856-1950)가 1929년 이곳을 방문한 후 그 아름다움에 감탄해 "만약 지상의 낙원을 보고 싶다면 두브로브니크로 오라!("If you want to see heaven on earth, come to Dubrovnik!")"고 극찬했을 정도로 세계적인 관광지이자 역사적 유산이라 할 수 있다.

두브로브니크 성 내부의 대표적인 역사 관광지로는 구항 인근의 루쟈 광장(Luza Square/ Trg Luže)을 중심으로 '성 블라이셰 교회(St. Blaise Church/ Crkva Svetoga Vlaha)'와 여러 중세 수도원, 중세 시대의 약국 및 도시를 감싸고 있는 웅장한 성벽을 들 수 있다. 우선, 성 블라이셰(St. Blaise/ Sveti Vlaho, ?-316)를 수호성인으로 하는 두브로브니크 성내에는 성의 광장에 자리한 18세기 아름다운 이탈리아 바로크 풍의 '성 블라이셰 교회'를 들 수 있으며, 오늘날 박물관이 된 1441년에 세워진 고딕-로마네스크 양식의 수도원장 관저 또한 많은 사랑을 받고 있다. 또한, 관광객들의 성 출입을 위한 주요 문인 '필레 게이트(Pile Gate, 고대 그리스어로 Pile는 Gate란 뜻을 지님)' 인근에 자리한 프란체스코 수도원에는 1317년 이래 운영되어온 유럽에서 세 번째로 오래된 약국이 자리하고 있으며, 오래된 약국 중에서 오늘날까지 운영 중인 유일한 약국으로도 유명하다. 이 외에도 1528년에 완공된 후 1667년 두브로브니크 대지진에도 무너지지 않고 그대로 보존되어 문화적 가치가 매우 높은 '성 세이비어 교회(St. Saviour Church/ Crkva Svetog Spasa)'와 더불어 고딕 양식과 로마네스크 그리고 르네상스 양식 등이 절묘하게 결합 된 다양한 중세 건축물들이 관광객들의 시선을 끌고 있기도 하다.

두브로브니크의 웅장한 성벽은 13세기에서 16세기 사이에 건설되었으며 중세 때 지어진 유럽 최고의 성벽중 하나로 평가받고 있다. 2km 길이를 따라 성벽 두께는 보통 4-6미터 사이이며 가장 두꺼운 곳이 거의 7m에 이른다. 높이는 25m이며 16개의 탑이 있는 거대한 구조물이다. 특히 도시 내부 쪽 가장 높은 '민췌타 요새(Minčeta Fort/ Tvrđava Minčeta)'에서 바라보는 아드리아 해와 성 내외부의 전망은 매우 아름답다.

제3장

근대(18C-19C), 민족주의 시대

1. 합스부르크 제국 지배지역: 계몽전제주의에 대한 저항과 민족 정체성 대두

슬로베니아 | 크로아티아와 보스니아

2. 오스만 터키 제국하 남슬라브족

세르비아 근대왕국의 기반, 보이보디나 | 제1차 세르비아 봉기(1804-1813) | 제2차 세르비아 봉기(1815-1830) | 세르비아의 독립 | 발칸 전쟁들과 세르비아

1. 합스부르크 제국 지배지역
: 계몽전제주의에 대한 저항과 민족 정체성 대두

1) 슬로베니아

가) 일리리아 속주와 언어적 민족 정체성 수립

18세기 말 형성된 민족주의는 나폴레옹 전쟁과 맞물리면서 유럽 전역으로

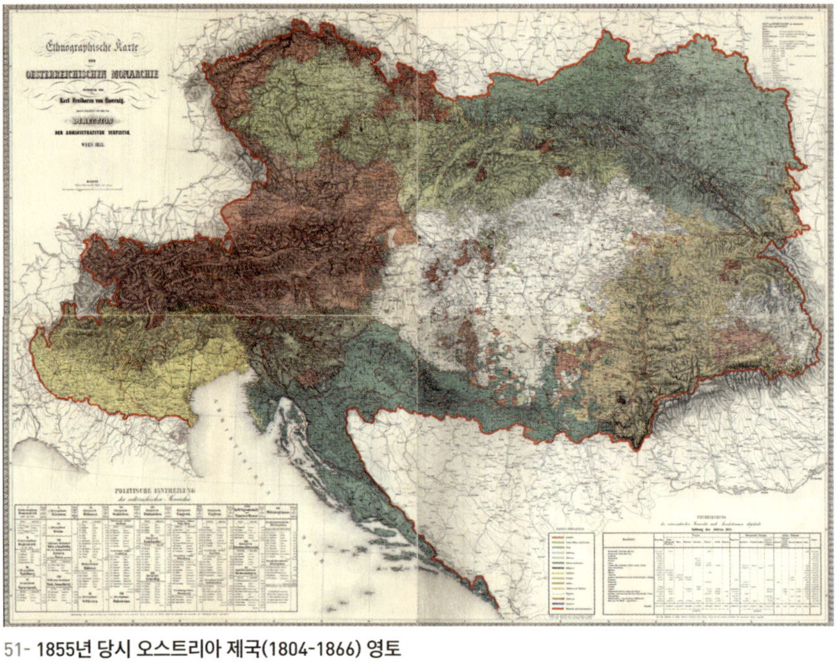

51- 1855년 당시 오스트리아 제국(1804-1866) 영토

출처: https://commons.wikimedia.org/wiki/File:Ethnographic_map_of_austrian_monarchy_czoernig_1855.jpg

급속히 확산하여 갔다. 1804년 나폴레옹이 프랑스 황제로 등극하자, 신성로마제국의 프란츠 2세(Francis II, 1768-1835, 신성로마 1792-1806, 오스트리아 1804-1835) 또한 1804년 오스트리아 제국을 선포하게 된다. 나폴레옹은 오스트리아 제국과의 전쟁에서 승리한 후 '일리리아 자치주(1809-1814)'를 만들어 주었고, 그 안에서 슬로베니아인은 민족의식 자각과 민족 정체성 형성의 첫걸음을 내딛게 된다. 나폴레옹의 지원 속에 슬로베니아인들은 언어를 통한 민족 정체성 인식과 글자 해독력 향상 그리고 경제 교류 및 발전에 따른 인구 이동 증대와 더불어 삶과 정치 변화 열망을 경험할 수 있었다. 슬로베니아인들은 당시 새로운 세금 제도와 징병제 도입에는 반대했지만, 전반적으로 프랑스식 개혁을 받아들였다. 모든 성명서는 프랑스어와 함께 슬로베니아어로 동시에 발표되었고 다양한 정부 개혁 속에 슬로베니아 지식인들은 자치주의 주요 요직들에 임명될 수 있었다. 당시 프랑스는 남슬라브 민족 간 연대와 통합운동에도 높은 관심을 보였는데, 이것은 다수의 슬라브족을 지배하던 오스트리아 제국을 분열하려는 의도에서 비롯되었다. 19세기 민족주의 시대에 형성된 '일리리즘' 개념은 훗날 남슬라브 민족들이 서로 연합해서 하나의 독립된 통합 국가로 자리 잡으려는 사상 발전에 크게 이바지하였다. 그리고 이 운동은 제1차 세계대전 이후 최초의 남슬라브족 통합 국가인 '세르비아-크로아티아-슬로베니아 왕국'의 수립으로 이어지게 된다.

하지만, 슬로베니아에서의 민족주의 확산과 다양한 개혁 움직임은 나폴레옹 몰락 후 수립된 비엔나 체제하에서 어려움에 부닥쳤다. 오스트리아는 과거 행했던 프랑스의 모든 개혁안을 철폐하였고, 행정 체제와 사회질서는 프랑스 지배 이전 상태로 되돌리려 노력하였다. 그러나, 이미 민족주의에 눈을 뜬 슬로베니아 지식인들은 언어적 독자성을 통한 민족 정체성 수립에 임하게 된다. 이중 언어학자이자 비교 슬라브 언어학의 선구자로 칭송받는 코피타르(Jernej Kopitar, 1780-1844)는 프랑스 지배 동안 다양한 지역 방언들을 기초로 슬로베니아 문어수립과 1808년 문법책 발간에 성공하였다. 그가 비록 친(親)오스트리아 성향의 '오스트로슬라비즘(Austroslavism)' 신봉자였다는 비판도 있지만, 그의 결실을 통해 인구 200여만 명

52- 류블랴나에 자리한 프레쉐렌 동상

에 불과한 슬로베니아인들은 오늘날까지도 고유 언어를 계속 유지하고 발전시킬 수 있게 되었다.

19세기 민족주의와 함께 슬로베니아에도 또한 낭만주의(Romanticism, 1815년부터 1848년까지 지속)가 유입되기 시작하였다. 슬로베니아 작가 중 가장 위대한 사람으로 손꼽히는 낭만주의 시인 프레쉐렌(France Prešeren, 1800-1849)은 지역 방언의 현대화와 표준어 수립에 주력하였다. 그 결과 1840년대에 들어와 슬로베니아는 험준한 산악 지형으로 인해 나뉘어있던 각자의 독특한 방언들을 하나로 통합할 수 있었고, 최초의 공식 자국어가 탄생할 수 있게 되었다. 남슬라브 통합언어 움직임인 '세르비아-크로아티아어 문어협정'을 거부하였던 프레쉐렌은 슬로베니아어의 독자성을 키우기 위해 노력하였다.

나) 1848년 파리 혁명과 슬로베니아

나폴레옹 전쟁을 마무리하고 예전 군주제와 제국주의 시대로 돌아가려 했던 유럽의 비엔나 체제는 1848년 2월 파리에서 일어난 혁명으로 인해 크게 흔들리게 된다. 1848년 혁명의 여파는 유럽 전체를 뒤흔들었고, 슬로베니아에서도 농노제 완전 폐지 및 소수민족 정치 권리 인정을 요구하는 목소리가 커졌다. 당시 슬로베니아 지식인들의 요구는 첫째, 제국 내 흩어져있는 슬로베니아인들을 한데 모아 고도의 자치권을 부여해 줄 것, 둘째, 행정 관청과 학교에서 슬로베니아어 사용을 허가해 줄 것 등이었다. 당시 다른 남슬라브 민족들은 독립된 남슬라브 민족-국가를 꿈꾸었던 데 반해 슬로베니아는 고도의 자치권을 가진 '통일된 슬로베니아'를 요구했다는 점에서 차이점을 보였다.

1848년 혁명은 오스트리아 제국 내 정치, 경제 그리고 사회의 거의 모든 영역에 전반적인 영향을 미쳤다. 그 결과 농노제가 사라졌으며 슬로베니아 경제발전은 당시 유럽 내에서도 드물게 80-90%가 초등 교육 이상을 이수한 높은 교육열로 이어졌다. 더불어, 1880년 이후로 경제적 부를 좇아 수십만 명의 슬로베니아인이 트르스트 항구를 통해 신개척지인 미국 등 전 세계 곳곳으로 이민하기도 했다.

하지만, 이러한 슬로베니아 요구는 러시아 제국의 개입에 따라 점차 수그러들었고, 그해 11월에 들어와 오스트리아의 지배권이 다시 회복되게 된다. 곧이어 1851년부터 시작된 오스트리아 제국의 '신(新)절대주의(Neoabsolutism)' 정책은 과거로의 회귀를 의미했으며, 1866년까지 지속하게 된다. 오스트리아는 이탈리아 등 자신의 식민지 지역에서 대두된 여러 민족주의 운동으로 상당 영토를 상실해야 했으며, 특히 1866년 프로이센에 대한 군사 패배는 오스트리아 제국 내부의 문제점과 쇠퇴를 그대로 드러내게 하였다. 이후 1870년 프랑스 또한 프로이센에게 패하면서 1871년 1월부터 독일 제국이 수립되자, 슬로베니아인들 사이엔 오스트리아 제국의 쇠락과 독립 움직임이 조금씩 논의되기 시작하였다.

다) 이중제국하 슬로베니아

프로이센과의 전쟁에서 패한 이후 오스트리아는 소수민족들의 이탈과 독립 움직임으로 곤욕을 치러야만 했다. 체코인, 슬로바키아인, 폴란드인, 크로아티아인 그리고 세르비아인 등은 독립운동을 더욱 확대하기 시작하였다. 반면 당시 슬로베니아 지식인들은 제국 운영의 문제점 지적과 소수민족 차별 폐지를 요구하는 것에 그침으로써 독립 의지는 상대적으로 낮았다. 제국 유지의 고육책으로 오스트리아는 가장 큰 소수민족이었던 헝가리와 타협했고, 그 결과 1867년 '오-헝 이중제국'으로 변모하게 된다.

1867년 이중제국 탄생과 1871년 독일 제국의 등장은 오스트리아를 향한 슬로베니아의 동경을 크게 약화했다. 1868년부터 1870년까지 슬로베니아 여러 도시에서 통일 슬로베니아를 향한 대규모 집회가 연이어 개최되었고, 학교들과 지방 정부들에선 독자 슬로베니아어 사용이 권장되었다. 하지만 '타보르(tabor, 캠프)'라 불리던 대규모 대중 집회는 오스트리아 제국에 의해 1870년 금지되게 된다. 오스트리아의 변화를 기대하기 어렵다고 판단한 일부 슬로베니아인은 남슬라브족 통합운동을 목표로 다른 남슬라브족과의 연대에 관심을 보이기 시작했다. 슬로베니아의 이탈 움직임에 동요한 오스트리아는 1879년부터 1893년까지 슬로베니아 내 행정부와 학교에서 슬로베니아어 사용을 포함한 문화 수업을 허용하게 된다. 또한, 정치적 성과도 이어져 1883년 이후 카르리올라(Carniola) 의회는 슬로베니아인만으로 구성된 의회가 수립되었고, 1888년 이후로는 슬로베니아인이 류블랴나 시장으로 임명되기도 했다. 1907년 선거권 개선 결과 슬로베니아인들도 정치 일선에 등장할 수 있게 되었다.

1890년대 이후 슬로베니아에는 세 개 정당이 수립되었는데, 그중 하나는 류블랴나를 중심으로 지식인과 기업인이 주축이 된 '민족 진보당(National Progressive Party, 1891년 창립)'이다. 이 정당은 범슬라브주의(Pan-Slavish)를 신봉해 다른 슬라브족과의 연대를 강조하였고, 무엇보다도 슬로베니아 내로의 게르만주의 확대를 경계하였다. 두 번째 정당으로는 '슬로베니아 인민당(Slovene People's Party)'이다. 가톨릭적 보수 색채가 강했던 이 정당은 남슬라브족 관계 강화에는 동의했지만, 슬로베니아인의 이익을 위해선 오스트리아 제국과의 관계 강화가 더 중요하다고 역설하였다. 더불어 날로 커지던 독일의 압력과 민족 정체성 박탈을 우려하였다. 세 번째 정당으로는 트르스트 등 항구와 도시 지역 노동자들에게 인기가 높았던 '남슬라브 사회민주당(Yugoslav Social Democratic Party, 1896년 창립)'을 들 수 있다. 다른 정당과 비교해 다소 진보 성향인 이 정당은 민족주의 틀 위에 오스트리아-막시스트 사회주의 이념을 기치로 내걸었으며, 다른 슬라브족과의 연대를 통한 사회주의 국가 수립을 목적으로 하고 있었다.

1908년 10월, 오스트리아의 보스니아 합병 소식은 발칸 유럽 내 긴장감 고조와 함께 슬로베니아인의 대규모 제국 군 동원령으로 이어졌다. 오스트리아의 보스니아 합병에 대해 슬로베니아 지식인들은 합병으로 늘어난 남슬라브 민족연합이 한 단계 더 연대를 높일 수 있으리라 판단하였다. 그러나 합병 6개월 이후 세르비아와의 전쟁 긴장감이 완화되자, 오스트리아는 제국 내 남슬라브족 통합 움직임을 더욱 강력히 탄압해 나갔다.

2) 크로아티아와 보스니아

가) 헝가리의 몰락과 재현

중세 시절 합스부르크가의 헝가리 합병은 헝가리의 요청으로 이루어졌으며, 이는 오스만 터키의 공격으로부터 자신들을 보호하려는 헝가리의 고육지책이었다. 오스만 터키의 유럽침공은 헝가리 왕국의 분열을 불러왔다. 일부 영토는 합스부르크가에 또 일부는 오스만 터키 지배로 넘어갔다. 더불어 트란실바니아 등 일부 지역만이 헝가리 왕국의 명맥을 유지하고 있었다. 1526년 모하츠 전투에서 오스만 터키에게 패한 이후 헝가리는 더는 왕국을 지탱할 수 없었다. 이것은 1528년 합스부르크가의 페르디난드 1세에게 헝가리 왕위계승권 양도로 이어졌다. 그 대가로 헝가리는 17세기 중반까지 상당한 정도의 정치, 종교적 자치를 유지할 수 있었다.

하지만 1683년부터 시작된 오스만 터키 제국의 유럽침공은 명맥만 유지하고 있던 헝가리의 모든 자원을 파괴해 버렸다. 오스만 터키의 제2차 비엔나 포위를 물리친 합스부르크는 1686년에는 부다페스트를, 뒤이어 1687년에는 중부유럽 대부분 영토를 차지하게 된다. 회복된 헝가리의 영토는 합스부르크 지배로 들어갔으며, 이후 맺어진 스렘스키 카를로브찌 조약은 남슬라브족 통제권을 합스부르크가 차지하는 결과로 이어졌다. 이후 헝가리는 합스부르크 지배에서 벗어나 과

53- **1683년 오스만 터키의 제2차 비엔나 포위장면**
출처: https://commons.wikimedia.org/wiki/File:Vienna_Battle_1683.jpg

거 화려했던 영광을 재현하겠다는 의식이 확산하게 된다. 특히 1703년 헝가리인의 대규모 봉기는 헝가리인의 자존심을 회복시키는 계기가 되었다. 비록 실패하였으나 헝가리는 이후 합스부르크로부터 어느 정도의 자치권을 다시 인정받을 수 있었고, 크로아티아에 대한 통치권 또한 헝가리 영향력 하로 넘어가게 되었다.

18세기 말에 들어와 헝가리 지식인과 개혁가들을 중심으로 오스트리아 지배에 반발하는 조직적인 독립투쟁이 점차 확대되었다. 당시 이들은 나폴레옹 혁명전쟁과 이에 따른 민족주의 발현에 큰 감명을 받았으며, 자신들도 오스트리아 간섭에서 벗어나 독자적인 헝가리 민족-국가를 세우겠다는 열망에 휩싸여 있었다. 특히 1830년대 크로아티아와 헝가리 간 언어전쟁은 두 민족 모두에게 민족주의 의식을 확대하는 계기가 되었다. 당시 헝가리는 피지배 민족들에게 마자르화(Magyarization) 정책을 강도 높게 시작하였으며, 크로아티아 등 피지배 지식인들은 이에 대항하는 문화 운동을 전개하였다. 그리고 오스트리아는 이러한 피지배 민족들의 저항을 종종 헝가리 견제로 활용하기도 했다.

나) 크로아티아의 일리리아 운동

헝가리의 마자르화 정책이 강화됨에 따라 크로아티아에서는 언론인이자 언어학자인 가이(Ljudevit Gaj, 1809-1872)를 중심으로 '일리리아 운동(Ilirian Movement/ iliriski pokret)'이 일어난다. 일리리아 운동은 19세기 표출된 크로아티아 국가 부흥을 위한 첫 번째 정치, 문화 운동으로 외세로부터 자유로운 강력한 남슬라브 국가건설을 궁극적인 목표로 하고 있었다. 특성상 언어 통합을 민족 정체성 회복을 위한 주요 수단으로 채택하였으며, 이를 통해 크로아티아 민족의 정치적, 사회적 그리고 경제적 통합을 이루고자 했다.

일리리아 운동을 주도했던 세력은 달마티아 지역과 크로아티아, 슬로베니아 중산층과 지식인들 그리고 서유럽에서 자유주의 사상을 배워온 남슬라브 신진 지식인들이었다. 운동의 전파 속에 달마티아 지식인들은 크로아티아 지식인들과 연합하여 크로아티아, 슬라보니아 그리고 달마티아 통합을 전제로 한 정당 건설을 추진해 갔다. 당시 드라쉬코비치 백작(grof Janko Drašković, 1770-1856)은 마자르화 저항 차원에서 1832년 언어 통일 문제를 제기하였고, 1838년 언론을 통해 '대(大) 일리리아(Great Iliria/ velika ilirija)'라는 남슬라브 이상주의를 표출하였다. 이후 남슬라브 통일 운동의 한 방안으로 크로아티아 언어학자들은 문학어(Literary Language/ književni jezik) 통일 운동을 전개하여 갔다. 실제 당시 세르비아, 크로아티아와 슬로베니아 지식인들 사이에는 "모든 슬라브인은 러시아어, 체코슬로바키아어, 폴란드어, 그리고 일리리아어 4가지 방언을 사용하는 하나의 민족"이라는 이상적인 남슬라브 민족주의가 확대되고 있었다.

이들의 이상은 언어개혁가인 가이에 의해 구체화 되었다. 가이는 '통일된 남슬라브 민족', '하나의 남슬라브어 탄생'이라는 이상을 현실로 옮기고자 했으며, 이를 문화 운동을 통해 구체화하고자 했다. 그는 일리리아 운동을 주도할 문학잡지인 '다니짜(Danica, 샛별)'를 간행하고 이를 통해 남슬라브어 통합을 위한 구체적인 이론과 정서법 문제를 다루어 나갔다. 그의 이상을 추종하는 학자들이 가세하면서 최초의 크로아티아 문법서와 많은 언어학 서적들이 출판되었다. 일리리아 학자들은 크로아티아어를 지역 방언에서 벗어나 표준어로 승격시키려 노력하였다. 헝가리의 반대 속에서도 1832년 크로아티아 귀족의회인 사보르에서 크로아티아어가 공식 의회 언어로 인정될 수 있었고, 고등교육에 도입되어 일부 대학에서 크로아티아어를 선택 과목으로 가르치는 것이 허용되었다. 이것은 마자르화 강행 속에서 크로아티아인의 저항을 상징하는 중요 사건으로 기억되었다.

54- **세르비아 언어학자인 부크 카라쥐치 초상화**
출처: https://commons.wikimedia.org/wiki/File:Vuk_Karadzic_Kriehuber_cropped.jpg

일리리아 학자들에 의해 이룩된 크로아티아어의 표준화 노력은 어떠한 문화 활동보다도 크로아티아어 발전에 이바지했다. 그리고 이들의 노력은 훗날 세르비아 언어학자인 카라쥐치(Vuk Stefanović Karadžić, 1787-1864)와 함께 한 '비엔나 문어협정(Vienna Literary Agreement/ Bečki književni dogovor, 1850년 3월)'을 통해 통일된 남슬라브어 표준어인 '세르비아-크로아티아어(Serbo-Croat Language/ srpskohrvatski jezik)'를 탄생시키게 된다. 시간이 지남에 따라 일리리아 운동은 점차 남슬라브인의 정치적 통합운동으로 확대되어 갔다. 언어적 민족주의에 기초한 이 운동은 당시 다민족 사회로 이루어진 오스트리아 제국 내의 소수민족들을 자극했다. 더불어 제국의 혼란 증대와 함께 체코인과 슬로바키아인들의 통합 움직임에도 영향을 미치게 되었다.

다) 마자르화 정책 확대와 남슬라브족의 저항

헝가리는 크로아티아에서의 일리리아 운동이 슬라브족 전체로 확대되는 것을 우려하였다. 헝가리는 일리리아 단어 사용을 금지하는 등 운동을 조기에 진압하려 하였다. 1843년 헝가리 의회는 헝가리와 슬라보니아 그리고 크로아티아에서 헝가리어를 모든 학교와 관공서 공식어로 사용하는 의무 법안을 통과시켰다. 크로아티아는 자치권 침해라 반발하며 헝가리로부터 정치적 분리를 요구한다는 탄원서를 비엔나로 보냈다. 하지만 오스트리아는 크로아티아의 요구를 무시하였고, 탄원서와 기타 모든 문서를 헝가리어로 다시 써서 부다페스트로 돌려보내게 된다. 이를 통해 크로아티아 지식인들은 제국 내에서 자신들의 권리가 제대로 인정받지 못한다는 것을 확인했으며, 독립과 남슬라브 국가건설 추진 움직임 확대로 이어졌다.

55- 자그레브 시내 반(ban) 옐라취치 광장에 자리한 동상

1848년 프랑스 2월 혁명의 정신은 제국주의 통치를 받던 중부와 동부 유럽 모든 피지배 민족들에게 전파되었다. 1848년 헝가리에선 코슈트(Lajos Kossuth, 1802-1894)가 주도하는 대규모 봉기가 발생하였다. 오스트리아 제국은 헝가리의 마자르 정책으로 적대적 태도를 보이던 크로아티아에게 슬라보니아와 달마티아를 헝가리로부터 독립해주겠다는 조건을 들어 헝가리 봉기 진압을 요구하였다. 이를 수용한 크로아티아 반인 옐라취치(Josip Jelačić, 1801-1859, 재위 1848-1859)는 크로아티아군을 이끌고 헝가리 봉기 진압에 앞장서게 된다. 이 과정에서 보이보디나와 크로아티아 본토의 세르비아 민족은 크로아티아를 적극적으로 지원하였고, 남슬라브 민족 통일국가 건설에 대한 의지를 피력하였다. 그러나 복잡하게 얽혀가는 오스트리아 내 혁명움직임이 자신들에게도 퍼질 것을 우려한 러시아의 군사적 개입 속에 1849년 5월 헝가리 봉기는 진압되게 된다. 그 결과 오스트리아에 대한 충성과

헌신에도 불구하고, 봉기 진압 이후 크로아티아는 독립 획득에 실패하게 된다. 오스트리아는 처음 한동안 크로아티아를 달래기 위해 영토의 독자성과 농노제 폐지를 약속하였다. 하지만 시간이 지나가며 오스트리아는 크로아티아 귀족의회 해산과 강력한 전제주의통치 그리고 게르만 화를 추진해 나가면서 제국의 영향력을 더욱 강화하고자 하였다.

그러나 1866년 오스트리아 제국의 프로이센에 대한 패배는 이중제국의 탄생을 가져왔다. 1806년까지 신성로마제국의 수장이었던 합스부르크 가문은 1860년대 이후 급격히 성장한 프로이센의 도전에 어려움을 겪어야 했다. 프로이센은 철혈 재상 비스마르크(Otto von Bismarck, 1815-1898, 외무장관 1862-1890, 북독일연합재상 1867-1871, 독일재상 1871-1890)가 이끄는 프로이센 군대에게 대패하고 말았다. 이후 헝가리의 봉기와 오스트리아의 타협 속에 1867년 하나의 왕실, 공동의 군대, 같은 외교정책을 원칙으로 한 이중제국이 탄생하였다. 그 결과 크로아티아 본토와 세르비아의 보이보디나 지역은 다시 헝가리 지배로 들어가야 했다. 그리고 슬로베니아와 달마티아 지역은 오스트리아가 통치하게 되었다. 다시 크로아티아를 통치하게 된 헝가리는 처음엔 크로아티아와 보이보디나 정부의 독립성을 인정하고 지역 의회를 통해 정부를 운영할 것이라 약속하였다. 하지만, 실제에 있어선 마자르화 정책이 지속하였다. 합스부르크 지배 시기 그라니차르(국경수비대)로서 정치, 문화적 자치를 누려왔던 보이보디나 지역 세르비아인은 헝가리의 마자르화 정책으로 고유문화 유지에 어려움을 겪어야만 했다. 이것은 결과적으로 근대 세르비아의 문화 중심지가 보이보디나에서 베오그라드와 사라예보로 옮기게 되는 계기가 된다. 헝가리의 강압적 지배와 마자르화 강요는 크로아티아인의 반(反)헝가리 정서를 더욱 자극했으며 헝가리 압제에서 벗어나려는 의지를 더 불러일으켰다. 헝가리가 지배하게 된 슬로베니아 동북부에서도 마자르화 정책에 대한 저항이 점점 커졌고 공공연하게 남슬라브 민족통일을 다룬 대규모 집회들이 열렸다. 슬로베니아인들은 모든 교육기관과 관공서에서 슬로베니아어 사용 권장과 함께 남슬라브 연대 움직임을 추진하고자 했다.

라) 크로아티아 미래 논쟁과 헝가리의 지배 정책

1868년 크로아티아 지식인들은 크게 두 개 세력으로 나누어졌다. 그중 하나는 세르비아, 슬로베니아와 함께 강력한 하나의 남슬라브 국가를 건설하려는 그룹이었으며, 다른 하나는 달마티아와 슬라보니아를 포함해 크로아티아 민족-국가를 건설하겠다는 민족주의 세력이었다. 우선 당시 남슬라브 통합 움직임인 일리리아 운동의 정신적 지도자로는 스트로스마예르(Josip Juraj Strossmayer, 1815-1905)주교를 들 수 있다. 그는 비록 오스트리아 출신이었지만 크로아티아에 정착한 이후 19세기 크로아티아 일리리아 운동을 이끌었다. 특히 그는 크로아티아인과 세르비아인 간 종교적 이질감을 해소하려 노력했으며, 남슬라브 민족 간 문화 통합운동을 추진하기 위해 1867년 '남슬라브 과학예술 아카데미(Yugoslav Academy of Sciences and Arts/ Jugoslovenski akademija nauka i umetnosti)'를 설립하기도 했다. 이어 1874년에는 자그레브 대학교를 설립하여 남슬라브 민족통일 이상과 함께 민족의 우수성을 교육해 나갔다. 훗날 이 이상은 남슬라브족 통합 왕국 탄생의 밑거름이 된다. 이에 반해 크로아티아의 극단적 민족주의자인 스타르체비치(Ante Starčević, 1823-1896)는 남슬라브 민족 통합론자들을 강하게 비판하였다. 그는 크로아티아 민족의 우수성을 선전하였고 1881년에는 극우 정당인 '권리당(Party of Rights/ stranka prava)'을 창당해 자신이 당수가 되었다. 민족 차별성에 기초하는 광적인 배타적 민족주의는 2차 세계대전 당시 극우 크로아티아 민족집단 탄생으로 이어졌다.

19세기 오스만 터키는 발칸에서의 영향력을 조금씩 상실해갔다. 남진을 추진하던 러시아는 오스만 터키와의 전투 승리를 통해 발칸 지역에 대한 기득권을 보장받게 된다. 세르비아와 불가리아 등 발칸반도의 남슬라브족은 러시아의 남진을 지원하였다. 한편 러시아의 발칸 팽창을 염려한 오스트리아 등 유럽 강대국들은 불가리아에 양도된 영토를 문제 삼아 문제에 개입하였다. 1878년 6월 베를린 조약 결과 유럽의 열강들은 발칸 지역을 이익에 맞게 다시 나누었고, 이 과정에서 오스트리아는 보스니아 행정권을 조차하게 된다. 비록 조약상 행정적 통치권이라 명시되었지만, 보스니아 지역이 오스트리아에 편입되었다는 것을 누구도

56- **베를린 조약(1878. 06) 결과로 본 발칸반도**
출처: https://commons.wikimedia.org/wiki/File:SouthEast_Europe_1878.jpg

의심하지 않았다. 오스트리아는 보스니아 통치를 확고히 하기 위해 자그레브와 베를린 사이 철로 계획을 사라예보까지 연장하고자 했다. 아드리아 해안을 따라 새로운 철로 또한 건설되었는데, 이것들은 오스트리아의 새로운 식민지개척을 위한 군사적 수송로로 사용됐다. 보스니아 행정권조차 이후 오스트리아는 사회적 안정을 꾀하고 점령군 이미지를 벗어나기 위해 온건적 통치수단을 썼고, 특히 오랜동안 지방정치와 경제권을 장악하였던 무슬림의 문화와 기득권을 인정하는 친(親)무슬림 정책을 펼쳤다. 오스트리아의 유화정책은 지배 초기 어느 정도 성공을 거두어 상당수 무슬림들을 제국의 협력자로 만들었다. 하지만 상대적으로 보스니아 내 세르비아인은 반(反)오스트리아 정서 속에 성장하던 이웃 세르비아 근대왕국에 더 의지하였다. 보스니아 내 크로아티아인 또한 점령 초기 가졌던 오스트리아에 대한 호감에서 벗어나 크로아티아 본토와 달마티아 지역에서 확대되던 슬라브 민족주의에 점차 동화되기 시작하였다.

1881년 이중제국은 세르비아인이 자치권을 지니고 있던 보이나 그라니짜 지역을 크로아티아로 완전히 통합시켰다. 그 배경은 오스만 터키의 쇠락으로 인해 세력 완충 지대의 역할이 사라졌기 때문이었다. 하지만 이것은 두 민족 간 갈등으로 이어졌다. 세르비아인은 크로아티아 자치의회와 정부 결정을 종종 무시하였고, 이중제국 또한 이를 이용해 크로아티아를 견제하며 두 민족 간 불신을 조장하였다. 이때부터 시작된 보이나 그라니짜 지역에서의 양 민족 간 갈등과 영토 분쟁은 훗날 1990년 유고 내전과 보스니아 내전으로 폭발하게 된다.

1883년 크로아티아로 부임한 헝가리의 새로운 통치자(Károly Khuen-Héderváry, 1849-1918, 크로아티아-슬라보니아 반 1883-1903, 총리 1903, 1910-1912)는 강력한 마자르화 정책을 추진하였다. 하지만, 이것은 오히려 슬라브 민족주의를 부추겨 제국 내 범슬라브주의 운동으로 확대되는 역효과를 낳았다. 1895년 반(反)헝가리 시위에 참여한 자그레브 대학생들이 퇴학당했고, 이들은 이후 '새로운 시대(New Age/ Nova doba)'라는 잡지를 통해 제국 내 모든 슬라브인 해방과 범슬라브 통합운동을 추진해 나갔다. 하지만 헝가리는 재정독립을 원하는 크로아티아의 요구를 거절했고, 1903년 이에 저항하는 지식인 탄압과 비판적 언론인 구속이 이어졌다. 이 소식은 오스트리아 하 달마티아에까지 전해졌고 슬라브 민족주의 의식 확대와 함께 심적인 동조를 낳았다. 크로아티아는 30여 명의 대표단을 부다페스트로 파견해 지나친 마자르화 정책과 탄압 문제를 제기하였다. 비록 이들은 부다페스트에 머물던 황제 요제프 1세(Franz Joseph I, 1830-1916, 재위 1848-1916)를 만나진 못했지만, 반의 교체를 이루는 데는 성공하게 된다.

1903년 이후 크로아티아에선 세르비아 정치가들과 연대 의식이 확대되어 갔다. 이 결과 1908년 선거에서 크로아티아-세르비아 연합정당은 총 88석의 의석 중 57석을 차지해 크로아티아 제1당으로 부상하게 된다. 헝가리는 남슬라브족 통합 움직임에 대한 위기감 확대 속에 두 민족 간 연합 파괴를 목적으로 '분열 지배 정책(Divide and Rule)'을 추진하였다. 정책에 따라 크로아티아인보다 소수민족이었던 세르비아인에 대한 집중적 탄압이 시작되었다. 이는 두 민족 중 어느 한 민족

만을 집중적으로 탄압함으로써 탄압받는 민족과 그렇지 않은 민족 간 연합관계를 와해시키고 더 나아가 두 민족 간 갈등을 유발하려는 술책이었다. 이런 가운데 1908년 오스트리아의 보스니아 합병에 대한 세르비아-크로아티아 연합정당의 비난은 헝가리에게 또 다른 빌미를 제공하였다. 헝가리는 세르비아인들이 크로아티아-슬라보니아 지역에 세르비아 민족-국가를 건설하려 했다는 죄목을 씌었고, 이를 주도한 죄목으로 세르비아-크로아티아 연합정당 지도자들을 감금하였다. 세르비아인에 대한 헝가리의 일방적인 탄압은 세르비아와 크로아티아 간 연합관계 파괴 목적 외에도 당시 보스니아에서 증대되던 세르비아 민족주의에 대한 경고 의미도 담고 있었다.

마) 1908년 오스트리아의 보스니아 합병과 혼란 속의 발칸반도

1908년 7월 마케도니아 영토문제를 둘러싸고 러시아 요구에 굴복하려던 술탄 하미드 2세(Abdul Hamid II, 1842-1918, 재위 1876-1909)에 반발해 청년 터키당(Young Turks)은 혁명을 일으켰다. 이들은 서구식 민주주의 도입을 추진했던 1876년 헌법 재추진을 요구하며 술탄을 가둔 후 얼마 뒤 퇴위시켰다. 청년 터키당 혁명과 이로 인한 혼란은 발칸반도로의 동진을 추진하던 오스트리아에 좋은 기회를 제공해 주었다. 1908년 10월 7일, 오스트리아는 행정권만을 지니고 있던 보스니아 지역 합병발표를 하였다. 이것은 크로아티아뿐만 아니라 보스니아 내 남슬라브 민족 정체성을 일깨웠으며, 곧바로 오-헝 이중제국과 이웃 세르비아와의 전쟁이 임박했다는 소문이 퍼져나갔다. 제국 내 모든 성인 남자들에게 군 동원령이 내려졌고 6개월 동안 이러한 긴장 상태가 지속하였다.

무엇보다도 이중제국은 보스니아 합병발표 이후 자신의 통치지역에서 범슬라브주의가 만연되는 것을 가장 크게 우려하였다. 따라서 이를 방지하기 위해 크로아티아와 보스니아 등 통치지역의 긴장 상태를 유지하고자 했으며, 제국의 지배 정책에 저항하는 남슬라브족 박해와 탄압의 수위를 높여갔다. 이와 함께 오스트리아가 발칸반도로의 식민지 확대를 위해서 반드시 넘어서야 할 세르비아에 대한 경계 또한 늦추지 않았다. 보스니아 합병으로 이제 이웃이 된 세르비아는 슬라브 민족주의를 자극할 가장 위험한 존재라고 판단되고 있었기에 이중제국은 제국 내 세르비아 민족 활동에 대한 경계를 한층 더 강화해 나갔다. 실제 세르비아 본토에서는 1908년 오스트리아가 보스니아를 합병하자 오스트리아와의 전쟁이 불가피해졌다 주장하는 군부세력들과 민족주의자 목소리가 강력하게 대두되고 있었다. 더불어, 이때 이후 극우 민족주의 집단들이 세르비아 국내외에서 활발한 활동을 벌이게 된다.

당시 발칸반도를 둘러싼 국제정세는 매우 혼미한 상태였다. 서쪽의 오스트리아는 독일을 등에 업고 동진 정책을 통해 발칸 전 지역으로 세력을 확대해가고 있었다. 또한, 북쪽의 러시아는 전통적인 부동항획득을 위한 남진 정책과 더불어 베를린 조약(1878. 06) 이후 약화 된 자신들의 발칸반도 영향력을 회복하려 했다. 따라서 오스트리아에 대한 러시아의 불만이 고조되고 있었다. 동쪽의 불가리아는 러시아의 도움을 받아 산 스테파노 조약(1878. 03)에 의해 중세 불가리아 영토를 어느 정도 회복했지만, 베를린 조약으로 다시 상실하자 영토회복 운동에 휩싸여 있었다. 오스만 터키 역시 발칸 지역의 잃어버린 영토에 대한 회복 의지 속에 조금씩 국력을 키워가고 있었다. 세르비아는 1878년 오스만 터키의 쇠퇴 이후 당시의 혼란 시기를 국력과 영토를 확대할 수 있는 절호의 기회로 보고 있었고, 그 첫 단계로 세르비아인이 다수 거주하던 이웃 보스니아로의 진출을 꾀하고 있었다. 그러나 오스트리아의 계속된 방해와 1908년 합방으로 인해 세르비아의 바람은 이루어지지를 못했다. 또한, 몬테네그로 지역을 합병하여 무역확대를 위한 해양통로 확보 노력 또한 오스트리아의 방해로 이루어지지 못하였다. 세르비아는 결국 남쪽 마케도니아 지역으로의 영토확대 만을 추구할 수밖에 없었으며, 그 노력은 1912년과 1913년에 있었던 제1, 2차 발칸 전쟁들을 통해 결실을 보게 된다.

2. 오스만 터키 제국하 남슬라브족

1) 세르비아 근대왕국의 기반, 보이보디나

1699년 합스부르크 제국과 오스만 터키 제국이 체결한 '스렘스키 카를로브찌 조약'은 전체 유럽의 세력균형에 중대한 변화를 불러왔을 뿐만 아니라, 양대 제국의 지배를 받던 남슬라브족에게도 큰 영향을 미쳤다. 조약에 따라 과거 오스만 터키 지배지역이었던 헝가리, 트란실바니아와 슬라보니아 그리고 크로아티아 지역에 대한 합스부르크의 영향력이 증대되었고, 발간지역에서 많은 영토를 상실한 오스만제국은 조금씩 그 지배력을 상실해간다. 1718년 포자레바츠(Požarevac) 조약에서 오스만 터키는 합스부르크에 베오그라드를 포함한 일부 세르비아지역을 양보해야 했다. 비록 1739년 베오그라드(Beograd) 조약에 따라 사바-두나브 강 남부 세르비아지역이 다시 오스만제국에 양도되긴 했지만, 이후로도 합스부르크는 계속해서 보이보디나와 크로아티아, 슬라보니아 지역을 장악할 수 있었다. 실제 18세기 이후로 오스만 터키는 사바-두나브 강을 넘어 북쪽으로 더는 세력을 확장하지 못하였고 발칸반도에 그 영향력을 유지하는 것에 만족해야 했다.

오늘날 세르비아 북부인 보이보디나에서 오스만 터키의 후퇴는 세르비아인들에게 자신들의 정체성을 회복할 중요한 기회를 제공해 주었다. 과거 오스만 터키의 압제를 피해 이 지역으로 이동해온 세르비아의 후손들은 고유한 세르비아 문화를 이곳에서 다시 발전시킬 수 있었다. 특히 프루쉬카 고라의 정교회 사원들은 19세기 초 무슬림 지주 폭정에 저항해 일어난 세르비아 봉기의 시발점이자 근대 세르비아 르네상스의 발원지가 되기도 했다. 1791년 보이보디나의 스렘스키 카를로브찌에 최초의 세르비아 중등학교가 수립되었고, 여기서 배출된 다수의 세르비아 지식인들은 훗날 근대 세르비아 국가건설에 중요한 역할을 담당하였다.

2) 제1차 세르비아 봉기(1804-1813)

19세기 일어난 세르비아 봉기는 세르비아의 근대 독립 국가 의지를 강하게 표출한 것이라 할 수 있다. 이 당시 봉기들은 오스만 터키 제국의 식민지 정책 실패와 제국의 약화를 그 배경으로 하고 있다. 18세기로 들어오면서 지방 무슬림 관료들의 부패와 이에 저항하는 농노들의 반발로 인해 오스만 터키 국력은 매우 약화하였다. 또한, 술탄의 여러 개혁정책은 야니챠르와 봉건적 이슬람 세력의 강력한 저항으로 인해 수차례 난관에 부닥쳐야만 했다. 술탄 마흐므드 1세(Mahmud I, 1696-1754, 재위 1730-1754)부터 시작된 개혁의 핵심에는 야니챠르 부패방지와 세력 약화에 초점이 맞추어졌다. 마흐므드 1세는 전근대적인 군사조직을 폐지하고 서구식 근대 군대를 창설하고자 하였다. 하지만, 이러한 개혁들은 야니챠르의 조직적인 저항과 보수 귀족세력의 반대로 어려움을 겪어야 했다. 17세기 말 이후 데브쉬르메 제도 폐지에 따라 수적 팽창이 멈추었던 야니챠르들은 술탄의 이러한 개혁조치가 자신들의 기득권을 앗아갈 수도 있다 우려하였고 이를 지키기 위해 조직적으로 중앙정부 개혁에 저항하였다. 그 결과 18세기 이후 추진된 기존 병제도 폐지와 근대식군 창설, 서구식의 근대화 추진, 세금 제도 개선을 통한 중앙정부의 권한 강화 등의 주요 개혁조치들은 별다른 성과를 이루어내지 못하였다. 또한, 18세기 중엽에 들어와 세르비아와 보스니아를 비롯하여 제국의 국경 지역에는 중앙정부 통제력이 이미 미치지 못하고 있었으며 술탄의 개혁조치 또한 이들 지역에서는 정상적으로 실행되지도 못하였다. 야니챠르와 무슬림 귀족들은 이미 비대해진 자신들의 사병을 이용하여 술탄의 개혁조치에 강력히 저항하였고, 결국 마흐므드 1세는 이들의 저항에 굴복하여 특히 세르비아와 보스니아 야니챠르

47- 이스탄불 톱카프 궁전에서 거행된 셀림 3세 즉위식(1789) 장면
출처: https://commons.wikimedia.org/wiki/File:Ottoman_Sultan_Selim_III_(1789).jpg

들에게 안정된 국경 수비 대가로 더 많은 특혜를 인정해야만 했었다. 이후 야니챠르들은 이전보다도 더 혹독한 방법으로 크리스트교 농민들을 수탈하였고 빈번한 토지 몰수로 인해 농촌을 떠나는 농민들이 급증하기 시작하였다.

오스만 터키의 개혁조치들은 셀림 3세(Selim III, 1761-1808, 재위 1789-1807) 시기에 들어와 다시 본격적으로 추진되었다. 셀림 3세는 우선 제국의 모든 면에 외교적으로 친밀한 관계를 유지하였던 프랑스로의 도움을 받아 사회 전반에 걸쳐 프랑스식 체제를 도입하기 시작하였다. 셀림 3세가 집권할 초기 오스만 터키는 러시아와의 크림전쟁(Crimean War, 1788-1791)으로 어려움을 겪고 있었고, 발칸반도로의 동진에 관심을 지니던 오스트리아와의 갈등 그리고 세르비아 등 발칸반도 곳곳에서 발생한 농민 봉기로 힘겨운 시기를 보내고 있었다. 그는 근대식 군사교육을 받은 정규군 양성의 필요성을 인식하였고 이를 기반으로 하여 자신의 개혁정책을 추진하고자 하였다. 그 결과 1797년 아나톨리아 지방의 터키인을 중심으로 '새로운 질서(the New Order/ nizam-i jedid)'라 명명된 개혁조치에 따라 서유럽 기준에 맞춘 근대식 군대가 창설되게 된다. 프랑스식 훈련으로 무장된 이 부대는 술탄의 대규모 지원 속에 1806년에 들어와 수적으로 증대되어 포병대를 포함해 약 23,000명까지 늘어나게 된다. 하지만 신식 군대에 대한 일방적인 지원과 기존 병과 제도 폐지는 기득권을 유지해왔던 야니차르와 전통을 고수하고자 했던 종교 지도자(Ulema) 및 여러 세력으로부터 강력한 저항에 부딪혀야만 했다. 오히려 술탄의 이러한 개혁조치들은 야니챠르의 대규모 반란과 지방 관료들의 반발을 불러왔다. 1806년 오늘날 불가리아 지역인 트라키야와 동부 루멜리아(Eastern Rumelia, 오늘날 불가리아 남부) 지역의 야니차르 봉기 속에 셀림 3세는 이슬람 종교와 기존 제국의 전통을 무시했다는 이유로 강제 폐위되었고, 신식 군대는 해체되게 된다. 구테타 세력에 의해 무스타파 4세(Mustafa IV, 1779-1808, 재위 1807-1808)가 즉위했으나 곧 개혁 세력에 의해 폐위된 후 살해되었다. 새로운 술탄으로 오른 마흐무드 2세(Mahmud II, 1785-1839, 재위 1808-1839) 또한 여러 개혁조치를 이어갔으나, 개혁 반대 세력의 저항과 비효율적인 군대 조직, 재정압박 등에 어려움을 겪어야 했다. 그는 1826년 6월 술탄의 개혁 정치에 반대해 일어난 이스탄불에서의 야니차르 봉기를 진압하는 데 성공했고, 이후에서야 비로소 여러 근대식 개혁조치를 단행할 수 있었다.

당시 세르비아 민중 대다수는 농업과 목축업에 의존하고 있었다. 하지만 오스만 터키의 개혁정책 실패와 함께 베오그라드 파샤루크(Pashaluk of Beograd/ Sanjak of Smederevo)의 파샤였던 무스타파(Hajdi Mustafa, 1733-1801, 재임 1793-1801)가 1801년 12월 야니차르에 의해 암살된 이후 이어진 야니챠르들의 계속된 폭정, 수탈로 농민들의 생활은 무척이나 피폐해 있었다. 세르비아 중부 지역 농민들은 1804년 2월, 돼지목축업자였던 36세의 카라조르제 페트로비치(Karađorđe Petrović, 1768-1817, 지도자 1804-1813)를 자신들의 대표자로 뽑아 술탄에게 무슬림 지주들의 폭정과 자신들의 어려운 처지를 호소하고자 하였다. 오스만 터키는 이러한 민원을 받아들여

57- 성 사바 교회 앞에 자리한 카라조르제 페트로비치 동상

베오그라드에 보스니아 베지르였던 베키르 파샤(Bekir Paša, 보스니아 1800-1801, 베오그라드 1804)를 파견하였다. 그는 수탈하던 야니차르를 처단하였고 세르비아인 농민들에게 정치, 경제적 상황 개선을 약속하였다. 이런 상황을 오스트리아와 러시아는 주시하였고, 세르비아 농민들에게 독립 추진시 도움 제공을 약속해 주었다. 이를 등에 업은 세르비아 봉기군은 1805년에서 1806년 사이 벌어진 오스만 터키와의 전투에서 승리하여 베오그라드 파샬루크를 독립시키는 데 성공하게 된다. 당시 오스만 터키는 셀림 3세 개혁에 대한 야니차르 반란으로 혼란한 시기였고, 따라서 세르비아에서의 봉기를 효과적으로 진압할 수 없었다. 그러나, 1808년 이러한 혼란은 마흐무드 2세가 술탄에 오르면서 정리되었고, 그는 제국의 안정을 위해 가장 먼저 세르비아 봉기 진압을 명령하였다. 카라조르제는 1809년 달마티아 연안에 일리리아 속주를 세운 나폴레옹에게 도움을 요청하였다. 하지만 당시 프랑스는 오스만 터키와의 동맹 관계를 고려하여 이 요청을 거절하였다. 이후 그는 다시 영국에 구원을 요청하였다. 하지만 당시 영국은 자국의 이익에 부합하는 세력균형(Balance of Power) 정책을 추구 중이었고, 이에 따라 유럽의 다른 열강들을 견제하던 한 축인 오스만 터키가 급격하게 약화하기를 바라지 않았었다. 오스

58- **두개골 탑의 의미를 지닌 첼레쿨라와 19세기 중엽의 삽화**
출처: https://commons.wikimedia.org/wiki/File:%C4%86ele_kula,_Ni%C5%A1,_Srbija.jpg
https://commons.wikimedia.org/wiki/File:Skull_Tower_1863.jpg

트리아 또한 프랑스와의 전쟁으로 인해 세르비아를 도와줄 수 없는 처지였다. 결국, 세르비아는 같은 슬라브 민족인 러시아에게 도움을 요청해 적극적인 지원을 얻어낼 수 있었다. 그 결과 1811년 베오그라드에 세르비아의회가 성립되어 카라조르제가 의장으로 선출되었고 이후 합법적 왕위 계승자로 인정받게 되었다.

이후로도 세르비아는 오스만 터키와의 여러 전쟁에서 승리를 거둬 중부의 니쉬(Niš)를 획득하였고, 곧 보스니아로 진격해 들어갔다. 그러나 나폴레옹의 러시아 침공(1812. 06-12)은 독립왕국 쟁취라는 세르비아의 희망을 좌절시키게 된다. 세르비아를 돕던 러시아는 나폴레옹 침략으로 급하게 퇴각해야 했다. 러시아는 1812년 오스만 터키와 부카레스트(Bucharest) 조약을 체결하였는데 이 조약에서 러시아는 세르비아에 대한 오스만제국의 통치권을 인정하고 세르비아 지원을 포기하지만, 그 대가로 세르비아 봉기 군에 대한 정치적 사면을 요청하였다. 조약에 따라 세르비아는 다시 오스만 터키 지배하로 들어가게 된다. 오스만 터키 제국의 재점령이 확인되자 그동안 봉기과정에서 세르비아인에게 핍박받던 무슬림은 잔인한 보복을 시행하였다. 무슬림들은 봉기 군을 완전히 무력화시키기 위해 거주 지역의 15세 이상 모든 세르비아 남자들을 처형하였고 여자와 어린아이들은 자신들의 노예로 삼았으며, 봉기 지도자들에 대한 검거와 처형을 단행하였다. 당시의 잔인한 보복은 이때 학살된 세르비아인의 두개골로 탑을 만든 첼레쿨라(Skull Tower/ Ćelekula)라는 암울한 유적을 만들어 내기도 했다. 이후 이것은 당시 학살을 묘사하는 다양한 장르의 문학작품, 그림과 함께 무슬림을 향한 세르비아인의 적개심을 상징하는 역사 유적지가 되게 된다. 무슬림의 보복은 1813년 10월 벨리키 베지르인 후르시드 파샤(Hursid Paša, ?-1822, 재임 1812-1815)가 보복행위 중지와 봉기 군에 대한 사면을 공포한 뒤에야 중단될 수 있었다. 당시 카라조르제와 봉기 군은 오스트리아 제국이 지배하던 베오그라드 인근의 제문(Zemun)과 프루쉬카 고라 등으로 피신하여 훗날을 기약해야만 했다.

3) 제2차 세르비아 봉기(1815-1830)

1815년 엘바(Elba)섬을 탈출한 나폴레옹의 재기가 100일 천하로 끝나게 되자 러시아는 세르비아 등 발칸 지역에 관한 관심을 다시 가질 수 있게 되었다. 이에 따라 오스만 터키는 세르비아의 독립 욕구와 러시아의 압력을 무마하고자 세르비아에 일정 정도의 자치권을 허용하여주고, 약간의 경비병력만을 베오그라드 칼레메그단(Kalemegdan)에 상주시켰다.[7]

그러나 1815년 세르비아는 밀로쉬 오브레비치 1세(Miloš Obrenović I, 1780-1860, 재위 1817-1839, 1858-1860)를 중심으로 독립을 위한 제2차 봉기를 일으켰다. 과거 밀로

---

7 터키어로 '칼레(Kale)'는 요새(Fortress), '메그단(Megdan)'은 전장터(Battle field)를 의미한다. 사바강과 다뉴브강의 접합점에 자리한 이 지역은 고대 로마제국 시절 전략적 중요성에 따라 로마 요새가 만들어졌고, 이후로 수많은 전쟁터가 되어야 했다. 1699년 '스렘스키 카를로브찌 조약' 이후론 합스부르크와 오스만 터키 간 국경선이 되어 터키의 매우 중요한 방어 요새로서 임무를 수행하기도 했다.

59- **칼레메그단 요새의 승리자상**

쉬는 카라조르제가 주도했던 제1차 봉기에서 중요한 역할을 담당했었다. 봉기 실패 이후 처형된 다른 봉기 군과 다르게 그는 자신의 재력과 뛰어난 언변으로 처형을 면하고 정치적 사면을 받을 수 있었다. 또한, 살아남은 다른 동지들이 오스만 터키 지배가 미치지 않는 지역으로 돌아가거나 망명했으나 그는 세르비아에 남아서 1813년 터키의 행정관리로써 임무를 수행했었다. 당시 세르비아의 수송체계는 매우 열악한 상태였다. 밀로쉬는 자신의 재력을 동원해 다양한 종류의 운송기구들을 소유하였고 곧 세르비아 내 모든 운송수단을 장악할 수 있었다. 이러한 밀로쉬의 재력과 운송수단 장악은 이 지역 경제를 주도하던 무슬림 지주들은 물론 세르비아 농민들의 지지를 얻을 수 있었다. 그는 이를 바탕으로 새로운 봉기를 계획하게 된다. 이런 과정에 카라조르제 추종세력들은 또 다른 봉기를 준비중이었는데 이를 위한 자금을 밀로쉬에게 요청하였다. 밀로쉬는 오스만 터키에게 이 사실을 몰래 전달하였고 이를 사전에 진압할 수 있도록 도움을 주었다. 이 사건 이후 세르비아 봉기 군은 카라조르제를 따르는 해외파와 밀로쉬를 따르는 국내파로 나뉘게 된다.

1815년 4월 밀로쉬는 세르비아 중부 타코보(Takovo)에서 제2차 봉기 군의 지

60- **제2차 세르비아 봉기의 지도자로 추대된 밀로쉬 오브레노비치 1세**
출처: https://en.wikipedia.org/wiki/File:Paja_Jovanovic-Takovski_ustanak.jpg

도자로 추대되었다. 이후 세르비아 각 지역에서는 오스만 터키 지배에 저항하는 조직적인 봉기가 대규모로 일어났고 여러 전투에서 승리한 밀로쉬는 자신의 지지자들과 함께 베오그라드에 입성하게 된다. 외교적 판단력이 뛰어났던 그는 오스만 터키와의 협상에서 곧바로 세르비아의 독립이나 자치권을 요구하지는 않았다. 반면, 밀로쉬가 러시아와 연합해 발칸반도로 진격해 내려올 것을 염려한 오스만 터키는 밀로쉬가 차지한 베오그라드 파샬루크 지역에 대해 면세권과 터키 군대 주둔권을 제외한 완전한 자치를 허용해주어야 했다. 그리고 마침내 1817년 11월 세르비아 민족의회에서 밀로쉬는 민족의 최고지도자라는 칭송과 함께 크네즈(Knez, 군주 Prince)로 추대되게 된다. 이후 밀로쉬는 점차 오스만 터키 행정관을 대신해 세르비아에서 자신의 영향력을 확대해갔다. 그는 재력과 세금을 모아 계속해서 터키로부터 땅을 사들였고 새로 사들인 지역에는 측근들을 중심으로 세르비아인을 대거 이주시킴으로써 지배지역을 넓혀갔다. 그러나 당시 밀로쉬가 모든 세르비아인으로부터 지도자로 인정받는 것은 아니었다. 특히 카라조르제 추종 세력들은 밀로쉬에 대해 깊은 배신감을 지니고 있었고 그를 강하게 비판하였다. 시간이 갈수록 두 세력 간 갈등은 점점 깊어갔다. 밀로쉬는 카라조르제가 오스만 터키로부터 독립을 추진 중인 그리스인과의 연합을 위해 자신의 지배지역을 지나간다는 사실을 알게 되었다. 1817년 7월 밀로쉬는 암살자를 보내 카라조르제를 살해하였고 이후 그의 머리는 술탄에게 선물로 바쳐졌다. 이것으로 밀로쉬는 자신의 최대 정적을 제거할 수 있었으며 동시에 술탄의 환심 또한 얻을 수 있었다.

1821년, 루마니아의 몰다비아와 왈라키아 그리고 그리스에서 오스만 터키로부터의 독립 전쟁이 시작되었다. 이를 빌미로 러시아는 오스만 터키 국경에 대규모 병력을 배치하였고 이들 지역과 함께 세르비아에 대한 자치권을 요구하였다. 완전한 자치권 보장을 담은 요구서를 지닌 세르비아 대표단이 이스탄불에 도착하자 오스만 터키는 이들을 체포하고 요구서를 소각해 버렸다. 하지만, 1828년 러시아가 오스만 터키에 선전 포고하고 불가리아로 진군하자, 오스만 터키는 1829년 9월 아드리아노플(Adrianople) 조약을 맺어야만 했다. 조약에 따라 그리스는 자치권을 얻을 수 있었고 루마니아의 몰다비아와 왈라키아에는 오스만 터키가 러시아에 대한 전쟁 배상금을 지급할 때까지 러시아군의 주둔이 허용되게 된다. 이것은 러시아와 오스만 터키 간 국경선이 다뉴브강을 경계로 새롭게 형성되었으며, 러시아의 남진이 더욱 명확해졌다는 것을 의미했다. 무엇보다도 조약 결과에 따라 세르비아는 더 광범위한 자치권이 재보장받을 수 있었다. 세르비아는 종교와 출판의 자유, 교육기관 설립, 제1차 봉기 실패로 오스만 터키에게 돌려주었던 영토가 회보되었으며 새로운 무슬림 정착촌 건설금지 그리고 자치정부 권한증대를 얻어낼 수 있었다. 1829년 11월 세르비아 총선 뒤 성립된 민족 의회(National Assembly/ Narodna skupština)는 1830년 1월 중부도시인 쿠라구예바쯔(Kragujevac)에서 세르비아의 공식적인 자치권을 발표하였다. 이후 밀로쉬는 의회에서 세르비아 왕위 계승자로 승인받아 국내외적으로 독립 국가 통치자로 인정되게 된다.

4) 세르비아의 독립

세르비아가 자치 국가에서 독립 국가로 가는 과정은 시대적으로 크게 3단계로 나누어진다. 우선 밀로쉬의 독선적 정국 운영과 권력 암투에 따른 '혼란기(1830-1860)', 크네즈 미하일로 오브레노비치 3세(Mihailo Obrenović III, 1823-1868, 재위 1839-1842, 1860-1868)가 계몽 군주 시대를 개척하고, 그의 사촌으로 뒤를 이은 밀란 오브레노비치(Milan Obrenović, 1854-1901, 크네즈 1868-1882, 왕 1882-1889)가 독립왕국의 기틀을 마련했던 '성숙기(1860-1882)' 그리고 1878년 3월 산 스테파노와 6월 베를린 조약에 이어 밀란 오브레노비치 시기인 1882년 세르비아가 완전한 독립을 쟁취하고 발칸 지역에서 세력을 확장해 갔던 '독립기(1882-1918)'로 나눌 수 있다.

가) 혼란기(1830-1860)

이 시기 동안 세르비아는 밀로쉬의 지나친 독선과 자만으로 일부 권력계층의 부패가 심화하였고 이것은 일반 민중들의 반발로 이어졌다. 혼란한 사회 분위기 속에서 1835년 1월 라도위코비치(Mileta Radojković, ?-1852) 반란 등 수차례의 군사반란이 발생하였으며 점차 밀로쉬를 제거하려는 정적들도 증가하였다. 잦은 군사반란은 밀로쉬의 통치력을 약화했고 그의 실정을 막기 위해 귀족들로 구성된 17인 위원회가 수립되게 된다. 잇따른 농업정책 실패로 농민들의 불만이 폭발하자 1839년 6월 밀로쉬는 귀족들의 압력 속에 강제 퇴임 당해 왈라키아로 추방되게 된다. 그의 자리는 19세 된 아들 밀란 오브레노비치 2세(Milan Obrenović II, 1819-1839, 재위 1839)가 승계하였으나 즉위 한 달 만에 사망하였다. 결국, 그의 동생인 당시 16살 난 미하일로 오브레노비치 3세가 군주를 잇게 되었고, 어린 군주를 보좌하기 위해 부취치(Toma Vučić-Perišić, 1787-1859, 내무장관 1840-1842)를 중심으로 섭정단이 구성되었다. 그러나 1842년 부취치는 쿠데타를 일으켜 오브레노비치 일가와 이를 지지하는 자들을 모두 처형하거나 해외로 추방해 버렸다. 미하일로 오브레노비치 3세는 해외로 망명해야 했다. 부취치는 새로운 크네즈 선출을 위한 의회를 소집해 알렉산다르 카라조르제비치(Aleksansar Karađorđević, 1806-1885, 재위 1842-1858)를 새 군주로 추대하게 된다. 그는 카라조르제의 아들로 16년 동안 재위했으나 부취치를 중심으로 한 17인 귀족 위원회의 꼭두각시 역할에 만족해야 했다.

알렉산다르 카라조르제비치 재위 기간 중 중요 요직을 장악하였던 가라샤닌(Ilija Garašanin, 1812-1874, 총리 1861-1867)은 1844년 자신의 비망록에서 중세 두샨 시기와 같은 대세르비아(Great Serbia/ Velika Srbija) 건설의 당위성을 주장하고 그 실현 방법 등을 제시하였다. 그는 우선 현재의 외세 지배를 벗어나기 위해 세르비아, 크로아티아, 보스니아 그리고 몬테네그로가 남슬라브 민족 기치 아래 연합해야 한다고 주장하였다. 실제 그의 주장은 1848년 프랑스 2월 혁명 영향이 오스트리아 지배에 대한 헝가리 봉기로 이어지고 크로아티아 독립문제가 제기되자 세르비아와 크로아티아 민족 간 연대를 추진함으로써 본격화되었다. 세르비아의회에선 그의 생각이 반영되어 오스트리아에 대해 보이보디나 지역을 요구하였고, 오스트리아 내 세르비아 민족 자치권 보장 요구결의를 끌어내기도 했다. 헝가리 봉기가 러시아 개입 속에 실패하자 그의 이상은 실현되지 못하게 된다. 하지만 이때 이후 세르비아인의 가슴속에는 세르비아를 중심으로 남슬라브족 통합이 가능하리라는 이상과 생각들이 확대될 수 있었다.

61- **대세르비아주의의 기틀을 마련한 일리야 가라샤닌의 초상화**

출처: https://commons.wikimedia.org/wiki/File:Ilija_Gara%C5%A1anin_table_crop.jpg

귀족들의 간섭에서 벗어나 자신의 정치를 하고자 했던 알렉산다르 카라조르제비치는 귀족들의 압력으로 퇴위 되어야 했다. 이후 왈라키아로 추방된 후 비엔나의 영지에 피신해 있던 밀로쉬 오브레노비치 1세가 1858년 11월 크네즈로 다시 추대되게 된다. 부취치 등 주요 정적들이 처형되었고, 권력 정리를 끝낸 밀로쉬는 1860년 당시 35세인 그의 아들 미하일로 오브레노비츠 3세에게 다시 자리를 내주었고 피난처였던 오스트리아에서의 경험을 바탕으로 미하일로는 이후 세르비아 독립왕국을 위한 주요 기틀을 마련해 나가게 된다.

나) 성숙기(1860-1882)

미하일로 오브레노비치 3세는 근대 세르비아의 대표적인 계몽 군주로 불린다. 그는 크네즈에 오른 후 가라샤닌이 제시하였던 남슬라브민족 통합에 기초한 '대세르비아 국가' 건설에 높은 관심을 보였다. 그는 이를 위해 군사력 증대 및 오스만 터키로부터의 완전한 독립을 추진하였다. 또한, 1866년 이중제국 수립 이후

62- **베오그라드 공화국 광장에 자리한 미하일로 오브레노비치 1세의 동상**
출처: https://commons.wikimedia.org/wiki/File:Prince_Mihailo_monument.jpg

제국 내 남슬라브인 통합운동을 확산시켜 가면서, 동시에 오스만 터키 지배하에 있던 남슬라브족과도 발칸연맹(1866-1868)을 결성해 독립을 추진해 나갔다. 미하일로 시기 세르비아의 모든 체계는 근대식으로 변모하였다. 9만여 명에 달하는 정규군이 양성되었으며 정기적인 의회 운영과 정당 인정, 제조업 활성화, 근대식 사법질서 수립, 세르비아 최초 근대식 화폐발행 그리고 중등과 고등교육과정 설립 등 재위 동안 여러 업적을 남겼다. 오스만 터키의 약화 속에 그는 베오그라드의 칼레메그단과 스메데레보 그리고 사바강 연안 샤바츠(Šabac)등 세르비아의 주요 도시와 요새들에서 터키 정규군을 몰아내었고 그 자리에 세르비아군을 배치해 나갔다.

하지만 점차 시간이 지나며 강력한 독재정치와 자신에게 유리한 법 개정 추진 등으로 인해 미하일로는 일반 대중들로부터 비난의 대상이 되어야 했다. 그의 몰락은 사생활 문제로 시작되었다. 헝가리계 가톨릭 신자였던 자신의 부인(Julia)과 별거 중이던 미하일로는 1867년 갑자기 16세의 어린 사촌 카타리나(Katarina Konstantinović, 1848-1910)와의 결혼 의사를 발표하였다. 당시 총리였던 가라샤닌은 이를 반대하였고, 1867년 그 이유로 해임되게 된다. 당시 미하일로의 이혼 요구는 거부되어 실현되지 못했지만, 이혼을 금하고 있던 가톨릭교도들로부터는 물론 근친상간을 엄격히 금하고 있던 정교회 신자들 양측으로부터 강력한 반발을 사야만 했다. 미하일로의 독선적 정책추진에 불만을 품던 반대파들과 독실한 정교회 신자들의 심한 저항 속에 1868년 6월 10일 베오그라드 외곽에서 카타리나와 마차로 산책하던 미하일로는 암살되게 된다.

이후 크네즈는 미하일로의 사촌이자 당시 파리에서 수학 중이던 14세의 밀란 오브레노비치에게로 이어졌다. 밀란의 나이가 어렸던 관계로 세르비아는 훗날 미하일로의 연인 카타리나와 결혼 한 블라즈나바쯔(Milivoje Blaznavac, 1824-1873, 총리 1872-1873)를 중심으로 섭정 시대로 들어갔다. 밀란의 가장 큰 업적은 세르비아 남부지방으로의 영토확대와 독립 국가 건설이라 할 수 있다. 세르비아의 독립은 1878년 산 스테파노와 베를린 조약에 따라 이루어졌다. 1875년 이후 보스니아와 불가리아를 중심으로 무슬림 관료와 지주들의 착취에 대한 농민 봉기가 확산하고 있었다. 당시 세르비아는 주변 열강들의 압력으로 중립을 선언하였지만, 세르비아 농민들은 이에 적극 가담 중이었다. 러시아는 서구 열강들을 대신하여 크리스트교 슬라브족을 보호한다는 명분으로 오스만 터키와의 전쟁을 선포하였고, 이 싸움에서 오스만 터키는 크게 패하게 된다. 그 결과 러시아와 오스만 터키 사이에 맺은 조약이 1878년 3월 산 스테파노 조약이다. 조약의 주요 내용은 오늘날 루마니아의 몰다비아와 왈라키아 그리고 그리스, 세르비아 등 발칸 유럽 민족들의 독립을 인정하고 동부 루멜리아 지방을 포함한 대(大)불가리아 독립 국가를 형성시켜준다는 것을 골자로 하고 있었다. 그러나 발칸 유럽으로의 동진 정책을 추진 중이던 오스트리아는 러시아의 영향력이 발칸반도로 확대될 것을 우려하였고, 비스마르크의 중재로 러시아와 서구 열강들이 서로 모여 이 지역에 관한 해결을 다시 논의하게 된다. 그 결과 기존 조약은 일부 수정되어 불가리아에서 동부 루멜리아 지역을 분리해 다시 오스만 터키에게 넘겨주고, 그 대가로 영국은 키프로스(Cyprus) 섬을, 러시아는 루마니아의 베사라비아(Bessarabia, 오늘날 몰도바 공화국과 우크라이나 동남부) 지역을 그리고 오스트리아는 보스니아 행정권 및 세르비아와 몬테네그로 연결통로인 노비 파자르(Novi Pazar) 지역을 장악하게 되었다. 이 조약이 바로 1878년 6월 맺어진 베를린 조약이다. 베를린 조약으로 세르비아는 독립을 인정받았고 1882년 3월 대외적으로 독립 국가를 선포할 수 있었다. 그 결과 군주의 의미를 지닌 크네즈 칭호 또한 독립 국가를 의미하는 왕(Kralj)으로 바뀌게 된다. 하지만 오스트리아의 개입으로 인해 대세르비아주의의 주요 목표였던 보스니아 지역과 몬테네그로를 통한 아드리아해로의 해상통로 확보가 어렵게 됨으로써, 이후 양국은 적대관계를 이루었고 그 싸움은 제1차 세계대전 발발로 이어져야만 했다.

다) 독립기(1882-1918)

베를린 조약을 통해 밀란은 러시아를 대신해 강력히 부상 중이던 오스트리아에 과거보다 많은 관심을 가지기 시작했다. 오스트리아 또한 세르비아를 이용해 발칸 유럽내 영향력을 확대하려는 전략을 수립함으로써 양국 간 전략적 의도가 맞게 된다. 1885년 9월 오스만 터키하에 있던 동부 루멜리아 지역에서 불가리아인 봉기가 일어나자, 불가리아는 동부 루멜리아 합병을 선언하였다. 당시 불가리아는 산 스테파노 조약(1878. 03)이후 확대된 러시아의 내정간섭에 불만을 품고 있었고, 이를 알고 있던 영국은 러시아를 견제차 오스만 터키의 반대에도 불구하고 합병을 승인해 주었다. 그러나 동진 정책을 추진 중이던 오스트리아는 불가리아의 세력확대를 우려하였고, 세르비아를 부추겨 불가리아와의 전쟁을 유도하게 된다. 밀란 왕은 영토확대의 기치를 들고 불가리아로 진격해 들어갔다. 하지만 세르비아군은 1885년 11월 슬리브니짜(Slivnitsa/ Slivnica, 불가리아 서부 마을) 전투에서 대패한 후 오히려 세르비아 본토까지 위협을 받는 상황에 부닥쳤다. 1886년 3월 오스트리아의 중재로 양국은 '부카레스트 조약'을 맺었고, 동부 루멜리아 지역에 대한 불가리아의 합병은 더욱 견고해지게 된다. 이 조약 이후 세르비아에 대한 오스트리아의 내정간섭이 더 확대되었고 이와 함께 밀란의 인기는 크게 추락하였다.

1889년 귀족들의 압력에 굴복하여 그는 결국 왕위를 아들인 13세의 알렉산다르 오브레노비치(Aleksandar Obrenović, 1876-1903, 재위 1889-1903)에게 물려주어야 했다. 다시 한번 리스티치(Jovan Ristić, 1831-1899)를 중심으로 한 섭정 단이 구성되었다. 리스티치는 밀란 시기 여러 차례 총리를 했던 인물로 밀란의 요청을 받아들여 섭정 단에 참여하게 된다. 그러나 알렉산다르 오브레노비치는 왕위계승 이후 아버지 밀란과 어머니(Natalija Obrenović, 1859-1941)의 지나친 간섭으로 여러 어려움을 겪어야만 했다. 특히 그의 사생활 문란과 가족들의 부패, 횡령 그리고 오스트리아에 대한 지나친 의존은 귀족들과 세르비아 대중들의 비판으로 이어졌다. 결국, 1903년 6월 드미트리예비치(Dragutin Dimitrijević, 1876-1917) 대령을 중심으로 쿠데타가 일어났고, 이들은 오브레노비치 왕가와 왕가를 따르던 귀족들 대부분을 살해하거나 감금해 버렸다.[8] 이어 군부를 중심으로 한 임시정부와 의회가 수립되었고,

63- **당시 프랑스 신문에 실린 1903년 쿠테타 묘사 장면**
출처: https://commons.wikimedia.org/wiki/File:Le_Petit_Parisien_-_May_Overthrow.jpg

여기서 알렉산다르 카라조르제비치의 셋째 아들인 페타르 카라조르제비치(Petar Karađorđević, 1844-1921, 세르비아 1903-1918, 세르비아-크로아티아-슬로베니아 1918-1921)가 새로운 왕으로 추대되게 된다.

페타르는 오브레비치가의 견제로 오랫동안 프랑스 등 해외에서 망명 생활을 해야 했고, 이것은 그가 서구적, 근대적 시각을 지니는 데 도움을 주었다. 오스트리아는 자국과 외교적 관계가 두터웠던 오브레노비치가의 몰락에 큰 우려를 드러냈고, 새로 추대된 페타르의 취임을 강력히 반대하였다. 그러나 오스트리아의 외교적 압력에도 불구하고 페타르는 임기 동안 강력한 세르비아 근대왕국을 건설하였다는 평가를 받고 있다. 훗날 세르비아인들은 이 시대를 세르비아의 '정치적 르네상스'라 부르고 있다. 실제 1903년 이후 국내적으론 시민적 자유와 민주화가 공고해졌고, 이를 기초로 한 최초의 입헌 정부가 수립될 수 있었다. 또한, 외적으론 오스트리아의 견제 속에서도 제1, 2차 발칸 전쟁들에서 승리함으로써 영토확장을 크게 이루는 등 여러 치적을 세웠다는 평가를 받고 있다.

---

8 급진적 세르비아 민족주의자이자 혁명가였던 드미트리예비치는 훗날 사라예보 총성을 주도했던 비밀 결사 단체인 '검은 손(Black Hand/ Crna Ruka)'를 창립하였다. 하지만 제1차 세계대전 도중인 1916년 세르비아에서도 그를 국가 전복 위험인물로 간주하여 체포하였고, 1917년 6월 24일 검은 손 요원들과 함께 사형에 처했다.

5) 발칸 전쟁들과 세르비아

페타르 통치하에서 세르비아는 지속적인 경제발전을 이루었으며 국제적으로도 세르비아의 위상이 크게 높아졌다. 그러나, 1908년 오스트리아의 보스니아 합병은 세르비아에 또 다른 위기감을 안겨주게 된다. 터키가 발칸반도에서 조금씩 힘을 잃어가자 세르비아는 이를 영토확장 기회로 활용하고자 했다. 하지만, 오스트리아의 보스니아 합병은 세르비아의 이런 의도에 장애물로 등장하였다. 보스니아에는 과거 1699년 보이나 그라니짜 형성 전후로 이주한 세르비아인들이 다수 거주하고 있었고, 이런 이유로 세르비아 영토확장의 주요 목표 또한 이 지역에 우선해서 맞추어져 있었다. 따라서 세르비아에게 오스트리아의 보스니아 합병 소식은 충격적인 사건이었다.

서쪽으로의 영토확장이 어렵게 되자 세르비아는 아드리아해로의 해양통로 확보 차원에서 남쪽인 몬테네그로와 터키 약화로 공백이 생긴 마케도니아로의 진출을 서둘렀다. 몬테네그로는 역사적, 문화적으로 세르비아와 밀접했던 반면, 마케도니아 지역은 이 지역의 종주권을 주장하고 있던 불가리아와 이해관계가 얽혀있었다. 불가리아와 세르비아 간 마케도니아 분할 논의가 진행되는 과정에 전통적 기득권을 주장하던 그리스 또한 분할 논의에 가담하였다. 이들 삼국은 연합하여 마케

64- 러시아, 영국, 프랑스, 독일 그리고 오-헝 이중제국이 모여 발칸에서의 전쟁 기운을 억누르고 있는 삽화

출처: https://commons.wikimedia.org/wiki/File:Balkan_troubles1.jpg

도니아 영토회복 후 나눌 것과 오스트리아의 발칸 지역 진출을 공동으로 견제하자는데 합의하게 된다. 발칸에서의 전쟁 기운이 점차 확대되는 가운데 주변 강대국들은 각자의 이해에 맞추어 이를 전략적으로 활용하고자 하였다.

1912년 3월과 5월에 걸친 두 차례의 협상 끝에 세르비아, 몬테네그로, 불가리아 그리고 그리스로 이루어진 발칸연맹이 탄생하였고, 오스트리아를 견제하고자 했던 러시아는 이를 환영하였다. 러시아의 지원 속에 1912년 10월 발칸동맹국들과 터키 간에 '제1차 발칸전쟁(First Balkan War, 1912. 10-1913. 07)'이 시작되었다. 이 전쟁에서 터키는 서구의 예상과는 달리 고전을 면치 못했고 세르비아는 알바니아와 아드리아 해안지역을 정복함으로써 숙원이던 해안 출구를 확보할 수 있었다. 그러나 이를 저지하고자 했던 오스트리아는 알바니아를 독립시켜주고 보스니아 지역에 군대를 증파하여 세르비아가 해안지역을 포기하도록 압력을 가하였다. 결국, 1913년 5월 '런던조약(Treaty of London)'이 서구 열강들과 전쟁 당사국 간 체결되었다. 그 결과 불가리아는 마케도니아를 포기해야만 했고, 대신 이 지역은 세르비아와 그리스에 의해 분할되게 된다. 더불어, 그리스는 알바니아 일부와 에게해 연안을 포기하는 합의 안이 결의되었다. 결과적으로 발칸 국가 중 어느 한 쪽이 비대해지는 것을 막음으로써 발칸의 세력균형을 유지하고자 했던 오스트리아의 의도가 대부분 수용되었으며, 이 과정에서 발칸동맹국들은 국경선을 최소로 축소하는 선에서 알바니아 독립에 동의해 주게 된다.

런던회담 결과 전쟁에서 별다른 영토적 이득을 얻지 못한 불가리아는 심각한 내적 혼란에 시달려야 했다. 따라서 회담 한 달 후 불가리아는 마케도니아 지역 수복을 위해 세르비아와 그리스를 공격하였고, '제2차 발칸전쟁(Second Balkan War, 1913. 06-08)'이 발발하게 된다. 불가리아의 선제공격으로 시작된 이 전쟁에서는 세르비아, 몬테네그로, 그리스, 그리고 루마니아와 터키가 서로 연합하여 불가리아에 대항하였다. 결국, 불가리아는 완패하였고 1913년 8월 '부카레스트 조약'에 따라 루마니아에 흑해 연안의 도부르자와 다뉴브강의 실리스트리아(Silistria) 지역을 양도해야 했다. 세르비아에는 마케도니아 지역을 양보해야 했고, 아드리

65- 제1, 2차 발칸 전쟁이후 영토의 변화

출처: https://commons.wikimedia.org/wiki/File:Balkan_Wars_Boundaries.jpg

아노플(Adrianople)은 터키에게 그리고 에게해 연안 일대는 그리스에 양보해야만 했다. 중세 영광을 다시 실현하고자 했던 불가리아는 자신이 가지고 있던 일부 영토마저 주변 국에게 넘겨주는 등 국력이 크게 손상되게 된다.

발칸 전쟁들을 통해 터키는 이 지역에 대한 지배권을 완전히 상실하였다. 반면 발칸의 민족들은 터키로부터 완전 독립은 물론 독자적인 민족-국가로의 성장 가능성을 얻을 수 있었다. 그러나 전쟁 여파와 영토 혼재로 인해 발칸 각 국가는 영토와 민족구성 그리고 문화와 역사가 서로 복잡하게 얽혀진 채 지역갈등이 표면화되고 있었다. 그리고 이러한 갈등은 열강들의 이해관계와 복합적으로 연관되면서 1914년 6월의 사라예보 총격과 함께 제1차 세계대전의 진원지가 되게 된다.

제4장

현대 I(20C 초-1944), 제1, 2차 세계대전과 유고슬라비아

1 제1차 세계대전과 발칸반도

사라예보 총성 이전 세르비아와 보스니아 | 사라예보 총성(1914. 06. 28)과 제1차 세계대전 발발

2. 세르비아-크로아티아-슬로베니아 왕국(1918-1929)

신생왕국 초기 혼란과 갈등 양상 | 비도브단 헌법 수립(1921. 06. 28)

3. 유고슬라비아 왕국(1929-1941)

유고슬라비아 왕국 수립 | 1929년 경제 대공황과 알렉산다르 1세 피격 | 뮌헨협정(1938)과 그 영향

4. 제2차 세계대전과 유고슬라비아

제2차 세계대전 발발과 왕국의 마감 | 제2차 세계대전 당시 유고슬라비아 |
체트니크와 파르티잔 | 유고슬라비아 민족해방을 위한 반(反)파시스트 평의회(AVNOJ)

1. 제1차 세계대전과 발칸반도

1) 사라예보 총성 이전 세르비아와 보스니아

두 차례에 걸친 발칸전쟁을 겪으면서 세르비아의 영토와 인구는 이전보다 2배로 늘어났고 국가체제도 훨씬 견고해졌다. 이에 따라 세르비아 내에서는 보스니아를 비롯해 발칸 지역 곳곳에 자리한 세르비아 민족을 하나로 묶어 대(大)세르비아 국가를 건설하려는 의지가 한층 더 고취되었다. 그러나 영토확장은 민족 간 갈등 또한 증가시켰다. 세르비아 민족이 새롭게 편입된 지역들로 이주를 시작했고, 이것은 지역 경제권을 둘러싸고 원주민과의 마찰을 불러왔다. 새롭게 편입된 영토 내 알바니아인, 불가리아인 그리고 마케도니아인들 또한 공공연하게 세르비아 왕국에 반감을 드러냈으며, 오히려 독립된 자신의 민족국가에 더 큰 애착심을 보였다. 이것은 세르비아 왕국의 혼란과 분열을 불러왔다. 이와 함께 400여 년에 걸친 오스만 터키 통치의 여러 잔재가 사회 각 분야 곳곳에 남아 있어 세르비아 근대왕국이 서유럽식 행정체계를 정착시키는데도 큰 장애물로 등장하고 있었다. 외적으로도 세르비아 근대왕국은 힘든 시기를 맞이하고 있었다. 보스니아 합병 이후 오스트리아는 세르비아 등 발칸 지역 전체를 차지하려는 의도를 노골적으로 드러내고 있었고, 이것은 보스니아와 국경을 마주하고 있는 세르비아 왕국의 외교 전략을 더 힘들게 했다.

1908년 오스트리아의 보스니아 합병과 발칸전쟁에서 세르비아의 승리 이후 보스니아와 세르비아에선 대(大)세르비아주의에 기초한 민족주의운동이 젊은 지식인들을 중심으로 활발히 일어나고 있었다. 특히 보스니아의 세르비아계는 보스니아가 오스트리아의 지배에서 벗어나 이웃 세르비아 왕국으로 편입되기를 강하게 희망했다. 이런 분위기는 대(大)세르비아주의를 신봉하는 민족주의 단체들의 결성으로 이어졌다. 이들 단체 중 특히, '젊은 보스니아(Young Bosnia/ Mlada bosna)', '검은 손(Black Hand/ Crna ruka)' 그리고 '민족 수호 (National Defence/ Narodna odbrana)'등이 대표 단체들로 이들은 많은 수의 조직원과 세르비아계의 압도적인 지지를 바탕으로 활발한 활동을 전개하게 된다.

우선, 모스타르를 중심으로 한 헤르체고비나 지역에 주요 기반을 잡은 '젊은 보스니아'는 1905년 러시아혁명 이후로 조직을 보다 확대하고 있었다. 1911년에 설립된 이 단체는 중부 유럽과 발칸 전역에 지부들을 두었으며 세르비아니즘 확산 외에도 슬라브 민족 간 통합에 바탕을 둔 이상주의적인 범슬라브 민족주의운동 그리고 1905년 러시아혁명 영향을 받은 사회주의 운동 전개를 그 목표로 하고 있었다. '젊은 보스니아' 단은 특히 고등교육을 받은 세르비아 청년들로부터 지지가 높았고, 이들은 당시 유행하던 민족주의와 사회주의 열풍에 열광하고 있었다. 사라예보에서 오스트리아 황태자 부처를 암살함으로써 제1차 세계대전의 배경을 제공했던 프린찌프 또한 이 단체의 헤르체고비나 지부 조직원이었다.

제1차 세계대전 이전 세르비아는 물론 보스니아 전역에 걸쳐 가장 많은 요원을 보유하던 단체는 흑수단'으로 강력한 세르비아 민족주의를 표방하고 있었다. 흑수단은 '단결이냐 죽음이냐(Unification or Death/ ujedinjenje ili smrt)'를 강령으로 정했는데, 드미트리예비치 주도하에 1911년 5월 창설되었다. 친(親)오스트리아 정책을 추구하던 알렉산다르 오브레노비치 왕을 제거하기 위해 1903년 6월 쿠데타를 일으킨 드미트리예비치는 친(親)러시아 성향의 페타르 카르조르제비치를 옹립하는 등 왕국 내 슬라브 민족주의와 세르비아니즘을 확산시키고자 했던 인물이다. 이후로 '흑수단'은 대(大)세르비아 국가건설 걸림돌들과 오스트리아 주요 인사 제거를 위해 요인암살용 비밀 군사훈련과 테러 요원 양성에 전념하게 된다. 드미트리예비치는 '흑수단'을 이용한 1911년 오스트리아의 요세프 1세(Franz Joseph I, 1830-1916, 재위 1848-1916) 황제 암살계획이 실패하자, 이후 황태자인 페르디난드 암살 모의 계획에 적극적으로 참여하게 된다.

오스트리아의 보스니아 병합에 대한 반발로 1908년 10월에 결성된 '민족수호단'은 보스니아 내 세르비아계로 작가이자 시인이었던 두취치(Jovan Dučić, 1871-1943)와 세르비아 극작가인 누쉬치(Branislav Nušić, 1864-1938)에 의해 설립되었다. 베오그라드에 본부를 두었던 이 단체는 다른 민족주의 단체들보단 좀 더 개방적이고 덜 극단적인 성격을 띠고 있었다. 이로 인해 한때 세르비아 권력층 내부는 물론 이중제국 내 다른 여러 남슬라브 민족들로부터도 고른 지지를 얻고 있었다. 단체의 목표는 오스트리아의 세력약화와 보스니아의 세르비아 편입이었다. 하지만 세르비아 정부가 오스트리아의 압력을 무마하기 위해 1909년 이 단체를 해산시킨 이후 세력이 약화하게 된다. 이후 이 단체는 지하에서 지식인 중심으로 활동을 이어오다가 1911년 '젊은 보스니아' 창립과 함께 그 밑으로 흡수되었다.[9]

2) 사라예보 총성(1914. 06. 28)과 제1차 세계대전 발발

가) 사라예보 총성까지의 과정

1914년 6월 28일 세르비아인의 중요 성령 축일 중 하나인 '비도브단(Vitus day/Vidovdan)'에 오스트리아 황태자인 페르디난드(Franz Ferdinand, 1863-1914) 부처가 사라예보에서 열린 이중제국군 열병식에 참관하였다. '젊은 보스니아' 단체 요원인 19세의 프린찌프는 황태자 부처를 암살했고, 이것은 제1차 세계대전을 불러왔다. 세르비아인에게 '비도브단'은 단순히 성령 축일이라는 기념일 외에 매우 의미 깊은 날이었다. 1389년 6월 오스만 터키에게 패해 세르비아 중세 왕국의 단절을 애통해하는 날이자, 세르비아니즘을 다지며 미래 대(大)세르비아 국가를 염원하는 날이기도

9 Fred Singleton (1985). A Short History of the Yugoslav Peoples. (Cambridge/ London/ New York/ New Rochelle/ Melbourne/ Sydney: Cambridge Univ. Press), pp. 115-117.

66- **사라예보 총격 사건 묘사 삽화**
출처: https://commons.wikimedia.org/wiki/File:DC-1914-27-d-Sarajevo-cropped.jpg

했다. 따라서 이날 치러진 이중제국군대의 열병식은 세르비아인의 민족적 자존심을 매우 상하게 했다.

당시 세르비아 정보부대 수장이던 드미트리예비치는 방첩대 정보를 통해 1914년 6월 28일 비도브단에 페르디난드 황태자 부처가 사라예보 근위대 열병식에 참

67- 1914년 5월 베오그라드 칼레메그단 공원에서 함께 한 그라베쥐, 차브리노비치 그리고 프린찌프

출처: https://commons.wikimedia.org/wiki/File:Grabez,_Cabrinovic,_Princip.jpg

가할 것이라는 소식을 듣게 된다. 그는 '흑수단' 움직임에 예의주시하던 세르비아 정부와 오스트리아의 눈을 속이기 위해 '젊은 보스니아' 단원들을 이용하기로 계획했다. 드미트리예비치는 단체 회원인 프린찌프와 차브리노비치(Nedeljko Čabrinović, 1895-1916) 그리고 그라베쥐(Trifko Grabež, 1895-1916) 등을 접촉하였다. 그리고 이들의 암살을 도와줄 조력자들과 함께 암살자들을 보스니아로 파견하게 된다.

암살 시도와 그 성공은 곧 오스트리아와 세르비아 간 전면전을 의미했으며, 더 나아가 발칸 유럽 패권을 둘러싼 러시아와 오스트리아 간 전쟁 시발을 내포하고 있었다. 이를 우려한 당시 세르비아 수상 파쉬치(Nikola Pašić, 1845-1926, 재임 1918, 1921-1924, 1924-1926)는 암살 사건을 막기 위해 노력하였다. 그는 세르비아니즘 추종자로 세르비아 단체들의 민족주의 활동 등을 지지하고 있었다. 하지만 이 사건 여파로 인해 세르비아가 오스트리아와의 전쟁을 감수해야 하며, 전쟁은 곧 오스트리아의 본토 침공을 의미한다는 점 또한 잘 인식하고 있었다. 특히 1905년 러시아 혁명 이후로 고전 중인 러시아가 세르비아를 적극적으로 지원할 수 있을지도 고민해야 했다. 따라서 그는 암살 요원들이 세르비아를 떠나기 전 체포하도록 지시했다. 하지만 체포 작전은 실패하게 된다.

그 이유는 이 암살계획에 세르비아 정부의 관료들은 물론 장교들이 적극적으로 동참하거나 이를 방조했던 데서 찾을 수 있다. 암살 이후 밝혀진 세르비아 정부 조사에 따르자면 암살범들의 사전 체포 실패엔 보스니아 출신으로 세르비아 국영 철도국 간부로 근무하던 찌가노비치(Milan Ciganović, 1888-1927)의 역할이 주효했다고 알려졌다. 드미트리예비치 추종자였던 그는 암살범들의 사라예보 수송은 물론 4자루의 권총과 폭탄 6개, 독극물 운반 또한 책임지고 있었다. 또 다른 중요 조력자 중 하나는 세르비아 육군 소령이자 역시 '흑수단' 요원이었던 탄코시치(Vojislav Tankosić, 1880-1915)를 들 수 있다. 그는 '흑수단' 창설자 중 하나로 1903년 쿠데타 당시 드미트리예비치를 도와 큰 전공을 세운 인물이다. 그리고 그는 제1, 2차 발칸전쟁에서 파르티잔(Partisan/ Pratizan) 전법을 기초로 수많은 공을 세웠고, 이로 인해 세르비아 민족들 사이에 영웅으로 칭송되던 인물이었다. 또한, 그는 1911년 오스트리아의 요세프 1세 암살계획에도 참여했었고, 세르비아 니쉬(Niš)에 자리한 게릴라 부대 양성 요원 책임자이기도 했다.

6월 28일, 차브리노비치의 폭탄 테러를 통한 첫 번째 암살 기도가 실패하였다. 하지만, 오늘날 제1차 세계대전 박물관 앞에서 프린찌프는 황태자 부처를 암살하는 데 성공하게 된다. 총성 사건 이후 보스니아 내전 이전까지 이 박물관 앞 다리는 프린찌프의 영웅적 행위를 기념해 '프린찌프 다리(Princip Bridge/ Principov most, 현재는 라틴교 Latin Bridge로 불림)'로 불렸다.

나) 제1차 세계대전 발발과 과정

오스트리아 황태자 부처의 암살은 갈등 중이던 오스트리아와 세르비아의 관계를 급격하게 냉각시켰다. 오스트리아는 이를 기회로 제국 내 일리리아 운동과 범슬라브 민족주의운동을 근절시키고 나아가 세르비아를 군사적으로 굴복시키고자 했다. 1914년 7월 23일, 오스트리아는 주동자 체포를 비롯한 10개의 요구조건을 세르비아가 48시간 안에 이행할 것을 요구하였다. 오스트리아와의 전면전을 우려한 세르비아는 러시아에게 조언을 요청하였고, 조언에 따라 요구조건 중 6번 항목을 제외한 모든 요구에 대해 조건 없는 수용 의사를 전달하게 된다. 6번 항목은 드미트리예비치를 비롯해 암살 사건의 주요 조력자인 찌가노비치와 탄코시치 등 세 명을 체포해 비엔나로 압송할 것을 요구한 것이었다. 7월 25일 파쉬지

수상은 이 요구가 주권을 심각하게 훼손하는 것으로 세르비아 헌법 내에서 범죄자들을 처벌할 것이라 설명하였다. 하지만 독일의 원조 약속을 받아낸 오스트리아는 3일 뒤인 7월 28일 세르비아에 선전포고했고, 이것은 제1차 세계대전(1914. 07. 28-1918. 11. 11)으로 이어졌다.[10]

오스트리아는 선전포고와 동시에 베오그라드를 폭격했고, 곧 러시아는 총동원령을 내렸다. 이어 8월 1일 독일은 러시아와 프랑스에 대해 선전포고를 하였다. 오스트리아의 세르비아에 대한 초기 공격은 러시아의 도움으로 실패하였다. 하지만 독일이 세르비아 전선에 가담하고 터키와 불가리아마저 발칸전쟁 이전 영토를 회복하겠다고 선언하자 전선은 전체 발칸 지역으로 확대되게 된다. 이 과정에서 세르비아는 주변 열강들의 격전장으로 변해야 했으며 큰 인적, 물적 피해를 보아야 했다. 1915년 10월 베오그라드와 스메데레보가 독일군에 점령당했고, 곧이어 마케도니아 지역도 불가리아 등 동맹국 수중으로 들어가게 되었다.

다) 서부 발칸의 전후 질서 관련 논의

제1차 세계대전이 연합군 측에 유리해지면서 서부 발칸 지역에 대한 전후처리 문제 또한 논의되었고, 이런 과정에 서로 다른 이상을 가진 두 세력이 활발히 움직였다. 첫 번째는 세르비아 중심 세력으로 이들은 전후 세르비아 왕조 중심의 왕국을 건설하고자 했다. 두 번째는 남슬라브주의 신봉 세력으로 세르비아와 슬로베니아 그리고 크로아티아 지식인들을 중심으로 민족 간 동등한 평등에 기초한 남슬라브국가 건설을 목표로 하였다. 실제 이들은 달마티아의 크로아티아인 투룸비치(Ante Trumbić, 1864-1938, 외무부 장관 1918-1920)를 중심으로 '유고슬라브(남슬라브족) 위원회(Yugoslav Committee/ Jugoslovenski odbor)'를 결성하여 연방창립을 추진하였다. 이들은 세르비아인과 크로아티아인이 같은 혈통과 언어적 동질성을 지녔

10 Michael Boro Petrovich(1976). A History of Modern Serbia 1804-1918 Vol. II. (New York and London: Harcourt Brace Jovanovich), pp. 612-618.

음을 강조했으며, 이를 기초로 두 민족과 슬로베니아인을 하나로 묶는 남슬라브 통합국가를 만들고자 했다.

제1차 세계대전에서 이중제국 패배가 확실해지자 슬로베니아와 크로아티아는 전후 각각의 독립 민족-국가건설을 꿈꾸었다. 하지만 곧 이탈리아를 비롯한 주변 열강들의 견제가 가세했고, 신생국가 건설에 많은 어려움이 있음을 인식하게 된다. 무엇보다도 독립 준비 부족, 행정체계 미비 그리고 자체방위를 위한 군대 보유 등 모든 면에 있어 독자적 독립은 현실적으로 실현 불가능한 이상이었다. 따라서 이들은 근대 국가건설 경험을 지녔던 세르비아와 연합하여 슬라브 민족들의 평등한 권리와 동반자 관계에 기초한 남슬라브민족 통합 국가건설이 더 실현 가능성이 크다는 점을 깨닫게 된다.

당시 1917년 혁명 이후 수립된 러시아 혁명정부 또한 남슬라브족 상호 평등에 기초한 연합국가 건설을 선호했었고, 이 점은 세르비아 중심 국가건설을 계획하던 망명정부를 곤혹스럽게 만들었다. 전쟁 말기, 오스트리아는 제국 내 남슬라브족 이탈을 막기 위해 남슬라브 상호 간 서로를 견제하도록 유도했다. 우선 세르비아 망명정부를 인정함과 동시에 각 민족의 자치권 보장을 미끼로 제국 내 슬라브 민족들을 회유하기 시작했다. 이런 가운데 통합론자들도 무조건 자기주장만을 내세울 수는 없었다.

1917년 6월 세르비아 망명정부와 남슬라브 통합국가 세력은 오늘날 아드리아해 그리스 북부의 코르푸(Corfu)섬에서 회담을 나누었다. 여기선 전후 세워질 새로운 국가형태와 내용에 대한 협의가 이루어졌다. 한 달간의 협의 끝에 1917년 7월 20일 마침내 최초의 남슬라브민족 통합국가에 대한 합의문인 '코르푸 선언(Corfu Declaration)'이 발표되게 된다. 이 선언의 주요 내용은 첫째, 세르비아 카라조르제비치 왕조를 근간으로 민주 헌법에 기초한 의회 왕정국가를 건설한다는 것이다. 둘째, 왕국 명칭은 세르비아, 크로아티아 그리고 슬로베니아 세 민족의 평등함을 상징하는 이름으로 한다. 셋째, 왕국 내에서는 키릴문자와 라틴문자의 동등성을 인정하고 각 민족 종교를 존중한다는 점이 담겨 있었다.

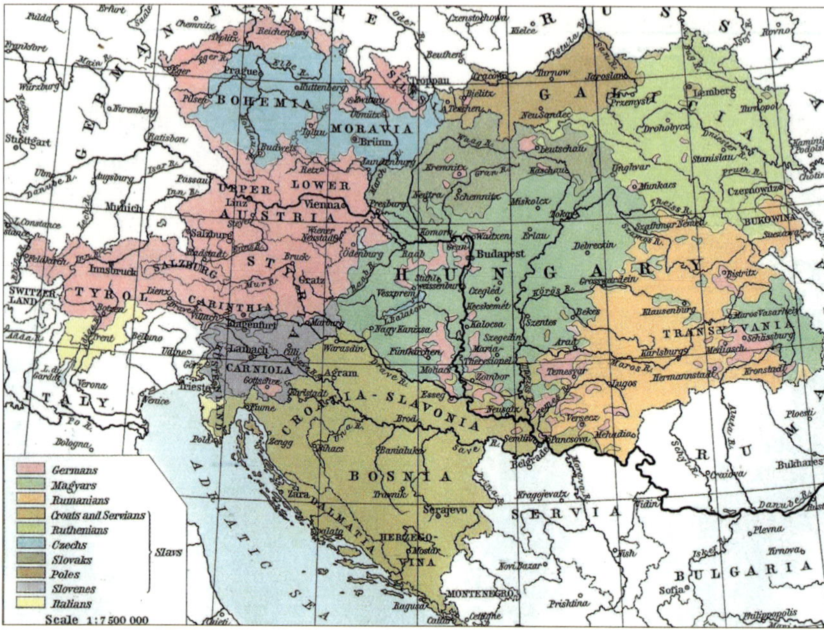

68- **1911년 당시 오-헝 이중제국하 남슬라브족 분포도**
출처: https://commons.wikimedia.org/wiki/File:Austria_hungary_1911.jpg

하지만, 선언문 안에는 세르비아, 크로아티아, 슬로베니아 민족 외 다른 슬라브 민족 인정이나 소수민족 권리 보장 등은 담겨 있지 않았다. 이에 따라 몬테네그로는 세르비아에 편입되었고 마케도니아에 거주하던 남슬라브 민족 또한 독자 민족으로 인정받지 못하였다. 연합국은 '코르푸 선언'을 인정하였다. 하지만, 이웃에 강력한 남슬라브 통합국가 수립을 원치 않았던 이탈리아는 협정으로 사라진 몬테네그로 독립왕국을 복원시켜야 한다며 선언을 무효화 하려 했다. 이런 가운데 1918년 10월 자그레브에 소집된 슬로베니아와 크로아티아 정치인들은 독자적인 '민족 협의회(National Council/ Narodno Vijeće)'를 결성한 후 '슬로베니아-크로아티아-세르비아 정부(State of Slovenes, Croats and Serbs/ Država Slovenaca, Hrvata i Srba)' 성립을 선언했다. 이 정부의 영토는 오-헝 이중제국 내 남슬라브족 거주 지역으로, 슬로베니아인이 다수를 차지했던 카르니올라(Carniola) 지역과 크로아티아, 세르비아 민족이 거주했던 크로아티아-슬라보니아 및 보스니아 지역이 포함되었다. 세르비아 중심의 남슬라브족 통합국가를 반대했던 이중제국은 이를 바로 승인했고, 세르비아는 강한 불만을 피력했지만, 마음이 급해졌다. 당시 세르비아는 전쟁 중 러시아군에 잡혀 세르비아로 넘겨진 크로아티아, 슬로베니아 포로들에 대해 강압적인 세르비아주의 주입 사실이 알려짐으로써 다른 민족들로부터 강한 비난을 받으면서 경계심을 확대하고 있었다.

2. 세르비아-크로아티아-슬로베니아 왕국(1918-1929)

1) 신생왕국 초기 혼란과 갈등 양상

1918년 11월 1일 베오그라드가 다시 세르비아군에 의해 탈환되었다. 망명정부를 이끌었던 세르비아의 파쉬치는 크로아티아의 '민족 협의회'는 물론 '코르푸 선언'에 참여한 '유고슬라브 위원회'의 합법성 모두 인정하려 하지 않았다. 그러나 프랑스 등 연합국들은 세르비아 정부에 이들과 회담하고 새로운 남슬라브 통합국가를 세울 것을 요구하였다. 연합국 압력으로 제네바에서 새로운 남슬라브 국가건설을 위한 회담이 추진되게 된다. 회담 결과 세르비아 대표단은 두 단체를 합법적인 정치단체로 인정해야 했고, 두 단체 대표들은 이후 세워진 임시정부에 참가할 수 있게 되었다. 그러나 두 단체의 권위와 행정 참여가 크로아티아에서 인정된다는 내용은 세르비아의 강한 반발을 불러일으켰고, 세르비아 내각은 회담 결과 승인을 거부하였다. 자그레브로부터 새로운 협상팀이 베오그라드에 도착하여 세르비아 정부와 협상을 벌였고, 1918년 12월 1일 양측은 세르비아의 페타르 카라조르제비치 왕을 중심으로 한 '세르비아-크로아티아-슬로베니아 왕국'을 선포하게 된다.

그러나 왕국의 탄생을 바라보는 각 민족의 시각은 서로 달랐다. 세르비아는 남슬라브 통일국가 성립을 대(大)세르비아주의의 구체화 된 형태로 인식했었고, 슬로베니아와 크로아티아는 1차 세계대전 이후 확대되던 외세의 영토침탈로부터 일시적인 보호막으로 이를 필요로 했다. 무엇보다도 오랜 시기 동안 서로 다른 역사, 문화적 전통을 지닌 두 외세에 의해 분할 통치되었던 이들 민족은 문화적,

종교적 그리고 경제적으로 너무 많이 차이점을 보였으며 하나의 남슬라브인이라는 이상을 추구하기에는 극복할 갈등 또한 너무 산적해 있었다.

대내적으로 남슬라브족 통합 왕국은 출발부터 많은 어려움을 안고 있었다. 우선 내부적으로 다양한 형태의 정치집단들이 난립하고 있었고, 민족 간 갈등도 증폭되어 있었다. 이와 함께 세르비아와 크로아티아에 거주하던 알바니아인, 헝가리인 등 비(非)슬라브 소수민족문제도 왕국이 풀어야 할 힘든 숙제였다. 왕국 내 3대 종교인 가톨릭과 정교 그리고 이슬람 간의 세력 쟁탈전도 심화하였으며, 이 외 다른 소수 종교집단 간의 문제 또한 빈번히 발생하였다. 신생왕국 건립과 함께 중앙집권적인 행정체제 개편이 새롭게 필요했지만, 현실적으로 각 지역과 민족을 하나의 행정체제로 통일시키는 것은 불가능하였다. 따라서 한동안 6개 문화권에 따른 지역 구분이 이루어졌으며 5개의 화폐를 인정하였고, 4개의 서로 다른 철도망 체계 그리고 3개의 은행체계가 공존하는 과도기를 겪어야 했다. 정치적으로도 자그레브에는 '민족 협의회'가, 베오그라드에는 '세르비아 정부'가 있는 이중 정치체제가 유지되었고, 4개의 서로 다른 헌법 체계가 공존하였다. 남슬라브족 통합 이상에 그나마 동의하던 지식인이나 도시 중산층과 달리, 왕국의 가장 큰 고민은 인구의 80%에 해당하는 농민의 경우 이러한 통합 의식이 매우 희박했다는 점이다. 당시 농민 계층 대다수는 국가(State)에 대한 충성심보다는 자신의 민족집단이나 지방에 대한 애향심이 훨씬 더 강하였고, 이에 따라 이들에게는 종교나 지역 관습 그리고 토속 전통 등 문화적 요소들이 추상적인 남슬라브주의보다 훨씬 더 중요하게 인식되고 있었다.

내부적 혼란과 더불어 대외적으로도 신생왕국은 여러 어려움을 겪고 있었다. 왕국이 직면한 어려움의 상당 부분은 1차 세계대전 이후 국경확장에 따른 영토문제였다. 우선, 이탈리아는 연합국에 대전 기간 중 자국과 맺었던 '런던회담(the Treaty of London, 1915. 04)' 내용을 지켜 달라고 요구하였다. 런던회담에서 영국과 프랑스는 연합국 가담 조건으로 이탈리아에게 크로아티아 아드리아 해안과 일부 섬, 그리고 알바니아 영토 일부분을 차지하도록 약속해 주었다. 그러나 이탈리아

69- **이탈리아와의 라팔로 협약(1920. 11) 이후 '세르비아-크로아티아-슬로베니아 왕국' 영토와 행정구역 (1918-1922)**

출처: https://commons.wikimedia.org/wiki/File:Scs_kingdom_provinces_1920_1922_en.png

요구에 대해 미국의 윌슨(Woodrow Wilson, 1856-1924, 재임 1913-1921) 대통령은 '민족자결주의(Self-Determination)' 원칙을 들어 강하게 반발하게 된다. 이어 1920년 2월, 소위 '아드리아 문제(Adriatic question)' 해결을 위해 미국과 이탈리아 간 '베르사유 회담'이 열렸다. 그러나 회담은 결론을 내리지 못했다. 결국, 이 문제는 이탈리아와 신생왕국 당사자 간 문제 해결로 결론 내리게 된다.

이에 따라 이탈리아와 세르비아 대표가 모여 1920년 11월 '라팔로 협약(the Treaty of Rapallo)'을 맺게 된다. 이에 따라 이스트라반도 전체와 율리안 지방(Julian Region/ Julijske pokrajne) 그리고 자다르(Zadar/ 이탈리아어 Zara)를 제외한 팔라그루자

(Palagruža)와 라고스타(Lagosta)섬 등 달마티아 상당 도서들을 이탈리아가 차지하게 되었다. 특히 이탈리아는 이 협약에서 달마티아 연안에 거주하던 약 50여만 명의 이탈리아인 소수민족권리를 확보할 수 있었다. 그러나 새롭게 이탈리아로 편입된 지역 내 50여만 명에 해당하는 남슬라브인들의 소수민족 권리는 보장되지 못했다. 실제로 뭇솔리니(Benito Mussolini, 1883-1945, 재임 1922-1943) 총통 하에서 이 지역 슬로베니아인들과 크로아티아인들은 민족어 사용 금지와 학교, 교회 활동 금지 그리고 슬라브 성명 사용 금지 등 소수민족 박해를 감수해야 했다. 이 외에도 신생왕국은 북부 드라바(Drava)강과 카르닉 산맥(Carnic Alps/ Karnske Alpe)에서 오스트리아와의 영토 갈등 외에도 보이보디나 지역을 둘러싼 헝가리와의 갈등 그리고 코소보 지역을 둘러싼 알바니아와의 갈등 등 여러 영토 지역을 둘러싼 갈등을 겪어야 했다. '라팔로 협약' 이후 민족자결주의에 근거해 유럽 재편을 희망했던 윌슨의 정치적 의도가 약화하였고 이것은 미국의 고립주의 노선으로 이어졌다. 유럽 문제에 대한 미국의 불간섭 원칙은 남슬라브족이 민족자결권에 기초한 민족-국가 수립을 힘들게 하였다.

2) 비도브단 헌법 수립(1921. 06. 28)

가) 정당 난립과 헌법 수립의 의미

1918년부터 1929년까지 이어진 '세르비아-크로아티아-슬로베니아 왕국'의 정치적 상황은 한 마디로 '서유럽식 민주 의회정치 추진과 실패'로서 요약 지을 수 있다. 1920년 11월 419명으로 구성된 '제헌의회(Constituent Assembly/ Ustavotvorna skupština)'가 설립되어 왕국의 새 헌법을 제정하였고, 이어 제헌의회는 '국민의회(National Assembly/ Narodna skupština)'로 대체되었다. 선거를 통해 순수한 남슬라브적 이상 속에 강력한 중앙집권 통일국가를 추구했던 '민주당(DP/ DS: Democratic Party/ Demokratska stranka)'은 92석을 차지하며 제1당이 되었다. 민주당은 프리비체비치

(Svetozar Pribićević, 1875-1936)에 의해 주도되었다. 그는 합스부르크와 오-헝 이중제국 하 지역의 프레차니 세르비아인(Prečani Srbi)이었다. 제2정당은 91석을 차지한 '세르비아 급진당(SPRP/ SNRS: Serb People's Radical Party/ Srpska narodna radikalna stranka)'으로 주로 대(大)세르비아주의를 신봉하는 급진적 세르비아인들이 지지하였다. 이 정당은 파쉬치에 의해 주도되었다. 세 번째 정당은 58석을 차지한 '유고슬라비아 사회주의 노동당(SWPY/ SRPJ: Socialist Workers' Party of Yugoslavia (Communists)/ Socijalistička radnička partija Jugoslavije(komunista))'으로 1919년에 창당하여 왕국 내 전 지역과 모든 민족으로부터 고루 지지를 얻었으며, 특히 대도시 노동자들과 일부 저개발 농촌 그리고 철도 노조원들로부터 강력한 지지를 받았다. 이후 당은 1920년 그 명칭을 '유고슬라비아 공산당(CPY/ KPJ: Communist Party of Yugoslavia/ Komunistička Partija Jugoslavije)'으로 개칭하면서 적극적으로 활동하였으나, 1921년 '비도브단 헌법' 탄생과 더불어 1941년까지 불법단체로 남아야 했다. 이외 정당으로 50석을 차지한 '크로아티아 농민당(CRPP/ HRSS: Croatian (Republic) Peasant Party Hrvatska (republika) seljačka stranka -> 1927년에 HSS로 개칭)'과 24석을 차지한 '유고슬라브 무슬림 협회(YMO/ JMO; Yugoslav Muslim Organization/ Jugoslavenska muslimanska organizacija)', 14석을 차지한 '슬로베니아 민중당(SPP/ SLS: Slovenia People's Party/ Slovenačka ljudska stranka)', 그리고 특징적인 정당으로는 2석을 차지한 급진주의 정당인 '크로아티아 권리당(CPR/ HPS: Croatian Party of Rights/ Hrvatska pravna stranka)'등을 들 수가 있다.

여러 정당의 난립에도 불구하고 실질적인 정치 주도권은 파쉬치 등 세르비아 정치가들이 장악하고 있었다. 이들은 근대 독립 국가의 경험, 발칸전쟁 승리 그리고 1차대전 승리 등을 통해 정국 주도권을 쥘 수 있는 여러 요소를 지니고 있었다. 특히 초기 왕국의 군대는 세르비아군이 주도했으며, 왕국은 세르비아 영향력 확대에 저항하는 세력들을 군을 통해 제거할 수 있었다. 세르비아인은 세르비아 왕조 중심의 중앙집중화된 왕국체제수립을 희망하였다. 하지만 민주당과 세르비아 급진당을 제외한 여타 정당들의 반대로 뜻을 이룰 수가 없었다. 세르비아 급진당의 파쉬치는 유고슬라비아 공산당의 강경한 반대 속에 크로아티아와 슬로베니아 강경파 의원들을 제외한 나머지 의원들을 포섭하는 데 성공하게 된다. 그리고 마침내 1921년 6월 28일, 419명 의원 중 찬성 223명, 반대 35명 그리고 기권 161명으로 헌법은 통과되었다. 이후 이 헌법은 정교도의 성령 축일(슬라바 Slava)인 성 비투스(St. Vitus/ sv. Vid, 290-303)의 날(율리우스 달력으로 6월 15일)인 6월 28일(그레고리 달력)에 의회를 통과했다 하여 '비도브단 헌법'으로 불리었다. 그러나 왕국의 중앙집중화에 목표로 둔 비도브단 헌법은 비(非)세르비아인들 사이에 '전체주의적 국가 질서수립(Unitarian system of the state/ Unitarstičko uređenje države)'을 합법화시켰다고 비난당했다. 또한, 이것은 이후 세르비아인과 크로아티아, 슬로베니아 민족 간 반목과 갈등을 학대시키게 된다. 그리고 이후 왕국과 사회주의 유고슬라비아연방 하에서도 비(非)세르비아인들은 세르비아 민족의 주도권 추구에 대한 피해의식 속에 중앙집중화에 무조건 반대하였다. 더불어 이러한 역사적 경험은 1970년대와 1980년대를 거치면서 세르비아 주도의 중앙정부에 저항하는 크로아티아인과 알바니아인 봉기의 주요 요인으로 등장하게 된다.

비도브단 헌법은 1903년 세르비아 헌법에 기초하고 있었다. 1903년 헌법은 미래 남슬라브 민족의 통합을 염두에 두고 작성된 것이었다. 비도브단 헌법에 따라 세르비아 왕권이 강화되었고, 신생왕국 수립 이후 행사할 수 없었던 의원 소환권과 공무원 임명권 그리고 조약 체결권이 다시 왕에게 부여되게 된다. 1921년 8월 페타르 카라조르제비치 왕이 사망함에 따라 왕위는 그의 아들인 알레산다르 1세(Aleksandar I Karađorđević, 1888-1934, 세르비아-크로아티아-슬로베니아 1921-1929, 유고슬라비아 1929-1934)에게로 넘어갔다. 알렉산다르 1세는 우선 지방 행정체계를 개편하여 중앙집중화 함으로서 자신의 영향력을 확대하고자 하였다 이에 따라 1922년 이후 각 지방의 전통과 관습에 기초한 가장 작은 행정단위인 코무나(komuna, opština)에 중앙정부의 통제력을 강화하고, 중간단위인 스레즈(srez)에 있어선 중앙정부 대신들에게 책임자(načelinik) 임명권을 그리고 오늘날 시(City) 개념에 해당하는 33개의 오블라스트(oblast)에는 대신들의 추천을 기초로 왕이 최고책임자(župan)를 임명하도록 하였다. 그리고 마지막으로 중앙정의 주요 관료들에 대해선 왕이

69-1) **1922년-1929년 사이 '세르비아-크로아티아-슬로베니아 왕국' 행정구역상 오블라스트**
출처: https://upload.wikimedia.org/wikipedia/commons/c/c5/Scs_kingdom_oblasts_1922_1929_en.png

직접 임명할 수 있도록 하는 등 왕권을 강화하였다. 파쉬치의 정국 장악 속에 관리임용 등 여러 면에서 민주적 절차나 제안 등이 무시되었고, 이에 따른 문제점들이 노출되기도 했다. 이후 행정개편에 따라 수도인 베오그라드는 국가 정책 결정의 중심지로서 부상했고, 세르비아 왕조는 2차대전 이전까지 세르비아인들의 정신적 구심점을 제공하여 주었다.

나) 비도브단 헌법 수립이 끼친 영향

신생왕국은 남슬라브족 구성 민족 간 동등한 권리에 그 기초를 두고 형성되었다. 따라서 파쉬치가 주도했던 세르비아 중심의 비도브단 헌법 수립은 여러모로 신생왕국에 부정적인 영향을 미치게 된다. 우선 헌법 제정 이후 자유 중산층을 중심으로 남슬라브족 통합을 지지했던 트룸비치와 그 지지 세력의 영향력은 크게 위축되어야 했다. 반면 극우 민족주의 성향은 증대하였는데, 특히 크로아티아 농민당(HRSS) 당수인 라디치(Stjepan Radić, 1871-1928, 재임 1904-1928) 세력과 파쉬치를 중심으로 한 세르비아 급진당(SNRS) 세력이 크게 증대하게 된다. 라디치는 비도브단 헌법 제정 이후 급진적 성향으로 돌아섰고, 루마니아와 불가리아를 비롯한 발칸 지역 농민당들과 연대하여 반(反)도시적 쇼비니즘과 농민 중심의 개혁정책을 주장하였다. 그의 주장은 곧 크로아티아 민족주의로 확대되어갔다. 라디치의 최대 정적은 대(大)세르비아주의를 표방했던 파쉬치였다. 그는 1870년대 이후 급진적 농민당 지도자로 정치에 입문하였지만, 1881년 밀란 오브레노비치 왕 하에서 세르비아 급진당 당수를 맡으면서 극우 세르비아 민족주의자로 변신하였다. 특히, 그는 1903년 쿠데타로 수립된 페타르 카라조르제비치 왕 치하에서 여러 면으로 정치적 두각을 드러냈었다. 이후 발칸전쟁 승리를 통해 그의 정치적 입지를 더욱 강화할 수 있었다. 제1차 세계대전 때에는 세르비아 왕국의 외상과 수상을 역임하면서 전쟁을 승리로 이끌었고, 이어 1918년 신생왕국 수립 때부터 1926년 사망할 때까지 총 3차례 수상을 역임

70- 1918-1926(사망)년 사이 세 차례 수상을 역임하며 세르비아 중심 왕조를 이끈 니콜라 파쉬치

출처: https://commons.wikimedia.org/wiki/File:NikolaPasic−serbiaherpeopleh00petruoft.png

하며 세르비아 민족권리의 주요 대변인으로 활동하게 된다.

또한, 비도브단 헌법 제정은 의회 내 자유로운 토론문화를 크게 잠식하였다. 이것은 크로아티아 농민당이 1921년 헌법 제정 이후부터 1924년 가을까지 의회 참석을 거부하는 결과로 이어졌다. 크로아티아 농민당을 비롯한 여러 야당은 파쉬치의 사임을 알렉산다르 1세에게 강력히 건의하였고, 결국 파쉬치는 사임하게 된다. 뒤를 이어 1924년 7월 민주당 소속의 다비도비치(Ljubomir Davidović, 1863-1940, 재임 1919-1920, 1924. 07-12) 내각이 들어섰다. 하지만 다비도비치는 크로아티아 농민당 등 야당에 대한 지나친 우호 정책으로 세르비아 민족주의자들로부터 비난을 받아야 했다. 이것은 곧 1924년 12월 파쉬치의 수상 복귀로 이어졌다. 파쉬치는 알렉산다르 1세에게 의회 해산과 재선거를 강력히 주장하였다. 세르비아 중심 왕국 복원 우려 속에 곧이어 크로아티아 등 여러 곳에서 시위가 발생하였다. 시위가 확산하자 파쉬치는 1925년 1월 크로아티아 농민당 당수인 라디치를 시위 선동혐의로 체포하였고, 이어 농민당 와해 작전이 전개되었다. 파쉬치가 이끄는 세르비아 급진당은 1920년 당시 91석으로 제2당이었지만, 1923년(312명 선출) 선거에선 108석으로 제1당이 되었고 1925년 2월 재선거(315명 선출)에선 15석이 늘어난 123석으로 세력을 더 확대할 수 있었다. 크로아티아 농민당은 1920년 50석으로 출발했지만 1923년 70석으로 늘어났다가 1925년 선거에선 3석이 줄어든 67석을 차지하게 된다. 반면 남슬라브족 통합에 기초해 1920년 92석으로 제1당이 되었던 민주당은 극우 민족주의 세력확대 속에 그 영향력을 상실하였고, 1923년 선거에선 51석 그리고 1925년 선거에선 36석만을 차지해야 했다. 하지만 세르비아 민족주의 증대를 통해 왕국을 장악했던 파쉬치는 1926년 4월 경제 부패 추문에 연루되어 사임했고, 이후 동년 12월 81세의 나이로 사망하였다. 한편 그의 사망은 알렉산다르 1세가 실질적으로 왕국의 정치 주도권을 갖는 배경이 되게 된다.

파쉬치의 사망은 세르비아와 크로아티아 민족주의 세력약화를 불러왔다. 반면 알렉산다르 1세를 중심으로 한 남슬라브족 통합 왕국에 대한 희망 또한 커지게 되었다. 실제, 비도브단 헌법 체제하 마지막 선거였던 1927년 9월 선거에서 세르비아 급진당과 크로아티아 농민당 등 민족주의 세력이 크게 위축되게 된다. 세르비아 급진당은 지난 123석(1925)에서 112석으로, 크로아티아 농민당은 67석(1925)에서 61석으로 줄어들었다. 반면 오히려 다비도비치가 이끄는 민주당은 36석(1925)에서 59석으로 의원 수를 확대할 수 있었다. 다비도비치는 선거약진을 발판으로 라디치와 연합하여 '농민-민주 연합(PDC/ SDK: Peasant-Democratic Coalition/ Seljačko-demokratska koalicija)'을 창당하여 세르비아 민족주의를 견제하고자 하였다. 그러나 1928년 6월 일어난 라디치 저격 사건과 뒤이은 그의 사망은 정국을 혼란에 빠지게 한다. 몬테네그로 출신 세르비아 급진당 당원인 라취치(Puniša Račić, 1886-1944)는 의회에서 라디치를 비롯 그의 조카와 3명의 크로아티아 농민당 당원들을 저격하였고 이어 6주 뒤에 라디치가 사망하게 된다. 크로아티아 출신 의원들의 장외 투쟁과 대규모 시위가 뒤를 이었다. 경찰의 강경 진압 속에 5명의 사상자까지 발생하자 크로아티아인들 마음엔 세르비아 중심 왕국에 대한 불신이 더 크게 확대되게 된다. 라디치의 계승자인 마체크(Vladko Maček, 1879-1964)는 자그레브에 반(反)의회 단체를 조직하여 의회 불참 운동을 전개하였다. 정국 혼란과 계속된 정치적 극한 상황은 알렉산다르 1세에게 독재 왕정국가 선포 기회를 제공해 주었다. 1929년 1월 6일 비도브단 헌법 폐지 후 의회가 해산되자 모든 정당은 불법단체가 되었다. 이에 따라 신생왕국의 서유럽식 의회 민주주의 시도는 다른 동유럽 국가처럼 그 막을 내리게 되었다.

71- **1928년 6월 20일 세르비아 급진당의 라취치에 의해 라디치가 암살되는 장면**

출처: https://commons.wikimedia.org/wiki/File:Atentat_u_skupstini.JPG

1918년에서 1928년 동안 신생왕국의 경제 상황은 역사적 배경에서 비롯된 경제 기반 차이로 혼란을 거듭하던 시기였다. 오스만 터키의 오랜 지배로 산업 혁명을 경험하지 못하고 농·목축업에 기반을 두던 세르비아는 보호 관세 아래에서 자급자족을 추구하려 했다. 반면, 슬로베니아와 크로아티아는 서유럽 경제 경험 속에 기본적인 산업기반 시설을 바탕으로 이웃 국가들과 활발한 대외경제교류를 추진하려 했었다. 경제 방향을 둘러싼 갈등은 이후 사회주의 시기까지 이어지는데 일부 경제학자들은 경제적 남북갈등이 유고연방 붕괴의 주요 배경 중 하나를 형성하였다고 주장하기도 한다. 왕국은 국가 중심의 수출정책을 추구했으며 특히 광물과 농산물이 수출의 주를 이루었다. 당시 신생왕국은 슬로베니아와 크로아티아 일부 지역을 제외하곤 빈곤한 농업 국가형태를 띠고 있었고, 따라서 프랑스 등 서유럽 여러 국가와의 협력 속에 외국 자본과 기술수입에 역점을 두어야 했다.

세르비아 전역에서 철도망 확충사업이 활발히 전개되었고, 슬로베니아와 크로아티아는 제국 지배 시절에 건설된 철도망을 중심으로 여타 지역보다 먼저 산업발전을 추구해 나갈 수 있었다. 발칸전쟁 이전 300여만 명이었던 인구는 비(非)세르비아인들의 가세와 영토 확대로 1,200만으로 확대되었고, 인구 증대는 왕국의 잠재력을 크게 향상해 주었다. 그러나 슬로베니아인, 크로아티아인과 함께 마케도니아와 코소보에서 새로 유입된 200여만 명의 알바니아인 및 마케도니아인들은 왕국의 정치, 경제체제에 제대로 동화되지 못하였고, 따라서 왕국 내 주요 사회문제의 배경이 되기도 했다.

3. 유고슬라비아 왕국(1929-1941)

1) 유고슬라비아 왕국 수립

1929년 1월 6일 왕정 독재국가를 선포한 알렉산다르 1세는 다음 날인 1월 7일 왕실 수비대 지휘관이자 측근이었던 쥐브코비치(Petar Živković, 1879-1947, 재임 1929-1932)를 수상으로 임명하고 내각 구성을 지시하였다. 그는 1903년 6월 드미트리예비치를 도와 오브레노비치 왕가를 전복하고 카라조르제비치 왕가를 복원한 주요 인물 중 하나였다. 하지만 과거 드미트리예비치가 세르비아 왕국 통제에서 벗어나 급진적 민족주의 활동을 했던 비밀결사 단체인 '검은 손'을 조직하였다면, 쥐브코비치는 이를 견제하면서 1912년 세르비아 민족주의를 표방했던 군사비밀 조직인 '하얀손(White Hand/ Bela Ruka)'의 창립 리더로 세르비아 왕조 중심의 왕국 발전에 지지를 보냈었다. 그는 세르비아 정치가들과 비(非)정치 전문가들을 섞어 새로운 내각을 구성한 후 정적들에 대한 대대적인 숙청을 단행하게 된다. 이것은 크로아티아 극우 민족주의자들의 대거 해외 피신으로 이어졌다. 실제, 제2차 세계대전 당시 크로아티아 극우 정당인 우스타샤(Ustashe/ Ustaša) 리더인 파벨리치(Ante Pavelić, 1889-1959, 독립 크로아티아 총통 1941-1945) 또한 이 당시 이탈리아로 피신하여 뭇솔리니 보호 아래 유고슬라비아 왕국에 반대하는 저항단체를 구성하였다. 공산주의자들도 당시 숙청의 주요 피해자였다. 1929년 이후 이들 또한 지하로 잠입하여 공산당 혁명을 준비하여 갔다.

알렉산다르 1세는 세르비아 왕조를 중심으로 남슬라브 민족의 단결과 일치를 주장하였고, 1929년 10월 3일 국명도 '남슬라브족의 나라'라는 의미에서 '유고슬라비아 왕국(Kingdom of Yugoslavia/ Kraljevina Jugoslavija)'으로 개칭하게 된다. 그러나 이러한 시도는 제1차 세계대전 직후 남슬라브 통합국가를 만들 당시 체결한 '코르푸 선언'을 크게 위반하는 것이었고, 따라서 이후 정책들은 크로아티아와 슬로베니아인들의 강한 저항에 부딪혀야 했다. 알렉산다르 1세는 기존 모든 정당을 해산시키고 세르비아인 중심의 '유고슬라브 민족당(YNP/ JNS: Yugoslav National Party/ Jugoslovenska nacionalna stranka)'을 새로이 창당하여 이 정당만을 인정하였다. 또한, 그는 1931년 9월 새로운 헌법개정을 통해 왕정 독재를 구체화 시켜 나갔다. 비(非)세르비아인들에게 왕정 독재 헌법이라 비난받았던 1931년 헌법은 1940년 4월 유고슬라비아 왕국이 구축국에 항복함으로써 그 유효를 다하게 된다. 헌법에 따라 유일 정당인 '유고슬라브 민족당' 의원의 절반은 왕이 직접 선출하였고, 그 절

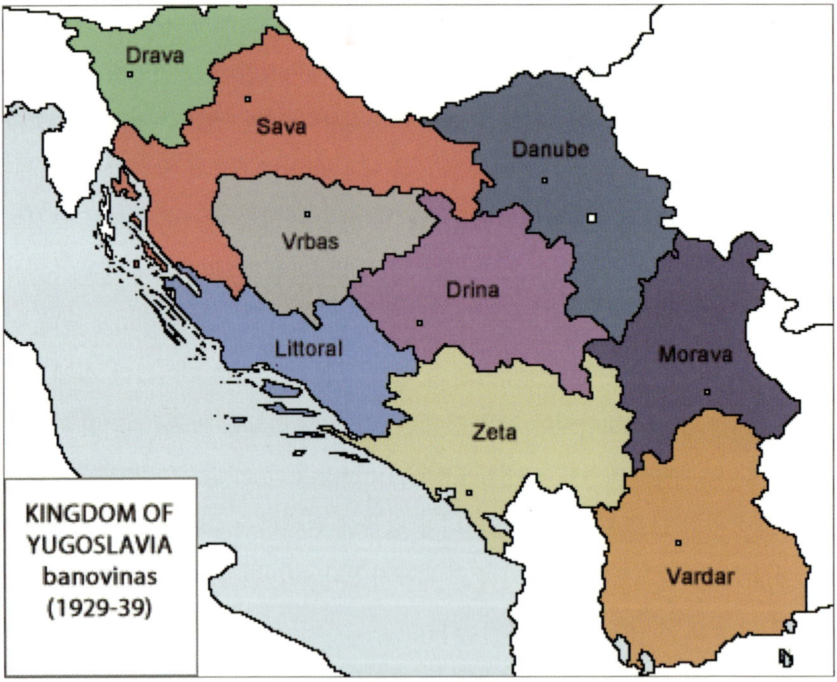

72- **1929년-1939년 사이 유고슬라비아 왕국의 행정구역(9개의 바노비나)**
출처: https://commons.wikimedia.org/wiki/File:Banovine_Jugoslavia.png

반은 지방의회에 선출 권한을 넘겨주었다. 행정구역도 개편되어 9개의 바노비나(banovina)가 만들어졌고, 이들 바노비나 중 아드리아 해안가를 따라 형성된 '프리모르스카 바노비나(Primorska banovina, 해안 바노비나)'를 제외한 나머지는 행정 구역 내 주요 강 이름을 근거로 정해졌다.

새로운 헌법개정에 맞추어 1931년 11월 의원선거가 있었다. 하지만 슬로베니아인들과 크로아티아인은 선거 참여 반대 운동을 전개하여갔다. 이어 1932년 4월 쥐브코프가 수상에서 사임하고, 뒤를 이어 마린코비치(Vojislav Marinković, 1876-1935, 재임 1932. 04-07)를 수상으로 하는 새로운 내각이 들어섰다. 하지만 그의 유화 정책들은 세르비아 민족주의자의 강한 반대를 불러왔고 이어 몇 달 뒤에 스르쉬키치(Milan Srškić, 1880-1937, 재임 1932-1934)가 수상에 임명되게 된다. 그는 보스니아 출신 세르비아인으로 강경 세르비아 민족주의자였다. 그의 취임에 따라 이번에는 자그레브를 비롯한 여러 도시에서 반(反)정부 데모가 퍼졌고, 이어 세르비아 주요 도시에서도 왕정 독재의 억압적인 정책과 테러 그리고 경제 실정에 분위가 시위들이 발생하였다.

2) 1929년 경제 대공황과 알렉산다르 1세 피격

1929년 10월 미국증시 대폭락으로 발생한 경제 대공황은 1930년에 들어와 유럽 전 지역으로 확대되었다. 경제 대공황은 유고슬라비아 왕국을 포함한 동유럽에도 심각한 영향을 미쳤다. 제1차 대전 직후 체코슬로바키아 등을 제외하고 동유럽 다수는 경제적으로 여전히 농업 중심국가였다. 정치적으로는 비록 자유 민주주의와 서구식 의회주의를 표방했지만, 유고슬라비아 왕국처럼 대부분이 실패하였고, 민족 간 내적 갈등과 함께 이웃 강대국들의 위협으로 어려움에 봉착해 있었다. 1929년 경제 대공황 이후 국제시장에서 동유럽 1차 생산품은 가격 폭락이 잇따랐고 이에 따라 농산물 수출에 의존하던 동유럽 국가들은 경제적으로 큰 어려움을 겪어야 했다. 반면 수입품인 공산품 가격의 대폭 상승은 이들 국가의 부채를 심각한 수준으로까지 올려놓았다. 이런 가운데 프랑스와 영국 등 서유럽 국가들이 자국의 경제적 어려움으로 기존 동유럽에 대한 경제 원조 정책을 포기하자 어려움은 더 가중되게 된다. 경제적 어려움은 정치적 위기로 이어져 민족 간 갈등 확대를 불러왔고 미숙한 의회정치로 인한 소모전이 양산되었다. 특히, 농민들의 반(反)정부 시위 격화는 동유럽 국가들의 어려움을 한층 고조시켰다. 반면, 경제 대공황은 유럽 내에서 독일의 나찌즘(Nazism)과 이탈리아의 파시즘(Fascism) 등 극우 인종주의 집단들의 목소리를 강화하게 된다. 서유럽 지원 중단과 무관심 속에 독일과 이탈리아의 영향력이 동유럽 여러 지역으로 확대되기 시작하였다. 우선 독일은 동유럽과의 무역에서 독점적이고 유리한 무역협정을 체결하여 경제적 종속 관계를 구축하였고, 이것은 곧 정치적 종속 관계로 확대되었다.

73- 베오그라드에서 열린 알렉산다르 1세의 장례식 장면

출처: https://commons.wikimedia.org/wiki/File:Kralj_Aleksandar_Kara%C4%91or%C4%91evi%C4%87_-_sahrana_1934.jpg

당시 프랑스는 제1차 세계대전 당시 동맹국의 동유럽으로의 영향력 확대를 저지하고자 체코슬로바키아와 유고슬라비아 왕국 그리고 루마니아 왕국을 군사 동맹체로 연결하는 '소삼국협정(Little Entente/ Mala antanta)'을 맺도록 주선하였다. 이 국가들은 독일은 물론 과거 제1차 세계대전 이전 이중제국 당시의 영토회복 주의를 천명한 주변의 헝가리, 이탈리아 그리고 불가리아로부터 위협을 받고 있었다. 1934년 10월 유고슬라비아 왕국의 알렉산다르 1세는 이 문제를 논의하고자 프랑스 마르세유(Marseilles)를 방문하였는데 항구에서 이탈리아 사주를 받은 우스타샤 요원에 의해 암살되게 된다. 알렉산다르 1세의 죽음은 세르비아인들에겐 분노와 절망을, 그리고 당시 이탈리아와 헝가리로부터의 영토 위협을 받던 슬로베니아, 크로아티아인들에게도 우려를 낳았다. 슬로베니아와 크로아티아인 상당수는 비록 알렉산다르 1세의 대내 정치에는 저항했지만, 소삼국협정에 기초한 그의 대외 정치에 대해선 대체로 긍정적인 반응을 보여왔었다.

이후 왕위는 당시 11세로 영국 유학 중이던 아들 페타르 2세(Petar II Karađorđević, 1923-1970, 재위 1934-1945)에게로 승계되었다. 18세 이후에 왕위 대관식을 치를 수 있었던 관계로 알렉산다르 1세 조카인 파블레(Pavle Karađorđević, 1893-1976, 섭정 1934-1941) 왕자를 중심으로 크로아티아 출신 정치가인 페로비치(Ivo Perović, 1882-1958) 박사와 세르비아 출신 정치인이자 심장병 전문의였던 스탄코비치(Radenko Stanković, 1880-1956)로 이루어진 섭정 단이 구성되었다. 그러나 실권은 파블레 왕자에게 있었다. 그는 우선 외교적 목표로 왕국의 독립보전과 안정을 최우선시했다. 대내 정책에 있어선 자유화를 통해 민족 간 갈등을 없애고 왕국을 중심으로 단결시키고자 하였다. 그러나 당시 대내외적 상황은 파블레 왕자의 의도를 힘들게 하고 있었다. 우선 크로아티아 극우 민족주의 집단들이 이탈리아 파시스트 지원을 바탕으로 분리 움직임을 전개하고 있었고, 마케도니아에선 불가리아와 연계한 마케도니아 민족주의자들의 영토회복을 위한 테러가 급증하고 있었다. 훗날 이 두 세력이 알렉산다르 1세 암살계획을 구상하였고, 이중 크로아티아 극우 집단인 우스타샤가 이탈리아와 헝가리의 은신처 제공 등 여러 지원을 받아 암살에 성공했다는 것이 밝히게 된다.

3) 뮌헨협정(1938)과 그 영향

파블레 왕자는 우주노비치(Nikola Uzunović, 1873-1954, 재임 1926. 04-1927. 04, 1934. 01-12) 수상과 그 뒤를 이은 예브티치(Bogoljub Jevtić, 1886-1960, 재임 1934. 12-1935. 06) 수상에게 대내적 단결을 위한 몇 가지 유화책을 지시하였다. 이에 따라 크로아티아 농민당 당수였던 마체크가 사면되었고, 이어 세르비아 농민당 당수였던 요바노비치(Dragoljub Jovanović, 1895-1977)도 사면되게 된다. 또한, 1935년 5월 보통선거를 통해 정당들의 자유로운 정당 활동을 보장해 주었다. 하지만 선거에서 정부가 여당을 위한 조직적 부정선거를 치른 사실이 발각되었고, 그 결과 야당 의원들의 의회 출석 거부와 함께 내각 내 비(非)세르비아인들이 장관직과 공무원직을 포기하는 사태가 발생하게 된다. 결국, 6월에 들어와 스토야디노비치(Milan Stojadinović, 1888-1961, 재임 1935. 06-1939. 02) 수상을 중심으로 한 새로운 내각이 들어서야 했다. 그는 가장 먼저 야당 세력들을 원내로 복귀시키는 데 주력하였으며, 비(非)세르비아인들에게도 다수의 장관직을 보장해 주는 등 유화책을 제시하였다. 또한, 비록 세르비아 정교회 반대로 무산되긴 했지만, 로마 가톨릭과의 화해를 추진하기도 했다. 이어 민족 간 화해와 단결 목적으로 반(反)정부 시위자들에 대한 대대적인 사면을 단행하였다. 그는 외교정책에 있어 당시 약소국가였던 유고슬라비아 왕국의 안전을 최우선으로 하였다. 1937년 이탈리아와 친선조약을 그리고 1938년 1월 독일과 우호 협력 조약에 사인하였지만, 스토야디노비치는 과거의 우호 관계를 바탕으로 친(親)프랑스, 친(親)영국 정책을 계속 고수해 나갔다. 그러나 1938년 9월 '뮌헨협정(Munich Agreement)'은 이러한 외교정책의 커다란 전환점을 가져다주게 된다.

'뮌헨협정'은 당시 체코슬로바키아의 수데텐(Sudeten) 지방을 둘러싼 협정으로, 독일은 이 지역 인구의 상당수가 독일인임을 내세워 풍부한 광물자원을 보유하고 있었던 수데텐 지역을 체코슬로바키아로부터 할양받고자 했다. 체코슬로바키아 정부는 프랑스와 영국에 도움을 요청했다. 하지만 이들 국가는 이후 다른 지역을 요구하지 않겠다는 히틀러의 약속을 전제로, 수데텐 지역을 독일에 넘겨

줄 것을 체코슬로바키아에 요구하였다. '뮌헨협정' 이후 동유럽 국가들 사이엔 서유럽 연합국들로부터의 군사 지원과 안전보장에 대한 회의감이 증폭되었다. 유고슬라비아 왕국 또한 외교정책에 있어 친(親)연합국을 벗어나 친(親)독일, 친(親)이탈리아 정책으로 전환해야만 했다.

그러나 국제 정세에 맞춘 스토야디노비치의 외교정책 변화는 근대왕국 수립 이후 프랑스를 비롯한 연합국들에 우호적이었던 세르비아인들의 우려와 강한 반발을 불러왔다. 반면 크로아티아인들은 이를 환영하였다. 세르비아 곳곳에서 반(反)정부, 반(反)스토야디노비치 시위가 확산하게 된다. 구축 군의 위협 증대와 크로아티아에 대한 회유가 본격화되는 가운데 유고슬라비아 왕국은 분열의 위기를 맞이하고 있었다. 이런 가운데 1938년 11월 74.5%라는 높은 유권자 참여 속에 치러진 선거에서 스토야디노비치가 이끄는 여당 연합체인 '유고슬라브 급진 연합(YRU/ JRZ: Yugoslav Radical Union/ Jugoslovenska radikalna zajednica)'은 전체 373석 중 306석을, 그리고 야당 연합체로 마체크가 이끄는 크로아티아 농민당은 67석을 차지하였다. 하지만 내용상으로 볼 때 여당 연합은 54. 1%의 득표를, 그리고 야당 연합은 44.9%의 득표를 차지했다. 다수당이 되었지만, 득표수로 볼 때 여당의 완전한 패배였다. 1939년 2월, 스토야디노비치는 선거결과 책임을 지고 물러났고, 이어서 쯔베트코비치(Dragiša Cvetković, 1893-1969, 재임 1939. 02-1941. 03)내각이 들어서게 된다.

세계대전의 전운이 감도는 가운데 파블레 왕자는 독일의 유혹에 흔들리고 있는 크로아티아인들을 달래고 그들을 왕국 내에 계속 존속시키기 위해 쯔베트코비치에게 일련의 협상(Agreement/ Sporazum)을 지시하였다. 1939년 8월 쯔베트코비치와 마체크 사이에 협상이 이루어졌고, 쯔베트코비치를 수상으로, 마체크를 부수상으로 하는 새로운 내각이 등장하게 되었다. 이어 사브스카 바노비나(Sava Banovina/ Savska banovina)인 크로아티아 본토와 슬라보니아 지방, 프리모르스카 바노비나(Littoral banovina/ Primorska banovina)인 달마티아 지역, 그리고 보이보디나 일부 지역을 포함한 새로운 자치 국가로 '크로아티아 바노비나(Banovina Hrvatska)'가 수립되었다. 그리고 마체크의 정치적 동지인 크로아티아 출신의 슈바쉬치(Ivan Šubašić,

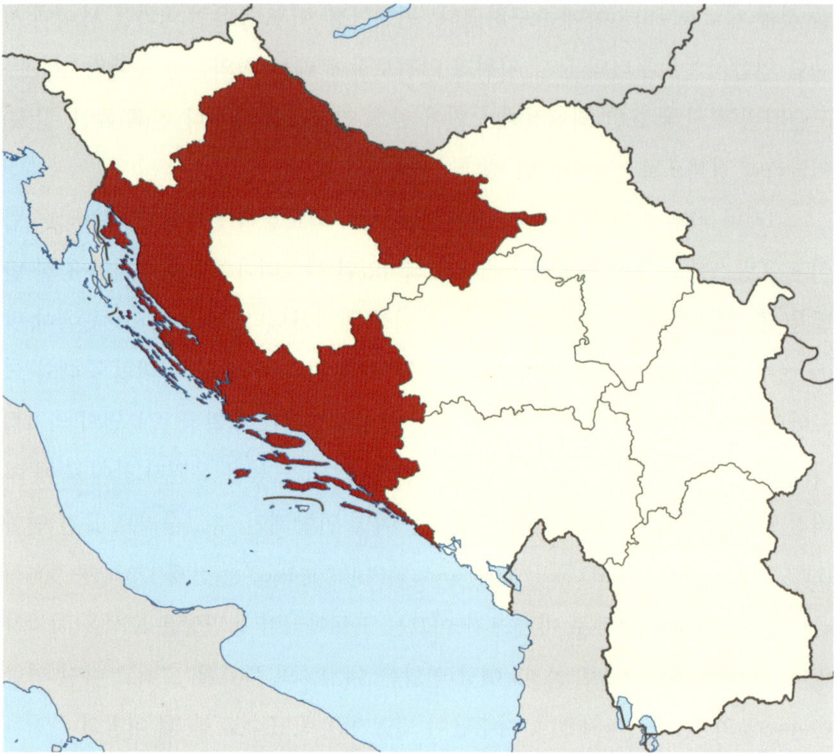

74- **1939년 8월 쯔베트코비치-마체크 간 협상 끝에 형성된 크로아티아 바노비나**
출처: https://commons.wikimedia.org/wiki/File:Locator_map_Croatia_Banovina_in_Yugoslavia_1939–1941.svg

1892-1955, 반 1939-1943, 수상 1944. 06-1945. 03)가 '크로아티아 바노비나'의 반(Ban)으로 추대되었다. 크로아티아 중심의 이 자치 국가는 외무, 국방, 무역을 제외한 모든 행정에 있어 자율권을 지녔고, 왕국영토의 27%, 인구의 29%를 차지하였다. 그러나 왕국을 유지하려는 파블레 왕자의 여러 노력에도 불구하고 독일의 폴란드 침공에 따른 제2차 세계대전의 발발은 유고슬라비아 왕국을 분열시키게 된다.

4. 제2차 세계대전과 유고슬라비아

1) 제2차 세계대전 발발과 왕국의 마감

쯔베트코비치와 마체크 사이에 일련의 협상이 시도되고 있을 시점 독일 외무부 장관인 리벤트로프(Joachim von Ribbentrop, 1893-1946, 재임 1938-1945)와 소련 외무부 장관인 몰로토프(Vyacheslav Molotov, 1890-1986, 재임 1939-1949)간 중요한 협상이

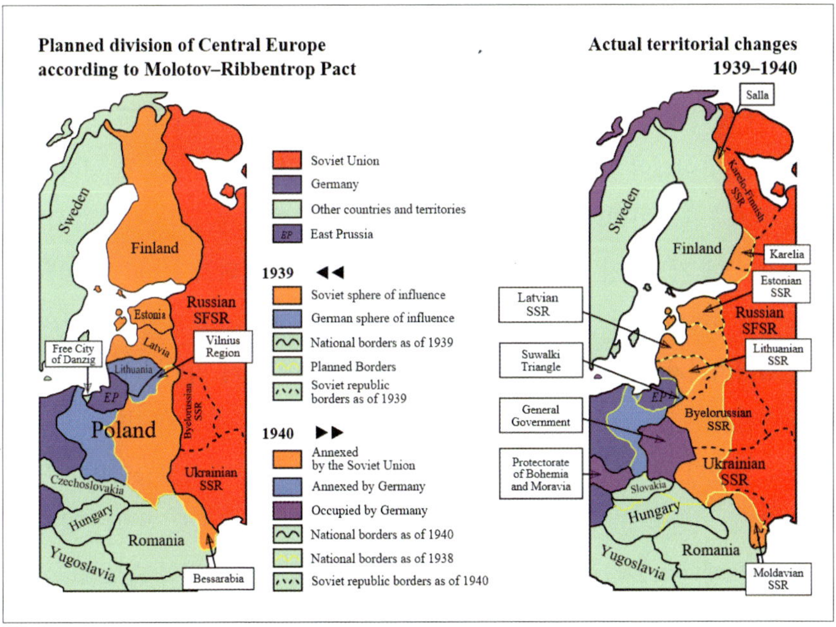

75- **독-소 불가침조약에 따른 양국의 동유럽 영토 배분 계획과 실제 영토 변화**
출처: https://commons.wikimedia.org/wiki/File:Ribbentrop-Molotov.svg

이미 진행되고 있었다. 그리고 마침내 1939년 8월 23일 독일은 소련과 '불가침조약(Treaty of Non-Aggression)'이 이루어졌음을 선언하게 된다. 이 조약 내용은 독일이 1941년 6월 22일 소련을 침공하기 이전까지 이어졌다. 유럽 각국은 전쟁 대비에 서둘렀고 유고슬라비아 왕국은 1939년 8월 26일 크로아티아 바노비나 수립을 통해 위기를 벗어나고자 노력하였다.

1939년 9월 1일 독일의 폴란드 침공에 폴란드와 공동방어협정을 맺고 있던 프랑스와 영국이 이틀 뒤인 9월 3일 전쟁을 선포함으로써 제2차 세계대전(1939. 09. 01-1945. 09. 02)이 발발하게 된다. 이어 1940년 봄에는 노르웨이(4월) 그리고 프랑스와 베네룩스 3국(5월)이 독일 수중으로 넘어가자 다급해진 유고슬라비아 왕국은 1940년 6월 소련과 외교 관계를 새롭게 수립하였다. 유고슬라비아 왕국은 그동안 1917년 사회주의 혁명 여파로 우호국이었던 러시아 제국이 무너지고 소련이 수립되자 외교 관계를 단절해 왔었다. 이것은 또한 다양한 민족과 이질적 문화로 구성된 유고슬라비아 왕국의 입장에선 공산주의자들이 왕국 내에서 추진하던 민족자결에 근거한 분열 책동 등을 막기 위한 고육책이기도 했다.

여러 노력에도 불구하고 1940년 말에 들어와 유고슬라비아 왕국은 더 힘겨운 상황을 맞이해야 했다. 1939년 4월 알바니아가 이탈리아 침략으로 넘어간 데 이어, 주변국인 헝가리와 루마니아가 1940년 11월, 그리고 불가리아마저 1941년 3월 구축 군에 가담하자 유고슬라비아 왕국은 완전히 고립되었다. 1940년 10월 이후로 이탈리아의 그리스 원정이 난항을 겪고 북아프리카 전선 또한 연합군의 공세로 힘겨워지자 독일은 이 지역들로의 전선 확대 필요성에 직면하게 된다. 이에 따라 독일은 보급로 확보와 물자 조달 등 전략적 요충지로서 발칸 지역의 안정이 필요로 하였다. 따라서 독일은 1941년 3월 불가리아에 이어 유고슬라비아 왕국의 구축 군 가담을 공식 요구하였다. 섭정 기간을 마치고 왕으로 취임한 지 얼마 되지 않은 페타르 2세는 세르비아인들의 대규모 반(反)독일시위와 슬로베니아인, 크로아티아인 그리고 보스니아 무슬림의 확실치 않은 태도표명으로 독일과의 협력에 망설였다. 하지만 독일의 계속된 압력과 군사 침공 위협에 3월 25일 왕국대표단은 비엔나에서 삼국동맹 가입에 사인하게 된다.

이어 전국에 걸친 반(反)독일시위가 일어났고 곧 군부 쿠데타가 발생하였다. 독일은 쿠데타군 해산과 동맹협정 약속 준수를 재차 요구했으나 쿠데타군은 이를 거절했다. 대신 쿠데타군은 4월 6일 소련과의 우호 관계 수립과 함께 불가침조약을 선포하는 등 독일과의 전쟁 대비를 서둘렀다. 하지만 쿠데타군의 선포 2시간 뒤 독일은 베오그라드를 비롯해 왕국 전역에 공습을 감행하였고, 이어 불가리아 등 주변 구축 군들이 왕국영토 내로 진격해 들어왔다. 1941년 4월 11일 자그레브가 함락되고 12일 베오그라드가 점령되자, 페타르 2세를 비롯한 정부 주요 관료들은 영국으로 망명하여 망명정부를 구성해야 했다. 결국, 4월 17일 유고슬라비아 왕국은 독일에 항복을 인정하는 휴전협정에 사인함으로써 그 시대를 마감하게 되었다.

2) 제2차 세계대전 당시 유고슬라비아

제2차 세계대전 중 유고슬라비아는 구축 군의 전리 물로 전락하여 여러 지역으로 분할 점령당하였다. 우선 크로아티아, 달마티아, 보스니아 지역에는 '크로아티아 독립 국가(ISC/ NDH: Independent State of Croatia/ Nezavisna država Hrvatska)'로 통합되어 히틀러의 지원 속에 파벨리치를 중심으로 한 우스타샤 정부가 들어서게 되었다. 초기에는 독일과 이탈리아의 영향력이 서로 교차하였으나 점차 독일의 영향력이 확대되었다. 극우 민족주의를 표방했던 크로아티아 독립 국가는 외형상 자체적인 방위군, 경찰 그리고 행정체제를 지니고 있었으며, 순수 가톨릭 크로아티아 민족-국가임과 중세 크로아티아 독립왕국을 계승했다고 발표하였다. 그러나 당시 영토 내 인구의 절반 이상이 비(非)크로아티아인이었던 이 독립 국가는 바티칸 승인을 받지도 못했고 오히려 독일 전쟁 무기 공급지 역할에만 충실했다고 할 수 있다.

우스타샤 정부는 당시 순수한 크로아티아인 국가건설과 가톨릭으로의 종교 개종이란 이름으로 독일의 묵인 속에 세르비아인 등 수십만 명을 학살하였다. 당시 가톨릭 개종을 거부하였던 세르비아인들은 집단 수용소에서 학살되거나 세르비아로 추방되어야 했다. 이중 유럽에서 가장 큰 규모 수용소 중 하나로 꼽히는 크로아티아의 야세노바쯔(Jasenovac, 1941. 08 건설, 크로아티아와 보스니아 접경에 자리) 수용소에서만도 약 10만 명의 세르비아인과 유대인 집시 등이 학살당했으며 이것은 1945년 4월 21일 파르티잔이 이곳을 해방하기 이전까지 이어졌다. 이러한 역사적 아픔은 훗날 야세노바쯔 수용소를 '발칸반도의 아우슈비츠' 혹은 '유고슬라비아의 아우슈비츠'로 부르게 하는 배경이 되었다.

1941년 6월 22일, 독일은 소련 침공에 따라 후방지역에서의 원활한 물자 공급이 필요했고 발칸지역의 안정이 매우 중요해진다. 독일은 우스타샤 정부의 학살행위가 반(反)독일 저항군 양성에 도움을 준다는 판단 아래 이전까지 묵인하였던 집단 학살에 제동을 걸기 시작하였다. 독일은 세르비아인들의 본토 이주계획을 수립하였고, 이에 따라 30여만 명의 세르비아인들이 고향을 버리고 이주해야만 했다. 하지만 이후에도 우스타샤 정부는 세르비아인에 대한 강압적 개종작업에 더욱 몰두하였고, 일부 가톨릭 성직자들 또한 우스타샤의 압력 혹은 종교 확장 이유 등으로 이에 동참해야 했다.

세르비아지역에는 독일 괴뢰정부가 수립되었고 이것은 다양한 반(反)독일 저항세력 양성으로 이어졌다. 그 중 미하일로비치(Draža Mihailović, 1893-1946)를 중심으로 한 체트니크(Chetnik/ Četnik) 부대는 세르비아 내 가장 큰 저항 조직으로 성장하였다. 체트니크는 1941년 7월 베오그라드 남부 슈마디아(Šumadija)에서 대규모 폭동을 일으켰다. 당시 소련 전선에 주력하던 독일로선 발칸 지역의 안정을 원했고, 이에 따라 과거 유고슬라비아 왕국에서 국방장관을 지낸 네디치(Milan Nedić, 1878-1946, 수상 1941-1944)와 베오그라드 경찰국장이었던 아치모비치(Milan Aćimović, 1898-1945, 내무부 장관 1941-1942) 등을 통해 폭동 진압과 치안 유지를 요구하게 된다. 새롭게 구성된 자체적인 세르비아 정부군과 체트니크와의 싸움이 전개되었지만,

세르비아에서 친(親)독일 세력은 크로아티아와 달리 호응을 얻지 못하였다. 오히려 점차 대(對)독일 항전단체들의 활동이 더 강화되게 된다.

제2차 세계대전 동안 몬테네그로 지역은 이탈리아 점령하에 들어갔다. 1941년 7월 몬테네그로를 세르비아 영향력에서 이탈시키려는 이탈리아의 계획 속에 형식적인 몬테네그로 왕국이 건설되게 된다. 이에 따라 '세르비아-크로아티아-슬로베니아 왕국' 수립 이전인 근대 몬테네그로 왕국 시절의 관료들이 복직되었다. 새롭게 수립된 몬테네그로 왕국은 쩨티녜(Cetinje)를 수도로 삼았다. 험준한 로브첸(Lovćen) 산에 둘러싸인 천혜의 요새 지역인 쩨티녜는 1482년 건설된 이후 중세 몬테네그로 왕국 당시 수도이자, 오스만 터키의 지배를 벗어나 1910년 독립왕국을 건설할 당시 근대 몬테네그로 왕국의 수도이기도 했다. 따라서 몬테네그로 민족주의자들에게 있어 쩨티녜는 중요한 상징성을 지니며, 오늘날까지 그 의미를 부여하고 있다. 하지만 몬테네그로 왕국은 이탈리아와 운명을 같이하겠다는 성명서선포를 강요받았으며, 왕국임에도 왕이 존재하지 않는 등 이탈리아에 종속 상태로 남아 있었다. 이에 대한 불만은 다양한 반(反)이탈리아 운동으로 이어졌고, 특히 공산당원이자 이 지역 출신인 질라스(Milovan Đilas, 1911-1995, 부수상 1953. 01-1954. 01, 연방의회 의장 1953. 12-1954. 01) 등은 저항운동의 핵심세력으로 부상하게 된다. 당시 몬테네그로 왕국의 주요 관리들조차 파르티잔 운동 등 반(反)이탈리아 운동에 심적으로 동조해 저항군 진압에 소극적 자세를 취했다. 이것은 이탈리아군과 알바니아군의 직접적인 공격을 불러왔다. 특히 저항군 진압 과정 중 이탈리아에 의해 동원된 알바니아군은 몬테네그로인과 세르비아인들을 무자비하게 진압함으로써 비난을 받아야 했다. 이어 이탈리아의 직접통치가 이어지게 된다. 그러나 이후 대전 동안 몬테네그로는 디나르알프스산맥의 험준한 산악 지형 영향으로 파르티잔의 주요 활동무대가 되었으며, 1943년 9월 이탈리아 항복 이후 독일 괴뢰정부가 수립된 가운데서도 파르티잔 운동은 더 활발하게 일어났다.

슬로베니아 지역은 구축 군 지배지역에 따라 다소 차이를 보였다. 우선 슬로베니아 인구의 75%, 영토의 65%에 해당하는 북부 슬로베니아는 독일로 병합되었다. 이후 이 지역은 독일의 군수물자 보급 창고로 전락하여 슬로베니아어 사용 금지 등 혹독한 게르만화 정책이 추진되게 된다. 반면 류블랴나를 포함한 남부 슬로베니아는 이탈리아로 병합되었는데 독일 점령지역보다는 탄압이 상대적으로 덜 혹독한 편이었다. 그리고 헝가리와 국경을 이루는 북부 일부 지역은 헝가리 지배하로 들어갔다.

마케도니아는 구축 군에 가담한 불가리아와 알바니아에 의해 양분되었다. 마케도니아 동부와 세르비아 남부지역을 장악한 불가리아는 자신들이 과거 발칸전쟁에서 잃었던 영토를 다시 회복했음을 천명하였다. 또한, 마케도니아 서부 지역과 코소보 그리고 몬테네그로 일부 지역을 장악한 알바니아는 이들 지역에

76- **제2차 세계대전 당시 구축국에게 병합되거나 분열된 유고슬라비아**
출처: https://commons.wikimedia.org/wiki/File:Axis_occupation_of_Yugoslavia_1941–43.png

알바니아인들이 다수 존재하고 있음을 내세워 그들 지배의 정당성을 주장하게 된다.

3) 체트니크와 파르티잔

체트니크 어원은 과거 오스만 터키 지배 당시 그 폭정에 저항하였던 세르비아 의적 집단인 하이두츠카 체트니크(Hajdučka četnik)에서 찾을수 있다. 여기서 체타(četa)는 외세에 저항하여 싸우는 별동 부대원을 의미하였다. 실제, 체트니크는 세르비아 근대왕국이 수립된 후에도 정규군과는 별도로 사적 조직을 계속 유지해 왔으며, 주로 적의 후방에서 비(非)정규전을 통해 큰 임무를 수행해 왔다. 체트니크의 주요활동과 그 이상은 세르비아 민족주의와 연관되어 있었으며, 세르비아는 물론 크로아티아, 보스니아 지역 세르비아인에게도 중요한 민족 정체성 상징으로 각인되어 있었다.

양차 대전 사이 체트니크 지휘자는 1932년 임명된 페차나쯔(Kosta Pećanac, 1879-1944)로 그는 과거 흩어져 있던 여러 조직들을 새롭게 규합하였다. 한때 질라스의 중재로 1941년 여름부터 가을까지 몬테네그로에서 파르티잔과 체트니크 간 연합이 구성되기도 했으나 각자가 추구하는 이상과 목표가 달랐던 관계로 그리 오래가지는 못했다. 파르티잔이 사회주의 이데올로기를 바탕으로 계급과 신분, 민족 구분이 타파된 사회주의 국가 설립을 목표로 했다면, 체트니크는 강력한 세르비아 민족주의를 바탕으로 과거 유고슬라비아 왕국의 부활과 영토 확대를 목표로 삼았었다. 체트니크는 목적 수행을 위해 상황에 따라선 비(非)세르비아인들에 대한 테러를 하기도 했다. 1930년대 체트니크는 가입자격 완화 등을 통해 조직을 확대하였고 약 50여만 명의 회원을 바탕으로 스토야디노비치 이끄는 '유고슬라브 급진 연합'과 밀접한 관계를 구축해가며 대내 정치에도 영향력을 확대해 나갔다. 하지만 세르비아 청년들과 농민들 사이에 큰 영향력을 유지하던 체트니

77- **제2차 세계대전 당시 체트니크를 이끈 미하일로비치**
출처: https://commons.wikimedia.org/wiki/File:Draza_Mihailovic,1943.jpg

크는 독일 점령하에서 페차나츠 휘하 일부 체트니크가 세르비아 독일 괴뢰정부와 협력하자 내부의 반발이 확대되었고, 다른 일부는 파르티잔에 흡수됨으로써 그 세력이 축소되게 된다. 체트니크의 부활은 제2차 세계대전 중 실질적인 지도자로 연합국이 인정한 미하일로비치(Dragoljub Draža Mihailović, 1893-1946)에 의해서였다. 그는 강력한 세르비아 민족주의자이자 반(反)공산주의자였으며, 대(大)세르비아주의를 위해 세르비아 왕조를 지지하였다. 독일군의 공격 이후 왕국군대가 붕괴하자 그는 보스니아를 거점으로 흩어진 왕국군대를 다시 규합하였고 이를 기반으로 독일과 우스타샤 정부에 저항하였다. 그는 영국으로 망명한 유고슬라비아 왕국 정부의 대변인 역할에 충실했으며 구축 군과의 대규모 전투는 피함으로써 세계대전 이후를 대비하려는 전략을 구사하였다.

미하일로비치와 달리 티토(Josip Broz Tito, 1892-1980, 수상 1944-1963, 대통령 1953-1980)가 이끄는 파르티잔은 실질적인 대(對)독일 투쟁을 전개하고 있었다. 1941년 9월, 연합국 대표로 영국 특수 임무 장교인 허드슨(D. T. Hudson, 1910-1995)이 유고슬라비아에서 저항세력들을 만났다. 허드슨은 유고슬라비아 저항운동의 실질적인 지도자로 미하일로비치를 추천하는 보고서를 작성했고, 이를 기초로 10월 영국 정부는 체트니크에 대한 재정과 군사 지원을 결정하게 된다. 하지만, 당시 이 보고서는 주로 영국에 자리한 유고슬라비아 망명정부와 미하일로비치의 거짓 투쟁 기록을 기초로 이루어진 것으로, 이후 파르티잔은 영국의 지원에서 소외되어야 했다. 미하일로비치는 유고슬라비아 망명정부에 의해 장군으로 승진되었고, 1942년 1월 망명정부의 국방부 장관에 임명되었다.

비도브단 헌법에 따라 1921년 8월 이후로 왕국 내 활동이 불법화된 이후 유고슬라비아 공산당은 코민테른(Comintern/ Komintern) 내 갈등과 음모, 서유럽 국가들의 국제적인 압력 그리고 스탈린 숙청 희생양으로 인해 상당수 지도자가 투옥되거나 처형되어야 했다. 또한, 1929년 1월 알렉산다르 1세의 왕정 독재국가 선포와 10월 유고슬라비아 왕국 국명 개칭을 전후로 전개된 반(反)정부세력과 공산주의자에 대한 대대적인 탄압으로 당내 주요 구성원들이 살해되게 된다. 당시 지방 공산당 조직원이었던 티토 또한 5년형을 선고받아 투옥되어야 했다. 이런 가운데 당내 내분조차 심해져 과거 수만 명에 달했던 당원 수가 1932년에는 수백 명까지 줄어드는 상황에 이르렀다.

크로아티아인 아버지와 슬로베니아인 어머니를 둔 티토는 1892년 5월 자그레브 북서쪽, 크로아티아와 슬로베니아 국경지대에 있는 쿰로베쯔(Kumrovec)라는 작은 마을에서 15남매 중 7째로 태어났다. 어려운 가정형편으로 그는 어린 시절부터 열쇠수리공 수습생으로 생계를 유지해야 했고, 이후로도 여러 직업을 찾아 오스트리아, 체코 그리고 독일 등지로 떠돌아다녀야 했다. 1910년 한때 제철 근로자 연합노조에 가입하여 노조 활동을 하다가 1차대전이 터지자 오-헝 이중제국 군대로 편입되어 러시아와의 전투에 참전하였다. 하지만 1915년 러시아군과의 교전에서 포로가 된 이후 티토는 인생의 전환점을 맞이하게 된다. 티토는 우랄산맥 근처 러시아 포로수용소에서 사회주의자들로부터 사회주의 혁명이론을 배웠다. 그는 1917년 2월 혁명에 따라 3월 15일 니콜라이 2세(Nikolai II Alexandrovich Romanov, 1868-1918, 재위 1894-1917)가 퇴위하였고 러시아 제국이 무너지자 수용소를 나오게 된다. 하지만 당시 새롭게 출범한 케렌스키(Alexander Fyodorovich Kerensky, 1881-1970, 재임 1917. 07-11) 내각 수반이 주도했던 사회주의 임시정부는 연합국의 요청과 전략적 이해로 제1차 세계대전을 계속 추진하고자 했다. 그러나 이미 170만 명의 러시아 병사가 사망하고, 1,500만 명의 남성들이 전쟁터로 끌려간 상황 속에서 전쟁과 생활고로 지친 민중들은 이에 강력히 저항하였다. 그해 여름, 성 뻬쩨르부르그(St. Petersburg)에서 티토는 볼쉐비키주의자(Bolsheviks)들과 함께 7월 혁명과 10월 혁명에 참전하여 케렌스키 정부를 무너트리게 된다. 티토는 복잡한 종교와 문화적 모자이크로 형성된 발칸 지역 통합 방안으로 민족을 초월한 사회주의 이데올로기가 기초가 될 수 있다고 판단하였다. 그리고 이를 통해 남슬라브 민족의 사회주의 연방을 만들 수 있을 것이라는 확신을 지니게 된다.

1920년 유고슬라비아로 돌아온 그는 새롭게 형성된 유고슬라비아 공산당에 가입하여, 7년 동안 세르비아와 크로아티아 내 여러 산업공장에서 기능공으로 근무해가며 공산당조직들을 활성화해 나갔다. 이런 활동을 인정받아 그는 크로아티아 철강 기능공 연합비서에 임명되었지만 1927년 7월 체포되어 2달 선고를 받아 복역해야만 했다. 풀려난 이후 그는 1928년 자그레브 시민위원회 비서로 임명되었다. 그러나 1929년 알렉산다르 1세의 독재 왕정국가 추진과 반(反)정부세력 축출로 인해 약 5년 동안 반(反)정부시위 주동자라는 죄목으로 감옥에 투옥되게 된다. 당시 서유럽의 코민테른 해체압력을 받던 스탈린은 동유럽 내 공산당원 숙청작업을 실시하였고, 이에 따라 당서기였던 마르코비치(Sima Marković, 1888-1939)를 비롯해 여러 지도자급 간부들이 모스크바로 소환되어 숙청되었다. 티토는 5년 동안의 감옥 생활로 숙청을 모면할 수 있었고, 감옥에서 풀려난 그는 고향에 돌아와 다시 공산당 활동을 전개하게 된다. 이후 1934년 8월, 비엔나에서 열린 공산당 대회에서 무너져버린 유고슬라비아 내 공산당조직을 재건할 임무가 그에게 주어졌고, 이어 1935년 7월 이후로는 코민테른 대변인 임무를 수행하였다. 1937년 그는 유고슬라비아 공산당 당비서로 임명되었고 공산당 재건에 주력하였다. 그의 노력은 효과를 발휘하여 1년 사이에 12,000여 명의 혁명 전위대와 3만여 명의 청년당원들이 새로이 충원되게 된다. 당비서 활동 동안 그는 스탈린의 무리한 요구와 코민테른 정책들에 흔들리지 않았고, 이에 따라 유고슬라비아 공산당에서 그의 당 지도력과 위상이 크게 증대되었다.

히틀러가 유고슬라비아를 침공하자 1941년 7월 4일, 유고슬라비아 공산당은 독일과의 전쟁을 선포하였다. 비록 1941년 6월 22일 독일의 소련 침공에 따른 선포라는 배경에도 불구하고, 이후로 이 날은 1989년 사회주의 유고슬라비아연방 직무가 정지될 때까지 '전투의 날(Fighter Day/ Dan borca)' 공휴일로 기념되게 된다. 이어 9월에 들어와 파르티잔은 비록 짧은 기간이었지만 동부 보스니아와 우쥐쩨(Užice) 등을 점령하는 성과를 거두었다. 이후로도 점령한 지역마다 티토는 '인민 해방 위원회(PLC/ NOO: People's Liberation Committees/ Narodnooslobodilački odbori)'를 구성하여 대의원을 선출 그 지역의 행정과 치안 그리고 교육을 담당하게 하였다. 이후 인민 해방위원회는 '유고슬라비아 해방을 위한 민족 위원회(NCLY/ NKOJ: National Committee for the Liberation of Yugoslavia/ Nacionalni komitet oslobođenja Jugoslavije)'란 이름으로 변모하였고, 그 기초조직들을 훗날 '유고슬라비아 민족해방을 위한 반(反)파시스트 평의회(ACNLY/ AVNOJ: Anti-Fascist Council for the National Liberation of Yugoslavia/ Antifašističko vijeće narodnog oslobođenja Jugoslavije)'의 초석이 되었다. 파르티잔 점령지역들에는 점차 사회주의 체제의 여러 제도와 기구들이 도입되었고, 이들 기구는 파르티잔에 대한 지원 활동, 공산주의 선전, 구(舊)질서를 대신할 새 질서 수립추구 그리고 행정 조직 설치 등의 임무를 실행하였다.

파르티잔의 확대는 독일의 주요 골칫거리였다. 1941년 10월 이후로 독일군과 세르비아 괴뢰 정부군을 주축으로 한 토벌군이 파르티잔을 공격하기 시작했다. 그러나 파르티잔에 대한 공격이 거세질수록 오히려 파르티잔만이 유고슬라비아 내 진정한 독일 항전단체라는 인식을 확산시키는 결과로 이어졌다. 그 결과 오히려 더 많은 신병이 파르티잔에 가담하는 결과를 가져왔다. 이런 가운데 미하일로비치의 체트니크가 독일군과 함께 파르티잔을 공격하자 유고슬라비아 내 이런 믿음은 더 확대되어갔다. 1941년 11월 독일군의 파르티잔에 대한 대공격으로 파르티잔은 우쥐체 등 점령지역을 포기하고 이어 동부 보스니아 드리나강 위 포차(Foča)를 새 근거지로 삼게 된다. 이때, 스탈린의 생일인 12월 21일에 맞춰 최초의 프롤레타리아 전위부대가 창설되었다. 그러나 동유럽 내 소련 중심의 공산주의 국가건설을 전략적 목표로 삼고 있던 스탈린은 민족적 자주 운동과 연결된 이러

78- 1942년 5월 세르비아 서부 발례보(Valjevo)에서 사형 직전 "파시즘에게 죽음을, 인민에게 자유를"을 외치는 필리포비치(Stjepan Stevo Filipović, 1916-1942). 이후 이 구호는 파르티잔의 슬로건이 됨.

출처: https://commons.wikimedia.org/wiki/File:Stjepan_Stevo_Filipovi%C4%87.jpg

한 부대창설을 반갑게 여기지 않았다. 각 지역 청년 파르티잔을 중심으로 한 부대들이 창설되었고, 또한 지역 방위군들이 조직되었다. 티토는 포차에서 새로운 인민정부 건설을 선언하고 소련의 지원 소식을 기다렸다. 하지만 소련으로부터는 어떠한 답변도 오지 않았다. 1942년 3월 말 독일군, 이탈리아군 그리고 우스타샤와 체트니크가 연합한 대규모 군대가 파르티잔을 공격하였다. 비록 잘 훈련된 5개 사단을 보유하던 파르티잔이었지만 식량과 무기 부족으로 후퇴해야만 했다. 어려운 역경 속에 5월 말에 들어와 포위선을 뚫을 수 있었고, 9월에는 크로아티아와 보스니아의 국경지대에 자리한 비하치(Bihać)에 도착할 수 있었다. 치열했던 이 전투에서 파르티잔은 엄청난 사상자를 내고 많은 수가 체포되었지만, 이내 새롭게 충원된 신병들로 그 수는 15만 명에 이르게 된다.

4) 유고슬라비아 민족해방을 위한 반(反)파시스트 평의회(AVNOJ)

티토는 비하치에 4개월 머무는 동안 '유고슬라비아 민족해방을 위한 반(反)파시스트 평의회' 즉 AVNOJ를 결성하였고 이 조직은 훗날 '사회주의 유고슬라비아 연방(SFRY/ SFRJ: Socialist Federal Republic of Yugoslavia/ Socijalistička Federativna Republika Jugoslavija)'의 전신이 되었다. 여기에는 공산당원 외에도 제2차 세계대전 종결 이후 인민회의(People's Assembly/ Narodna skupština) 의장을 맡은 크로아티아 출신의 리바르(Ivan Ribar, 1881-1968, 재임 1945-1953)박사를 비롯한 45명의 비(非)공산 대의원들도 참석하였다. 리바르 박사는 과거 비도브단 헌법 수립시 제헌의회 의장(재임 1920-1922) 경험을 살려, 1942년 10월 AVNOJ 초대의장(재임 1942. 10-1943. 12)으로 추대되었다. 그러나 유고슬라비아 지역 내 사회주의 국가 출범을 의미하는 AVNOJ는 스탈린과 코민테른으로부터 승인을 받지 못했다. 그 이유로 스탈린은 당시 영국에 망명 중이던 유고슬라비아 왕국과의 국교 관계를 들어 승인할 수 없다는 점을 밝혔다. 스탈린은 전략적으로도 동유럽 내 독자적인 공산세력의 어떤 등장도 용납하려 하지 않았다. 1942년 11월 26일, 제1차 AVNOJ 창설식에서 티토는 각 민족의 평등한 권리에 기초한 사적 재산권과 사기업 활동 인정 그리고 전후 자유 선거 약속을 발표하게 된다. 공산주의자인 티토의 이런 발표는 당시 연합국의 뜨거운 반응을 불러왔고, 이를 계기로 티토에 대한 연합국의 반응은 점차 호전되기 시작하였다.

모스타르 등 헤르체고비나 지방을 근거지로 하던 체트니크는 1943년 이후 점차 고립되기 시작하였다. 당시 파르티잔은 1943년 1월 이후 시작된 독일의 비하치 공습을 피해 체트니크의 주요 본거지인 헤르체고비나로 진입했고, 그 인근의 몬테네그로 달마티아 지역에서도 체트니크와 이해다툼이 복잡하게 얽히게 된다. 이탈리아는 독일의 지원을 통해 몬테네그로에서의 파르티잔 제거를 논의하였다. 파르티잔과의 계속된 전투와 독일의 외면 속에 체트니크는 점차 전의를 상실해 갔다.

1943년 5월 15일 독일군과 이탈리아군, 우스타샤와 불가리아군과 함께 300여대의 비행기를 포함한 약 127,000명의 구축 군이 몬테네그로 타라(Tara) 강과 피바(Piva) 강 협곡지대 사이로 파르티잔 부대를 포위하며 진격해 들어왔다. 파르티잔에 대한 독일군의 5번째 대공습(1943. 05. 15-06. 16)으로 티토 제거가 주요 목

79- **스투에스카 전투에서 팔이 다친 티토와 부상 당한 리바르 박사**

출처: https://commons.wikimedia.org/wiki/File:Tito_and_Ivan_Ribar_in_1943.jpg

적이었다. 당시 파르티잔 부대원은 총 6개 여단에 약 22,000명의 병력에 불과했다. 파르티잔의 항전을 직접 확인하기 위해 영국의 특수작전 집행 요원인 스투어트(William F. Stuart, ?-1943) 대위와 데킨(William Deakin, 1913-2005)을 대위 등이 조사단으로 몬테네그로에 파견된다. 6월 9일 폭탄이 파르티잔 지휘부에 떨어졌고 티토는 팔에 상처를 입고 겨우 살아났지만, 그 폭격으로 스투어트 대위가 사망하고 영국 조사단원과 여러 지휘관이 부상해야 했다. 한 달 동안 이어진 독일군의 무자비한 공격으로 몬테네그로 출신의 코바췌비치(Sava Kovačević, 1905-1943) 지휘관을 포함해 7,543명의 파르티잔 부대원이 사망했다. 하지만 '검은 상자(Case Black/ 독일어 Fall Schwarz)'란 작전명을 지닌 '스투에스카 전투(Battle of the Sutjeska/ Bitka na Sutjesci)'에서 티토는 극적으로 포위망을 뚫어냄으로써 이후로 유고슬라비아 지역에서 제2차 대전의 중요 전환점이자 파르티잔이 진정한 대독 항전단체로 각인되는 의미를 가져다주게 되었다. 이어 영국 BBC방송을 통해 티토의 여러 대(對)독 항전 소식들이 서유럽에 전해지기 시작했다. 특히 스투에스카 전투 이후 영국은 파르티잔의 항전 의지와 놀라운 전투력을 정확히 이해하기 시작했고, 테헤란(Tehran) 회담(1943. 12)에서 마침내 연합국으로부터 파르티잔의 활동이 공식적으로 인정을 받을 수 있게 되었다.

1943년 9월, 연합군의 공세에 밀린 이탈리아가 항복하자 전세가 크게 반전되

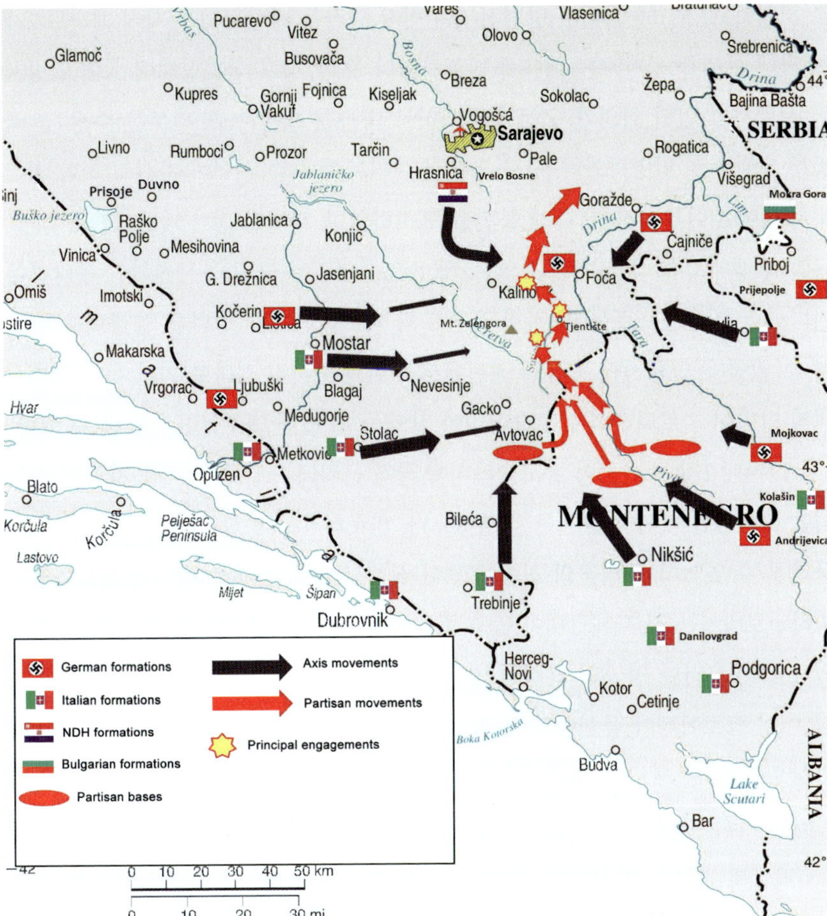

80- **독일 등 구축군의 제5차 파르티잔 대공습 당시 지도**

출처: https://commons.wikimedia.org/wiki/File:Map_of_Case_Black.JPG

었다. 이탈리아군이 남긴 무기와 식량 그리고 스플리트를 포함한 아드리아 해안 지역이 파르티잔에 의해 장악되었다. 또한, 몇 달 이후 북부 달마티아 지역도 연합군에 완전히 들어옴으로써 연합군과 파르티잔의 연합 군사 작전이 더 손쉬워졌다. 1943년 11월 29일, 제2차 AVNOJ 회의가 보스니아 중부 야이쩨(Jajce)에서 열렸다. 이 회의에서 티토는 AVNOJ를 유고슬라비아에서 최고 합법적 의결기관으로 천명하고, 유고슬라비아 망명정부의 법적 권한을 박탈함과 동시에 페타르 2세의 국내 복귀를 금지하는 내용을 발표하였다. 또한, 향후 국가형태에 있어 연방제를 선택하고 인민 회의가 구성되어 리바르 박사를 의장으로, 티토를 수상 겸 국방부 장관으로 임명하였다. 당시 스탈린은 티토의 이런 선언이 자신의 허락 없이 독자적으로 이루어진 데 대해 불만을 표시하였다. 하지만 당시 파르티잔의 대(對)독일 투쟁에서 별다른 지원을 않은 채 유고슬라비아 국내 공산세력의 몰락만을 기다렸던 스탈린으로선 더 강화된 티토와 파르티잔에게 별다른 영향력을 행사할 수 없었다. 그렇지만 동유럽 전선에서 소련의 군사적 성과로 인한 독일군의 심리적 압박이 파르티잔의 유고슬라비아 장악을 더 쉽게 해주었다고는 할 수 있다.

1944년 2월, 소련군이 유고슬라비아 국경 근처에 도달했다. 이에 자극받은 독일은 그해 5월 마지막 공격을 감행했으나, 파르티잔은 연합군의 지원 속에 이를 물리칠 수 있었다. 독일군의 최종 공격이 실패로 돌아간 것을 확인한 체트니크의 미하일로비치는 전후 세르비아 왕조 중심의 국가건설을 위해 티토에게 회담을 제의하였다. 그러나 영국의 압력에 따라 1944년 6월 미하일로비치는 실각하게 된다. 이어 크로아티아 출신이자 과거 크로아티아 바노비나의 반이었던 슈바쉬치를 수상으로 하는 새로운 내각이 들어섰고, 그는 체트니크 해산과 그 부대원이 파르티잔 지휘 아래로 예속될 것을 명령하였다. 영국의 도움으로 아드리아해의 비스(Vis)섬에 거점을 차린 티토는 영국 망명정부에 화해와 타협을 제의하였다. 망명정부로선 이러한 대화 제의를 받아들일 수밖에 없었다. 결국, 슈바쉬치 수상은 비스섬의 티토를 찾아가 전쟁 수행 협조와 상호협력을 논의하게 된다. 여기서 그는 왕정 문제를 적당한 시기에 재논의하는 것을 전제로 제2차 AVNOJ 선언 내용을 받아들이기로 합의하였다. 이에 따라 망명정부와 티토의 파르티잔을 중심으로 한 전후 정부수립논의가 이루어졌다. 그 결과 1945년 3월 7일, 티토를 수상 겸 국방부 장관으로, 슈바쉬치를 외상으로 하는 연립내각이 발표된다. 하지만 이러한 연정에도 불구하고 28명의 주요 각료 중 23명이 파르티잔 출신으로 실질적인 권력은 파르티잔에게 이미 넘어가 있었다. 미하일로비치와 체트니크 지도부 그리고 우스타샤 지도부는 오스트리아 등 다른 국가들로 피신하였다. 이어 1945년 5월 9일, 독일이 연합군에게 항복함에 따라 제2차 세계대전이 끝을 맺게 된다. 이후 1945년 말까지 체트니크와 우스타샤 부대원들의 소규모 저항이 있었으나 이들은 파르티잔에 의해 곧바로 진압되었다. 제2차 세계대전으로 인해 유고슬라비아는 대략 170여만 명이 사망하였고 이 수치는 대전 이전 인구의 11%에 해당하는 숫자였다. 특히 희생자 중 100여만 명은 민족 분쟁에 따른 학살 때문이었다.

제5장

현대 II(1945-1989), 사회주의 체제하 유고슬라비아

1. 사회주의 체제로의 전환과정과 코민포름분쟁

1946년 헌법과 사회주의 국가 수립 | 정권 안정화 과정과 사회주의 경제개혁 | 코민포름 분쟁(1948)

2. 1950년대 상황과 정책들

노동자 자주 관리제도 | 티토의 비동맹 외교정책 | 1950년대 정치 상황 | 질라스의 신계급 논쟁

3. 1960년대 개혁들

1963년 신헌법 | 1960년대 경제개혁 | 란코비치 사건 | 란코비치 실각 후유증과 민족주의 운동 증대 | 1960년대 외교 상황

4. 1970년대 민족갈등과 경제위기

크로아티아의 봄 | 1974년 신헌법 | 1970년대 경제 상황

5. 1980년대 민족주의 대두

티토의 사망과 코소보 | 1980년대 경제위기 | 티토 재평가 확산과 연방의 해체

1. 사회주의 체제로의 전환과정과 코민포름분쟁

1) 1946년 헌법과 사회주의 국가 수립

티토와 슈바쉬치 연합정부는 1945년 8월, AVNOJ를 해체하고 이를 대신할 수 있는 '민주연방 유고슬라비아(DFY/ DFJ: Democratic Federative Yugoslavia/ Demokratska federativna Jugoslavija)'를 설립하였다. 여기에는 기존 318명의 의회 의원들도 참여하였다. 의원의 상당수는 파르티잔과 친(親)공산주의 세력, 또는 이전에 AVNOJ에 가담했던 사람들로 채워졌다. 이 단체는 같은 해 11월 '유고슬라비아 인민전선(PFY/ NFJ: People's Front of Yugoslavia/ Narodni front Jugoslavije)'으로 개칭하고 11월 11일 총선에 참가하게 된다. 총선에서 '유고슬라비아 인민전선(PFY/ NFJ)'은 90% 이상의 지지로 압승하였다. 총선 결과 11월 29일 왕정 폐지가 선언되었고, 더불어 '유고슬라비아연방 인민 공화국(FPRY/ FNRJ: Federal People's Republic of Yugoslavia/ Federativna narodna republika Jugoslavije, 1945-1963)' 건설이 발표되게 된다. 이후 1946년 1월 31일, 소련의 스탈린 헌법에 기초한 새로운 헌법이 공포됨으로써 사회주의 국가로서 유고슬라비아연방이 창설되었다.

138개 조항으로 이루어진 1946년 헌법은 1936년 발표된 스탈린의 소련 헌법을 기초로 하고 있었다. 하지만, 법률적 평등과 인종, 지위, 재산, 교육수준, 종교적 차별을 두지 않고, 정치, 종교적 자유와 집회, 결사의 자유를 보장하는 민주주의적 색채가 가미되었다. 또한, 헌법에 따라 동등한 지위와 권한을 지닌 6개의 공화국이 설립되었고, 그 경계는 1918년 이후 수립된 각 민족 경계선을 기초로 역사적, 인종적 경계에 따라 이루어졌다. 세르비아 공화국에는 2개의 자치주인 보이보디나(Vojvodina)와 코소보-메토히야(Kosovo-Metohija)가 세워졌다. 이것은 연방 내 가장 강력한 공화국인 세르비아의 독주를 방지하고 자치주 내 소수민족 인권을 보호하겠다는 의도에 따른 것이었다. 보스니아-헤르체고비나공화국은 과거 오-헝 이중제국 지배 당시 행정경계를 기초로 만들어졌으며, 마케도니아 공화국은 1913년 세르비아 왕국 점령 이후 경계선에 기초해 형성되었다. 슬로베니아는 파르티잔 진격으로 새로이 얻은 율리안 지방을 포함해 민족 경계선에 의해 이루어졌다. 크로아티아는 역사적 경계선에 따라 크로아티아 본토와 슬라보니아 지방 그리고 달마티아 지방 및 두브로브니크를 차지하였고, 또한 이탈리아로부터 얻은 이스트라반도 대부분과 자다르 섬 등 아드리아 해안 일대의 섬들 그리고 헝가리로부터 획득한 메지무르예(Međimurje) 지역 또한 포함함으로써 연방 내에서 영토상 가장 많은 혜택을 얻게 된다.

1946년 헌법에 따라 '연방의회(FA/ SS: Federal Assembly/ Savezna skupština)' 구성은 보통선거에 따라 선출된 '연방위원회(Federal Council/ Savezno veće)' 의원들과 각 공화국과 자치주에 기초한 '인민위원회(Council of Nations/ veće naroda)' 의원들로 이루어졌다. 또한, 국가 간 중요 정책 결정은 각 공화국 의회에서 선출된 대표들로 구성된 '최고위원회(Presidium/ Prezidijum)'가 맡았다. 레닌 이론에 기초한 프롤레타리아 독재라는 측면에서 소련과 유고연방은 이론적 유사점은 보였지만, 실제 적용에 있어선 많은 차이를 보였다. 그 대표적인 것이 바로 '유고슬라비아 인민전선(PFY/ NFJ)'과 '유고슬라비아 인민군(YPA/ JNA: Yugoslav people's Army/ Jugoslovenska narodna armija)' 창설배경과 그 역할이다. 다른 동유럽 공산 국가에서는 제2차 세계대전 이전에 존재했던 부르주아 정당들이 전쟁 이후에도 어느 정도 그 세력을 유지하고 있었으나, 사회주의 유고슬라비아 경우에는 1945년 11월 선거 이전 그러한 정당들은 세력을 유지하지 못했었고 영향력도 거의 행사할 수 없었다. '유고슬라비아 인민전선(PFY/ NFJ)'만이 대중들로부터 최고의 지지와 권력을 장악하고 있을 뿐이었다. 한편 '유고슬라비아 인민군(YPA/ JNA)'은 독일과의 항전에서 승리한 파르티잔의 후신으로 1945년 3월 창설되었다. '유고슬라비아 인민군'은 소련군의 도움 없이 창설되었다는 점과 제2차 세계대전 중 대(對)독 투쟁을 독자적으로 성공리에 완수한 데 대한 자부심과 충성심이 매우 높은 조직이었다. 자생적인 정당 수립과 단결된 군대 조직을 통해 유고슬라비아는 다른 사회주의 국가들과 달리 소련에 대한 독자노선을 구축해 나갈 수 있었다.

2) 정권 안정화 과정과 사회주의 경제개혁

사회주의 유고슬라비아연방은 국가수립 초기 대내 안정에 초점을 맞추었다. 따라서 사회주의 반대세력 제거와 함께 전쟁피해 복구사업에 총력을 기울였다. 정권 공고화를 위해 과거 파르티잔에 저항했던 단체들과 지도자들에 대한 대대

81- **자그레브 대성당에 안치된 스테피나쯔 추기경**

적인 숙청작업이 단행되게 된다. 이에 따라 미하일로비치를 포함한 체트니크 주요 지도부가 해외에서 소환되거나 체포되어 사형에 처했고, 세르비아의 독일 괴뢰정부였던 네디치 정권 지지 세력에 대해서도 대규모 숙청이 이루어졌다. 이와 함께 1945년 초 독립을 주장하던 코소보 알바니아인들의 무장폭동도 파르티잔에 의해 무자비하게 진압되었다. 제2차 세계대전 당시 코소보독립과 이웃 알바니아로의 편입을 조건으로 파르티잔에 동조했던 5만여 명의 알바니아인들은 전쟁 이후 코소보의 세르비아 편입이 결정되자 무장폭동을 일으켰다. 당시 알바니아 공산화 지원 조건으로 코소보를 유고슬라비아에 넘겨주기로 한 알바니아 제1서기인 호자(Enver Hoxha, 1908-1985, 재임 1941-1985)와 티토 간 합의가 이루어졌고, 특히 알바니아 영향력 확대를 둘러싼 티토와 호자 간의 갈등이 심화하자 이들은 숙청되거나 알바니아 본토로 피신해야 했다.

우스타샤와 그 행위를 지지하였던 크로아티아 가톨릭 사제들도 주요 숙청대상이 되었다. 특히 크로아티아 가톨릭 추기경인 스테피나쯔(Alojzije Stepinac, 1898-1960, 재임 1937-1960)는 강력한 가톨릭 추종자이자 크로아티아 민족주의자였다. 그는 비밀리에 우스타샤의 학살 행위를 비난하고 유대인 피신을 도와주었다고 알려졌지만, 공개적으론 크로아티아 독립 국가 건설을 지지했으며 우스타샤의 가톨릭 개종작업에 적극적으로 동조한 것으로 평가받고 있다. 그는 독일과 우스타샤에 협조했다는 죄목으로 1945년 5월 투옥되었으

82- 크로아티아인의 성지가 된 자그레브 대성당

나, 크로아티아 민족의 동요를 막고 바티칸과의 관계를 고려한 티토의 호의로 풀려나게 된다. 하지만, 우스타샤에 동조했거나 협조한 가톨릭 사제들은 사형당하거나 감옥에 투옥되어야 했다. 그는 1960년에 사망하였고 시신은 자그레브 대성당에 안치되었다. 이후 그와 그의 시신이 묻혀있는 자그레브 대성당은 크로아티아 민족주의자들의 성인과 성역으로 인정되었다. 우스타샤에 동조했다는 이유로 시작된 가톨릭 박해는 1971년 티토가 교황을 방문한 이후에서야 줄어들었고, 가톨릭교회와 정부와의 관계 또한 정상화 될 수 있었다.

사회주의 국가 수립 직후 연방정부는 전쟁피해를 신속히 복구하고 경제재건을 위해 국가 중심의 계획경제를 도입하였다. 우선, 1947년 1월 제1차 5개년 계획(1947-1952)을 시행하여 사회주의 경제이론에 기초한 경제건설과 '농업개혁(Agrarian Reform/ Agrarna reforma)'을 단행하였다. 1946년 이후로 유고슬라비아의 경제개혁을 책임졌던 슬로베니아 출신의 키드리치(Boris Kidrič, 1912-1953, 슬로베니아 수상 1945-1946)는 소련식 급속한 산업화와 중공업 집중화 정책을 추진해 나갔다. 계획 초기 동구 블록과의 교역 증대 속에 농업개혁에 따른 '집단농장화(Agricultural Collective/ Poljoprivredni kolektiv)'가 이 시기에 단행되었다. 하지만, 당시 유고슬라비아는 소련과 달리 방대한 영토도 아니었고 충분한 물자나 자원 그리고 많은 정보와 행정 통신망 등을 갖추지 않고 있었다. 따라서 국내 실정에 맞지 않는 초기 정책들은 결국 실패로 돌아가야 했다. 특히, 유고슬라비아가 1948년 6월 '코민포름 분쟁(Conflict of Cominform/ Sukub Kominforma)'에 따라 코민포름에서 축출되고 사회주의 국가 간 경제공동체인 '코메콘(Comecon: Council for Mutual Economic Assistance)'에서도 이탈되자 상황은 더 심각해졌다. 이와 함께 1950년부터 1952년 사이 가뭄과 기근은 스탈린식 계획경제의 한계점을 분명히 드러나게 했다. 이후 유고슬라비아는 소련식 중앙집중적 계획경제를 포기하고 자국의 실정에 맞는 새로운 경제체제 개발에 착수하게 되었다.

3) 코민포름 분쟁(1948)

소련 주도로 사회주의 블록 내 공산당들을 연계시키며 단결을 과시했던 코민포름(Kominform/ IB: Informbiro)은 양차 세계대전 사이 형성된 코민테른의 후신이었다. 공산당 국제조직인 코민테른은 제2차 세계대전 당시 공산주의 세력의 반(反)파시스트 연합으로 동유럽뿐만 아니라 이탈리아, 프랑스 지역 등에서 두드러진 활동을 하였다. 그러나 1943년 서유럽 연합군의 해체압력과 대전 중 국제지원 필요에 따라 스탈린은 코민테른을 해체하게 된다. 제2차 세계대전 승리 이후 국제공산당들 간 새로운 조직 결성의 필요성이 대두되었고 그 결과 1947년 9월 코민포름이 설립되었다. 설립 초기 조직원 다수는 지리적 위치가 좋았던 체코슬로바키아의 프라하에 본부 설치를 생각했었다. 하지만 소련의 요구로 베오그라드가 코민포름 본거지로 정해지게 된다. 그 배경에는 독자적인 대(對)독 항전으로 사회주의 국가를 수립한 유고슬라비아를 견제하고 소련의 내정 개입을 더 손쉽게 하려는 의도에서 비롯된 것이다. 코민포름 회원국으론 소련을 비롯해 6개의 동유럽 국가(폴란드, 체코슬로바키아, 헝가리, 유고슬라비아, 루마니아, 불가리아)와 프랑스, 이탈리아 등이 가입하였다. 스탈린은 적어도 이때까진 티토를 단순히 세계 공산당 운동에서 2인 자 정도로만 인식하고 있었다. 하지만 1946년 티토가 프라하와 바르샤바 방문 때 그에 대해 열광하는 분위기를 확인한 소련은 동유럽 내 반(反)소련 감정이 독자 공산화를 이룬 티토에 관한 관심으로 이어지는 것을 경계하기 시작했다. 이후 스탈린의 티토에 대한 견제는 더 확대되게 된다.

유고슬라비아는 자체적인 힘으로 사회주의 국가를 건설했다는 자부심으로 서방측과 소련에 대해 독자적인 외교 노선을 수립하였고, 이것은 소련의 불만을 불러왔다. 특히, 1947년 동안 유고슬라비아와 소련 간 갈등은 경제, 군사 그리고 외교 분야까지 확대되고 있었다. 우선 경제적으로 소련은 유고슬라비아의 제1차 5개년 계획을 달갑게 여기지 않았는데, 소련은 유고슬라비아가 자신의 공산품과 2차 생산품을 사가고 그 대신 1차 생산품 조달의 원자재 공급기지로써 남기를 원했기 때문이었다. 소련의 이런 노골적인 의도는 유고슬라비아 내에서 경제적 제국주의로 비난받았다. 소련은 자국 기업과 동유럽 기업들을 연결한 조합회사를 설립하고 이를 통해 동유럽 경제를 장악하겠다는 의도를 지니고 있었다. 하지만 소련의 의도를 파악한 유고슬라비아는 조합회사 설립 관련 소련의 여러 요구에 대해 비(非)협조적 자세를 견지했다. 군사적인 면에서도 소련군은 유고슬라비아 인민군에 대해 계속된 불신과 불만을 표시했었다. 무엇보다도 이것은 파르티잔 전통에 자부심을 지켜오던 유고슬라비아 인민군의 자존심을 손상했다. 또한, 소련군사 고문단은 그들에 대한 유고슬라비아 정부의 대우와 역할에 불만을 자주 표시하였고 1948년 3월 18일 일방적으로 철수해버렸다. 외교적으로도 소련과의 갈등은 더 확대되고 있었다. 유고슬라비아와 이탈리아 간 영토 갈등을 겪고 있던 트르스트 항구와 카르닉 지방(Carnic Region/ Karnske pokrajne) 문제에 있어 소련은 티토의 의견을 무시하고 일방적으로 서구 연합군에 그 관할권을 넘겨주었다. 이곳은 파르티잔이 제2차 세계대전 당시 독일군과 힘겨운 싸움 끝에 차지한 지역으로 그 관할권을 둘러싼 갈등이 자리하고 있었다. 또한, 유고슬라비아는 불가리아, 루마니아와 함께 발칸연방을 창설하고자 했지만, 소련은 불가리아와 루마니아에 압력을 행사하여 이를 방해하였다. 이 외에도 1947년 알바니아의 호자가 알바니아 공산화를 위해 지원군을 요청하자 티토는 질라스를 중심으로 인민군을 파견하였는데, 이런 독자적인 행동에 소련은 불쾌감을 표시하기도 했다. 이후로 양국 간 갈등은 '유고슬라비아 인민전선(PFY/ NFJ)' 내 공산당의 역할과 이데올로기, 경제정책 그리고 소련고문단과 외교관들에 대한 유고슬라비아 정부관리들의 태도 등 여러 분야로까지 증폭되게 된다.

특히, 1948년 5월 연방 경제계획 위원장인 크로아티아 출신의 헤브란그(Andrija Hebrang, 1899-1949)와 세르비아 출신의 쥬요비치(Sreten Žujović, 1899-1976)가 베오그라드에서 소련 간첩 혐의로 체포되었다. 소련은 강력히 비난하였고, 1948년 6월 28일 루마니아 부카레스트(Bucharest) 제2차 코민포름대회에서 유고슬라비아를 코민포름에서 축출할 것을 선언하게 된다. 이후 부카레스트에 코민포름 본부

(1948-1956)가 재수립되었다. 소련 등 동유럽 곳곳에서 스탈린 정책에 반대하는 이들에게 티토주의자라는 죄명이 붙었으며, 이들에 대한 대대적인 숙청작업이 단행되었다. 유고슬라비아 또한 친(親)소련주의자 체포 및 대규모 숙청이 일어났고, 5년 동안 상당수의 반(反)체제 인사들과 약 15,000명의 당원이 재교육 혹은 투옥되게 된다. 소련과의 갈등 심화 속에서도 대부분의 유고슬라비아 대중들은 티토를 지지하였다. 소련의 군사 공격 대두에 두려움이 확산하고 있었고, 따라서 티토는 스탈린의 계속된 비난과 파르티잔 격하 운동 등을 참아내야만 했다.

코민포름 축출에 따른 정치적인 위기는 경제적 위기로 확대되었다. 코민포름 축출과 코메콘의 외면은 동유럽 국가들과의 교역확대를 전제로 수립된 제1차 5개년 계획 달성을 힘들게 하였다. 유고슬라비아는 경제적 어려움을 타개하기 위해 서방과의 관계개선과 지원을 기대하게 된다. 우선 유고슬라비아는 이탈리아와의 트르스트 자유지역 문제와 공산주의 확대 방지에 초점을 둔 '트루만 독트린(Truman Doctrine)' 등 여러 외교 갈등을 극복하려는 시도를 보였다. 이에 대해 서유럽은 소련의 세력 확대저지 차원에서 유고슬라비아에 대에 관심을 표방하였다. 티토는 이러한 서구의 관심과 지원이 사회주의 체제 원칙을 침해하지 않는 조건 아래서 받아들이겠다는 것을 분명히 했다. 제1차 5개년 계획이 수정되었고, 1957년도에 들어와 '노동자 자주 관리제도(Worker's Self-Management/ Radničko samoupravljanje)'에 기초한 제2차 5개년 계획(1957-1961)이 수립되었다.

2. 1950년대 상황과 정책들

1) 노동자 자주 관리제도

83- **티토와 함께 사회주의 유고슬라비아연방을 이끌었던 에드바르드 카르델리**

출처: https://commons.wikimedia.org/wiki/File:Edvard_Kardelj_(5).jpg

코민포름 축출 이후 서방의 지원과 대규모 반(反)체제 인사 검거에 따라 어느 정도 안정기에 접어들자 티토와 그의 추종자들은 스탈린체제가 막스 이론과 비교해 어떤 문제점을 지니는지 연구하기 시작했다. 이에 따라 몬테네그로 출신의 질라스, 슬로베니아 출신의 키드리치와 카르델리(Edvard Kardelj, 1910-1979, 수상 1946-1963, 외무부 장관 1948-1953, 연방의회 의장 1963-1967, 집단대통령제 슬로베니아 대통령 1974-1979)를 중심으로 막스 이론 연구가 활발히 일어났다. 코민포름 축출 이후 유고슬라비아는 스탈린식 경제체제에서 벗어나 현실에 맞는 새로운 경제체제가 필요했었다. 이들은 연방 안에서 진정한 노동자들의 민주주의를 실현해보고자 노력했지만, 상당 부분 이들의 순수 연구는 티토의 정치적 의도, 즉 스탈린체제 탈피목적과는 괴리되는 것이었다. 이것은 훗날 질라스를 중심으로 한 사회주의 지식인들의 반(反)체제운동을 낳기도 했다. 이들의 노력은 어느 정도 결실을 보아 농업 집단화와 기업 집단화를 탈피하고 주요 기업경영을 경영자와 노동자 손에 맡기려는 움직임을 확대할 수 있었다. 이를 기초로 1946년 헌법을 새롭게 수정한 1953년 헌법이 수립되게 된다.

1953년 2월 수립된 새로운 헌법은 무엇보다도 '노동자 자주 관리제도' 강화에 초점을 맞추고 있었다. 그리고 이것은 자연스럽게 지방정부 권한 강화로 이어졌으며, 이와 같은 변화는 정책 결정의 탈(脫)집중화로의 조심스러운 발전을 의미했다. 지방정부 권한이 강화된 만큼 사회분화 부분에서 권한 강화와 책임이 증대되었다. 개정된 헌법에 따라 기존의 연방의회 구성방식도 바뀌었다. 보통선거에 따른 '연방위원회'는 그대로 두고 이전 각 공화국과 자치주에서 일정 비율로 선출된 '인민위원회'는 각 '노동자위원회(Worker's Council/ Veće radnika)'에서 뽑힌 대의원 간접선거로 선출되는 '생산자위원회(Producer Council/ Veće proizvođača)'로 대체되었다. 또한, 최고 의결권도 연방의회에서 선출된 38명의 '연방 집행위원회(Federal Executive Council/ Savezno izvršno veće)' 결정으로 이루어지게 되었다. 그리고 초대 연방대통령으로 티토가 선출되었다.

당명과 연대조직명도 1953년 헌법에 따라 '노동자 자주 관리제도'를 강화하기 위해 개칭되었다. 우선 이전 '유고슬라비아 공산당(CPY/ KPJ)'은 '유고슬라비아 공산주의자 연맹(LCY/ SKJ: League of Communists of Yugoslavia/ Savez komunista Jugoslavije)'으로 그리고 '유고슬라비아 인민전선(PFY/ NFJ)'은 '유고슬라비아 노동자 인민 사회주의 연합(SAWPY/ SSRNJ: Socialist Alliance of Working People of Yugoslavia/ Socijalistička savez radnog naroda Jugoslavije)'으로 개칭되었다. 이 같은 명칭 변화는 자주 관리화된 사회에 맞는 공산주의자들의 역할 중시에 따른 것이다. 우선, '유고슬라비아 공산주의자 연맹(LCY/ SKJ)'은 중앙과 지방의 사회, 정치조직들 사이에서 지도력을 발휘할 것을 요구받았다. 그리고 '유고슬라비아 노동자 인민 사회주의 연합(SAWPY/ SSRNJ)'은 학생, 청년, 여성조직 그리고 노동조합(Union/ sindikat) 조직 등에서 대중조직과 지도부 후보선출, 정부 선전 활동 등의 역할을 담당하였다. 특히 '노동자 자주 관리제도'에 기초하여 공산주의자들은 주요 요직에서 핵심을 차지했다. 하지만 인민통제를 느슨하게 하고 정치력 조직에 주력하도록 요구되었다. 새로운 헌법에 따른 명칭변경과 조직개편에 대해 연방정부는 레닌의 '민주집중제(Democratic Centralism/ Demokratski centralizam)'에 기초하고 있음을 강조하였다. 1958년 4월 전당대회에서 레닌의 '민주집중제'는 과거 스탈린식 '국가 집중제'를 대체할 이론으로 강조되었다. 또한, 이를 기초로 구축된 '노동자 자주 관리제도'는 노동자들에 의한 직접적인 민주주의 실현이 될 것이라 선언되었다.

1957년부터 이루어진 제2차 경제개발 5개년 계획(1957-1961)은 1953년 헌법에 기초하고 있었다. 경제개발의 주요 요소들이 '노동자 자주 관리제도'의 운영 활성화와 행정적 비집중화에 중점을 두고 행해졌다. 우선 각 사업 단위체에서 자신들이 정한 생산목표와 목표량을 상부에 보고하면 이를 연방정부에서는 장기 계획에 따라 조정하여 경제지표를 설정하였다. 즉 거시계획과 투자분배, 투자 우선순위는 국가가 정했지만, 그 외 미시계획들은 각 기업체와 소단위 조직체에서 결정하도록 유도되었다. 또한, 무역, 환율, 은행, 통화체계 등은 연방정부가 결정했지만, 기타 여러 권한은 각 기업과 지방정부에 이양되었고 다양한 인센티브 제도가 도입되기 시작하였다. 도입 초기 '노동자 자주 관리 제도'는 큰 결실로 다가왔고 제2차 5개년 계획 동안 평균 8.5%의 경제성장을 이룩할 수 있었다. 그 결과 제2차 경제개발 5개년 계획이 4년 만에 완성되는 등 유고슬라비아는 당시 세계 어느 국가들보다 빠른 초고속 성장을 이룰 수 있었다. 그러나 내면적으론 여러 문제점을 안고 있었다. 특히 수출액이 수입액의 62%에 불과하는 등 심각한 무역 역조 현상이 나타났으며, 저발전 지역 투자 우선 정책에 있어 지역 선정문제를 둘러싸고 지역 간 갈등이 증폭되기 시작했다. 결국, 1961년도부터 이루어진 제3차 5개년 계획(1961-1965)에서는 이러한 문제점을 타파하기 위해 '시장 사회주의(Market Socialism/ Tržište socijalizam)'라는 서구 자본주의식 경제체제가 첨가되었다.

2) 티토의 비동맹 외교정책

84- 한국전쟁이 남한의 북침이라 주장하는 소련 주장이 거짓이라는 유고슬라비아 풍자삽화

1950년대 유고슬라비아의 외교정책은 1948년 '코민포름분쟁' 여파 속에 이를 이겨내려는 의도에서 비롯되었다. 코민포름분쟁 이후 소련과 유고슬라비아는 계속해서 외교논쟁을 벌이게 된다. 대표적인 사건으로는 1949년 외무부 장관이던 카르델리가 UN 총회에서 소련의 위협과 박해 문제를 공개 제기한 것을 들 수 있다. 그는 소련의 이러한 행위가 약소국에 대한 주권침해라 강조하며 UN에 이 문제를 해결해 달라고 요청하였다. 1949년 10월, 중공이 공산화되자 미국과 서구가 세계 공산화에 대한 우려를 더욱 높이던 시점이었다. 이것은 당시 소련과 갈등 관계에 있던 유고슬라비아에 관한 서구의 관심과 지원으로 이어졌다. 더불어 유고슬라비아는 소련의 방해 공작에도 불구하고 미국의 적극적인 지원 속에 1950년부터 UN 비상임이사국 중 하나로 활동할 수 있었다. 이것은 한국전쟁 직후 객관적 사실을 바탕으로 유고슬라비아가 사회주의 국가 중에선 유일하게 한국전쟁이 소련제 탱크를 앞세운 북한의 남침임을 인정하는 중요한 계기가 되었다. 하지만 서구의 경제 지원과 미국의 군사 지원이 확대되는 가운데서도 유고슬라비아는 '북대서양조약기구(NATO: North Atlantic Treaty Organization)' 가입 등 서구블록 편입을 거부하는 등 사회주의 체제를

고수하되 어느 블록에도 편입되기를 원하지 않는 정책을 고수하였다.

소련과 유고슬라비아 양 측간 최초의 직접적인 외교적 마찰 또한 한국전쟁 논쟁을 통해서였다. 1950년 9월 한국전쟁을 둘러싸고 유고슬라비아는 소련의 남한침공을 공개적으로 비난하고 나섰다. 유고슬라비아는 소련이 약소국 침공을 지원했으며 UN과 회원국 모두가 힘을 합쳐 이것을 막아내야 한다고 주장하였다. 당시 이러한 주장은 유고슬라비아와 비슷한 상황에 부닥쳐있던 이집트와 인도 등 여러 약소국에 깊은 인상을 남겨주었다. 1953년 2월 28일, 소련의 군사 팽창 위협 속에 유고슬라비아는 NATO 회원국이던 그리스와 터키 등과 함께 군사 안보협정인 '발칸협정(Balkan Pact)'을 체결하면서 군사, 외교적 고립탈피를 시도하기도 했다. 1953년 3월 스탈린이 사망하자 이후 첨예한 냉전(Cold War)의 상징물이던 한국전쟁 휴전(1953. 07. 27) 논의가 전개되는 등 국제사회의 평화 분위기가 조성되게 된다. 유고슬라비아와 서구진영 간 무역, 문화교류가 확대되는 가운데 1955년 5월 26일, 후르시쵸프(Nikita Khrushchev, 1894-1971, 당서기장 1953-1964)가 유고슬라비아를 방문하였다. 그리고 6월 2일, 그는 티토와 함께 베오그라드에서 유고슬라비아와 화해와 국교회복을 의미하는 '베오그라드 선언(Belgrade Declaration/ Beogradska deklaracija)'을 발표하게 된다. 이로써 유고슬라비아의 외교적 폭이 더 확대될 수 있었다. '베오그라드 선언'의 상징성은 과거 스탈린식 강압적이고 굴욕적인 외교 관계에서 벗어나 국가 간 평등과 상호외교 존중 그리고 평화로운 협조와 조화로운 발전을 함께 추구하자는 내용을 담고 있었다. 이에 따라 소련의 간섭을 벗어난 티토는 이후로 더 독자적인 외교정책을 추진해 나갈 수 있게 된다.

유고슬라비아의 '비동맹외교정책(Non-Alignment Policy/ Politika nesvrstanosti)'은 1955년 1월 티토의 버마(Burma) 방문 이후 본격화되었다. 랑군(Rangoon) 대학 연설을 비롯해 여러 자리에서 티토는 서로 유사한 정치적, 국제역학적 상황이 비슷한 제3세계 국가 간 연대 필요성을 제기하게 된다. 이러한 티토의 제안에 한국전쟁 당시 UN 안보리 투표 내용을 통해 이미 서로의 생각과 의사를 확인했던 이집트, 인도 등이 적극적으로 동조하였다. 1955년 4월 18일부터 24일까지 열린 인도네시아 '반둥회의(Bandung Conference)'에서 아시아-아프리카의 제3세계 국가들은 자본주의와 사회주의 어느 한 축에도 속하지 않을 것을 발표하게 된다. 이것은 제 1세계를 대표하는 미국 등의 서구 자본주의 진영과 제 2세계를 의미하는 소련의 사회주의 어느 블록에도 끌려다니지 않을 것을 밝힌 것이다.

이어 1957년 11월 러시아 모스크바(Moscow)에서 열린 세계 공산당대회에서 티토는 '사회주의로 가는 각자의 길(Each road to Socialism)'이 있음을 분명히 했다. 이런 주장의 배경에는 1956년 이후 확대된 소련-중공 간 갈등(1956-1966)이 자리하고 있었다. 갈등 배경에는 후르시쵸프의 스탈린 격하 운동이 있었는데, 당시 마오쩌뚱(Mao Zedong, 1893-1976, 당서기장 1943-1976)은 이를 강력히 비판했었다. 사회주의로 가는 각자의 길이 존재할 수 있음을 밝힌 티토의 이런 주장은 첫째, 사회주의 블록 내부의 갈등 속에서 약소국들이 어느 한쪽으로 휘말리지 않으면서 사회주의 체제를 고수하길 위한 전략에서 비롯된 것이었다. 둘째로는 지난 1948년 코민포름분쟁 이후로 이어진 10여 년 동안 양대 블록 하에서 겪었던 고통으로 다시는 빠지지 않겠다

85- **1961년 9월 베오그라드에서 열린 비동맹 정상회담의 모습**
출처: https://commons.wikimedia.org/wiki/File:Konferencija_Pokreta_nesvrstanih_1961._godine.jpg

는 의지의 표현이기도 했다. 그리고 마지막으로 유고슬라비아의 외교정책으로 '비동맹외교정책'이 공식화되었음을 의미하는 것이었다. 계속된 비동맹국가들과의 교류 속에 1961년 9월, 베오그라드에서 '비동맹 정상회의'가 열려 23개국의 정상이 참석하였다. 이후 유고슬라비아는 제3세계 블록의 리더국가로 부상하였고, 티토는 인도의 네루(Jawaharlal Nehru, 1889-1964, 재임 1947-1964), 인도네시아의 수카르노(Sukarno, 1901-1970, 재임 1945-1967), 가나의 은크루마(Kwame Nkrumah, 1912-1972, 재임 1960-1966) 그리고 이집트의 나세르(Gamal Abdul Nasser, 1918-1970, 재임 1956-1970)와 함께 '비동맹운동의 아버지(Father of the Non-Aligned Movement)'로 불리게 된다.

3) 1950년대 정치 상황

1950년대 유고슬라비아의 정치 상황은 '노동자 자주 관리제도'의 도입과 관련된 당 내부 그리고 당 조직 간 논쟁 심화로 그리 순탄치 않았다. 논쟁의 핵심은 주로 '노동자 자주 관리제도' 시행을 둘러싼 당내 세력갈등과 당의 역할 범위 문제로 귀결되었다.

당내에선 경제 분권화와 별개로 정치 분권화 혹은 집중화 논란이 계속되었다. 이것은 코민포름 축출 이후 국가방위와 내적 공고화를 위해서 정치의 '중앙 집중화'를 강조하자는 견해와 진정한 자주 관리 사회를 이루기 위해선 정치의 '지방 분권화'가 필요하다는 주장으로 귀결되었다. 우선 '중앙 집중화' 세력은 국가적 위기 사태를 극복하기 위해 강력한 국가 지도력이 필요하며, 따라서 중앙정부의 의사결정과 권한이 우선시 되어야 한다는 의견이었다. 이는 주로 란코비치(Aleksandar Ranković, 1909-1983, 정보부 1944-1946, 내무부 1946-1953, 부수상 1949-1963, 부통령 1963-1966)를 비롯한 세르비아 민족주의자들에 의해 주장되었다. 반면 '지방 분권화' 주장론자들은 지나친 중앙정부 통제정책과 이에 따른 지방정부 권한 약화가 결과적으론 경제 분야는 물론 사회 전 분야로 확대하려던 '노동자 자주 관리제도'의 본래 취지를 훼손시킬 것이며, 그 결과 연방 내 민족 간 갈등을 유발할 것이라는 견해를 지니고 있었다. 이는 주로 트리팔로(Miko Tripalo, 1962-1995)와 카르델리 등 크로아티아와 슬로베니아 당원들에 의해 주장되었다. 트리팔로는 '지방 분권화' 신념에 따라 훗날 1971년 '크로아티아 봄(Croatian Spring/ Hrvatsko proljeće)'을 주도하기도 했다.

이와 함께 당의 역할 범위 논쟁도 격하되었다. 당이 단순히 이념적 보호자로 남아야 하는지? 아니면 정치 지도 기구로 활동 폭을 넓혀야 하는지? 라는 문제를 둘러싸고 갈등이 증폭되었다. 이는 공산당과 그 전위부대인 '유고슬라비아 노동자 인민 사회주의 연합(SAWPY/ SSRNJ)'이 교육과 운영 전반 조언, 노동자 이익 대변 수준으로 그 역할이 한정되어야 하는지, 아니면 이보다는 상위개념의 주도적 위치에서 '노동자 자주 관리제도'의 보호자를 자임하며 전반적으로 조직들을 이끌어 나아가야 하는지? 에 대한 논쟁이었다. 일부 학자들은 이러한 논쟁을 두고 '보수주의자'와 '자유주의자' 간 갈등으로 구분 짓지만, 실제 그 분류가 정확히 적용되기는 어렵다. 예를 들어 서구 학자 중 일부는 농업 집단화에 의한 농업 분야 등 공공영역 증대를 주장하는 이들을 '보수주의자'로, 그리고 각 공화국 혹은 소수민족 권리 주장을 펼치는 이들을 '자유주의자'로 분류하고 있다. 그러나 란코비치 사례를 볼 때 그는 보수주의자이긴 했으나 세르비아 민족주의자였으며, 트리팔로는 자유주의자에 해당하였으나 역시 크로아티아 민족주의를 대변하고 있었다. 또한, 티토 자신도 연방 초기에는 자유주의자로 분류되었지만, 점차 보수주의자로 변신하였다. 결국, '노동자 자주 관리제도' 도입을 둘러싼 당내 논쟁과 당의 역할 범위를 둘러싼 갈등들은 이후 '신계급(New Class/ Nova klasa) 논쟁'을 불러오게 하였다.

4) 질라스의 신계급 논쟁

티토의 가까운 파르티잔 동지였던 질라스는 코민포름 분쟁 이후 스탈린식 사회주의를 극복하고 이를 벗어나기 위해 새롭게 이상적인 사회주의 이론을 연구하였다. 그는 1953년 1월부터 부수상을 역임했으며, 1953년 12월부터는 연방의회 의장직을 겸직하였던 당내 핵심 인사였다. 하지만, 1953년 10월부터 1954년 1월 사이 관영신문 보르바(Borba)에 실은 그의 사설(19건 중 18건만 공개)로 이후 그는 사회주의 체제 문제점을 고발하는 반(反)체제 인사가 되게 된다. 질라스는 사설에서 소련의 스탈린식 봉건주의를 비판하였고, 당 정책 결정에 있어 보다 민주주의적 절차의 필요성을 피력하였다. 이것은 티토와 공산당의 권위에 도전하는 것으로 비쳤다. 1951년 이 문제는 유고슬라비아 당내에서 본격적으로 다루어졌다. 하지만, 공산당 일당 독재를 부정하는 그의 주장이 사회주의 체제 자체를 위협할 수 있다는 비난이 대두되었고, 결국 자신의 의견에 동조했던 데디예르(Vladimir Dedijer, 1914-1990)와 함께 감옥에 투옥되어야 했다. 하지만 출옥 이후로도 그는 자신의 주장을 굽히지 않았다. 계속된 돌출발언으로 그는 1954년 1월 당중앙위원회에서 쫓겨났고, 3월엔 당 중앙인사위원회 결정으로 모든 공직에서 실각하게 된다.

86- **사회주의 반(反)체제 인사로 '신계급' 논쟁을 불러일으킨 밀로반 질라스**

출처: https://commons.wikimedia.org/wiki/File:Stevan_Kragujevic,_Milovan_Djilas,1950.JPG

1954년 12월 25일 뉴욕타임스(New York Times)와의 인터뷰에서 그는 유고슬라비아의 상황을 전체주의로 묘사하며 비(非)민주적 폭거가 자행되고 있다고 비판했다. 더불어 공산당과 경쟁할 새로운 '민주 사회주의당' 건설을 통해 양당 체제가 필요함을 주장하였다. 그는 이러한 정당설립만이 자유로운 논쟁 보장과 함께 진정한 사회주의로 가는 데 도움이 될 것이라 언급하였다. 결국, 그는 체포되어 18개월형을 선고받았다. 하지만 그의 주장은 서구진영에 신선하게 받아들여졌다. 이후로도 그는 수차례 가진 서방 기자들과의 인터뷰에서 소련과 유고슬라비아 정책들의 문제점을 고발해갔다.

1956년 11월 19일 헝가리 혁명(1956)을 무력 진압했다는 이유를 들어 UN에서 소련 징계에 대한 투표가 있었고, 유고슬라비아는 기권하였다. 질라스는 이를 강력히 비난했고 그에겐 3년형이 선고되었다. 당시 유고슬라비아 정부의 UN 투표 기권은 전략적 선택에서 기인한 것으로, 1953년 스탈린 죽음 이후 소련과 유고슬라비아 간에는 일련의 화해 분위기가 조성되고 있었다. 따라서 질라스의 비판은 유고슬라비아로선 매우 곤혹스러운 것이었다. 그는 투옥되기 직전 자신이 쓴 『신계급: 공산주의 체제 분석』(The New Class: An Analysis of the Communist System)' 원고를 미국 출판사(Praeger)로 넘겼고, 이 책은 전 세계 40개 언어로 번역되게 된다. 그는 책에서 자유로운 막스주의 관점에서 바라본 공산주의 현실을 통렬히 비판하였다. 이 책에선 프롤레타리아 혁명 이후 부르주아 계급을 무너뜨렸음에도 불구하고, 당 간부와 군부 그리고 당원과 전위 부대원 등을 중심으로 한 '새로운 계급(New Class/ Nova klasa)'이 등장하여 과거 자본주의 부르주아 계급들의 특권을 그대로 누리고 있다고 비난하고 있다. 1957년 미국에서 최초로 출판되자 질라스는 7년형이 추가되어 총 10년형이 선고되었다. 이후 1961년 1월 4년 2개월의 징역형을 끝으로 외국 학자 및 언론 접촉을 금지하고 다시는 국가 모독행위를 하지 않겠다는 약속과 함께 집행유예로 풀려났다. 하지만 그는 출옥 이후 새로운 책을 준비했고 마침내 1962년 4월 뉴욕에서 『스탈린과의 대화』(Conversation with Stalin/ Razgovor sa Stalnom)' 책을 출간되게 된다. 그는 다시 체포되었고 5년형 추가로 총 15년 감옥행이 선고되게 된다. 이후 1966년 12월 31일 티토의 호의로 석방되었으나 계속해서 사회주의 국가들의 문제점과 관련한 그의 솔직한 주장들을 이어갔다. 특히 그는 1981년 발표한 글에서 티토의 죽음(1980. 05)과 함께 경제적 자기 이익 폭발과 민족주의 대두로 인해 사회주의 유고슬라비아연방이 자연스럽게 붕괴할 것을 예견하기도 했다.

2. 1960년대 개혁들

1) 1963년 신헌법

1960년대에 들어와 유고슬라비아의 경제는 불균형적인 경제성장으로 어려움을 겪고 있었다. '노동자 자주 관리제도'에 근거한 지방정부와 기업들에선 주로 중공업 등 수익성 높은 사업에 집중 투자를 하려 했고 이것은 기초 학문 약화와 공산품 분야 부족을 불러왔다. 그 부족분은 주로 수입에 의존해야 했다. 특히 1961년부터 도입된 '시장 사회주의'는 비록 일부 분야에선 성과가 있었으나, 수입증대와 함께 외채 증대 그리고 이에 따른 자국 산업력 취약성 또한 증대시켰다. 1962년 당내에서 새로운 경제발전 방향이 논의되었고, 초점은 세계시장에서의 국가 경쟁력확보에 모였다. 이를 위해 유고슬라비아 정부는 경제적 국제 분업 참가, 보호 장벽 철폐, 국가 간섭 축소 그리고 기업 간 자율 경쟁유도를 통한 노동생산성 증대를 추진해 갔다. 그러나 1950년대와 마찬가지로 경제 분권화와 집중화 간, 그리고 이에 따른 정치 분권화와 집중화 간 갈등은 1970년대 초 '크로아티아 봄' 한때를 제외하고는 연방 붕괴 이전까지 계속해서 이어져야 했다.

1960년대 개혁들은 주로 1963년 신헌법에 기초해 이루어졌다. 헌법에 따라 기존 국명이던 '유고슬라비아 인민 공화국(FPRY/ FNRJ)'은 '유고슬라비아 사회주의 연방 공화국(SFRY/ SFRJ/ Socialist Federal Republic of Yugoslavia/ Socijalistička Federativna Republika Jugoslavija, 1963-1992)'으로 개칭되었다. 신헌법을 통해 유고슬라비아는 기존의 '노동자 자주 관리제도'를 '사회적 자주 관리제도(Social Self-Management/ Društveno samoupravljanje)'로 변경해 사회 각 분야로 확대, 발전시킬 것을 결정하게 된다. 이를 위해 '연방의회'는 기존 2부제에서 5부제로 전환되었다. 5부는 우선 보통선거로 직접 선출된 이들 중 일부는 각 공화국과 자치주에서 추천되어 선출되었는데 이들은 '연방 회의소(Federal Chamber/ Savezna komora)'를 구성했다. 그 안에는 산업, 농업, 교육, 문화, 사회복지 그리고 공공 근로 등 여러 분야에서 간접 선출된 이들로 이루어진 '상공회의소(Chamber of Commerce/ Privredna komora)'가 자리했다. 두 번째 부로는 '유고슬라비아 노동자 인민 사회주의 연합(SAWPY/ SSRNJ)', 노조와 조합 연대(sindikat), 공산당에서 간접 선출된 '사회-정치부 조직(Social- Political Organization/ Društveno-politička organizacija)'를 두었다. 세 번째 부는 '연방의회'에서 간접 선출되어 연방 행정을 담당 한 '연방 집행위원회'를 그리고 네 번째 부로는 행정 기능보다는 순수한 대통령 보좌역할로 전직 장관들, 대사들, 당 관료, 군인, 작가, 예술가 등이 대통령에 의해 선출된 '연방위원회(Federation Council/ Savet federacije)'를 두게 된다. 의회 조직개편과 더불어 공화국 정부와 연방정부 간 여러 기능을 분리하였고, 당 관료와 군부의 권력독점을 방지하기 위해 다섯 번째 부로 '헌법재판소(Constitutional Court/ Ustavni sud)'를 만들었다. 헌법에 따라 공산당에겐 사회주의 체제 보호와 이념에 따른 새로운 이상 확대와 배포 그리고 국가정치 보호 임무 역할이 부여되었다. 또 전위대인 '유고슬라비아 노동자 인민 사회주의 연합(SAWPY/ SSRNJ)'에 대해서도 공공선거 감독과 대중 이슈 토론 수렴 역할 임무가 주어졌다.

2) 1960년대 경제개혁

1963년 신헌법을 기초로 1960년대는 다양한 개혁 운동이 확산하던 시기였다. 우선 경제개혁에 있어 은행체계 개혁이 논의되어 은행 자유화가 추진되었다. 이에 맞추어 기업 투자가들이 투자 결정에 직접 참여할 수 있게 되었다. 1965년 7월, 연방의회에선 30여 가지의 새로운 법령들이 선포되었다. 이중 핵심 내용은 진정한 '시장 사회주의'로의 가속화, 기본 필수품을 제외한 상품 가격통제 폐지, 국

내 기업과 외국기업 간 직접 협상 인정, 무역 자유화 그리고 디나르(Dinar)화 평가절하 조치 등이다. 차관도입의 경우 그동안 기업 자율에 맡겼으나 차관의 일부를 국내 외환은행에 돈을 적립하도록 해 이를 후진 지역 개발 자금으로 활용토록 하였다. 또한, 노동자 해외 진출완화와 외국 관광객 유치 등을 추진하였으며, 외국기업과의 합작과 이익 송금을 허락해주었다.

일련의 경제개혁 조치들로 인해 유고슬라비아는 1960년대 대두된 경제 위기를 어느 정도 해소할 수 있었다. 하지만, 1970년대 들어와 그 후유증들이 나타나기 시작하게 된다. 수입품 증대로 인한 국내공장 폐쇄와 이에 따른 실업자 증대가 속출하였고, 반면 상당수 고급인력이 해외로 대거 빠져나감에 따라 국내 지식산업과 경제 여러 분야에서 공동화 현상이 나타났다. 그리고 저개발지역 지원금으로의 차관사용문제를 둘러싼 지역 간, 공화국 간 갈등 등이 확대되기도 했다. 그러나 후에 불거진 이런 문제점에도 불구하고 1960년대 당시 유고슬라비아 정부가 행한 일련의 개혁조치들은 사회주의 국가들로선 획기적인 사건이었다. 특히 당시 동유럽 어느 국가도 하지 못했던 국경의 자유로운 왕래와 물자교류 그리고 레저산업 발전과 서구에서 발간된 책과 신문의 보급, 자유 토론 등은 유고슬라비아의 사회 전반은 물론 동유럽 국가들에게도 주요한 영향을 미쳤다.

3) 란코비치 사건

1960년대를 거치며 활발히 전개되었던 경제개혁 여파는 곧 정치개혁 요구로 이어졌다. 당시 경제개방과 개혁의 문제점들이 제기되기 시작했는데, 가장 큰 문제점으로는 각 공화국과 민족 간 경제지원금과 차관문제를 둘러싼 갈등이었다. 티토는 이를 감지하고 계속해서 유고슬라비아 공산당 강령인 '형제애와 단결(Brotherhood and Unity/ Bratstvo i jedinstvo)'를 강조했으나 실제 적용에 있어선 그렇지 않았다. 1967년, 보스니아 대표들이 연방의회소집을 요청하였다. 여기서 대표들은 보스니아 경제발전에 필요한 연방 기금 지원이 부족한 것에 대해 불만을 토로하였다. 그러나 상대적으로 경제 부국이었던 슬로베니아와 크로아티아 대표들은 오히려 저개발지역개발 기금 축소를 강하게 주장하였다.

경제지원을 둘러싼 공화국과 민족 간 갈등이 점차 심화하였다. 좀 더 부유한 북부지역 공화국(슬로베니아, 크로아티아)과 그렇지 못한 남부지역 공화국(세르비아, 보스니아, 몬테네그로, 마케도니아) 간 갈등은 정치적 충돌로 이어졌다. 1967년 4월, 연방 의회에서 이 문제가 논의되었다. 여기서 그 해결책으로 각 공화국 권한을 대폭 강화해 줄 것 등이 요구되었고, 발언은 이후 점차 민족주의 색채로 변모하여갔다. 이와 관련된 1960년대 여러 사건 중 가장 중요한 것으로는 '란코비치 사건'을 들 수 있다.

1960년대 계속 이어진 개혁조치들은 란코비치를 비롯한 반(反)개혁세력의 불만을 일으켰다. 란코비치는 당시 연방 부통령으로 과거 '비밀경찰(SSA/ UDBA: State Security Administration/ Uprava državne bezbednosti)'의 총수였다. 유고슬라비아의 '비밀경찰(SSA/ UDBA)'은 1944년 5월 란코비치가 설립한 '인민방어부(DPP/ OZNA: Department for People's Protection/ Odeljenje za zaštitu naroda)'에 그 뿌리를 두고 있었다. 란코비치는 개혁 운동과 이에 따른 자유화가 공산당 권력집중에 심각한 악영향을 미칠 것으로 생각하였다. 또한, '지방 분권화'의 여러 조치가 결과적으론 당과 연방의 붕괴를 가져올 것이라 우려하였다. 그는 극우 세르비아 민족주의자이자 중앙집중주의자로 권력의 '중앙 집중화'를 통한 세르비아 주도권 장악을 모색해 왔었다. 1960년대 티토 또한 비록 당내 개혁 세력의 손을 들어주긴 했지만, 공산당 권력 약화와 사회주의 체계 붕괴 가능성을 항상 우려했었다. 따라서 그는 란코비치와 같은 중앙집중주의자들을 통해 당내 지방분권주의자들을 견제하고자 했었다.

란코비치는 유고슬라비아 수립 직후부터 코소보 내 알바니아인들의 시위와 민족 활동들을 조사하기 시작했고, 1945년부터 1966년까지 이어진 비밀경찰의 코소보 내 알바니아인 탄압과 고문 등 인권 침해 등을 지지했었다. 그 배경은 코소보가 세르비아인들에게 있어 중요한 성지였던 이유와 함께 증대되는 알바니아

인구수와 민족주의 요소, 반면 세르비아인 감소와 민족 정체성 약화에 대항하려는 조치였다. 이런 박해에 대해 터키는 계속해서 그 문제점을 지적했고, 1953년 유고슬라비아와의 협정에 따라 코소보 내 알바니아인과 보스니아 노비 파자르(Novi Pazar) 시를 중심으로 한 산쟈크(Sandžak) 지방 내 보스니아 무슬림을 터키 본토(아나톨리아 Anatolia)로 이주하는 데 합의하게 된다. 란코비치는 이주한 자리에 세르비아인과 몬테네그로인들이 코소보와 산쟈크 지방으로 이주해 들어오는 것을 지원하기도 했다. 그러나 비밀경찰의 지나친 간섭과 탄압은 알바니아인뿐만 아니라 당과 군내에서도 반발을 일으켰으며, 특히 슬로베니아와 크로아티아의 당 관료들은 란코비치가 세르비아 민족주의에 심취했다고 강력하게 비판하기 시작했다. 이에 따라 티토의 지시 아래 군 정보국에서 직접 란코비치와 비밀경찰들의 활동을 감시하기 시작하였다. 조사과정에서 군 정보국은 란코비치가 당 고위관료들은 물론 티토 관저까지 도청하고 있다는 사실을 확인하게 된다.

87- 세르비아 민족주의의 대변인, 알렉산다르 란코비치
출처: https://commons.wikimedia.org/wiki/File:Aleksandar_Rankovi%C4%87_(1).jpg

1966년 7월, 이스트라반도 인근의 브리오니(Brioni) 섬에서 이에 대한 당 고위관료 회의가 열렸다. 여기서 란코비치는 사조직을 통한 비밀경찰 운영과 도청 남용 죄목으로 제2차 세계대전 중 얻었던 각종 직위와 함께 모든 공직을 박탈당하게 된다. 얼마 후 연방의회와 공산당에서도 축출되었으나, 그와 동료들의 음모가 현실화되지 않았다는 점 그리고 그가 그동안 국가발전에 참여하여 많은 공을 세웠다는 이유를 들어 투옥되지는 않았다. 그가 투옥되지 않는 데 대해 일부 학자들은 그가 도청을 통해

수집된 티토와 당 관료들의 깊은 비밀을 알고 있었기 때문이라고 주장하기도 한다. 하지만, 그는 세르비아 민족주의의 강력한 대변인으로 존중받았고 세르비아인 정서를 고려해 투옥하지 않았을 것으로 추측할 수 있다. 그는 1983년 사망할 때까지 베오그라드에 머무르면서 어떠한 정치적 활동도 재기하지 않았다. 그는 세르비아 민족이익의 대변인으로서 각인되었고, 훗날 코소보에 있어 세르비아의 영웅적 민족주의자로 자주 인용되었다. 실제 1983년 9월 조용히 치러진 그의 장례식에서 수천 명의 세르비아인이 묘지에 헌화했다는 사실이 밝혀지기도 했다. 그의 신념은 계승되어 1987년 8월 코소보 언덕 연설을 통해 세르비아의 극단적 민족주의자로 부상한 밀로셰비치(Slobodan Milošević: 1941-2006, 세르비아 1989-1997, 유고슬라비아연방 1997-2000)에게로 이어졌다.

4) 란코비치 실각 후유증과 민족주의 운동 증대

란코비치 실각 이후 비밀경찰과 당 그리고 란코비치 지지자들에 대한 대대적인 숙청이 전개되었다. 티토는 비밀경찰을 지칭하여 연방 국가 안에 또 다른 국가가 존재했다고 비난하였고 비밀경찰의 권한 축소와 활동폭 약화 그리고 그에 대한 통제권을 강화하였다. 이것은 코소보에서 알바니아 민족주의 활동 증대로 이어졌고, 1968년 코소보와 마케도니아 알바니아인들을 중심으로 민족이익을 요구하는 대규모 시위가 발생하였다. 이들은 알바니아인이 다수인 코소보를 공화국으로 승격시켜 달라고 요구하였다. 중앙정부는 시위대를 탄압하는 대신 이들과의 정치적 협상을 추진하여 시위 주동자들을 주요 정책 입안자로 임명했다. 이후 1968년 헌법 수정을 통해 코소보 명칭을 기존 코소보-메토히야 지방(세르비아에선 이를 줄여 코스메트 Kosmet라 칭함)에서 '코소보 사회주의 자치주(SAPK: Socijalistička autonomina pokrajna Kosovo)'로 승격시켰다. 이후로 코소보 알바니아인들은 보이보디나 자치주와 같은 동등한 정치, 경제 그리고 민족적 지위를 가지게 되었다. 이어

TELEGRAM

JUGOSLAVENSKE NOVINE ZA DRUŠTVENA I KULTURNA PITANJA

DEKLARACIJA O NAZIVU I POLOŽAJU HRVATSKOG KNJIŽEVNOG JEZIKA

Ovih dana navršilo se deset godina od smrti istaknutog jugoslavenskog revolucionara, slikara i novinara Moše Pijade (1. I 1890 - 15. III 1957). Tim povodom redakcija „Telegrama" objavljuje jedan manje poznat razgovor s Mošom Pijade o njegovu slikarstvu

STRANICA 3:

STRANICA 3:

ZA JEDNU KOMPLEKSNIJU OCJENU

PIŠE: IVO BOJANIĆ

STRANICA 5:

MIR, HUMANOST I PRIJATELJSTVO MEĐU NARODIMA

PIŠE: FRAN PETRE

STRANICA 8:

NESPORAZUM NAD ORANICOM

PIŠE: RAFO BOGIŠIĆ

komentar

3071-3-273

88- 크로아티아 텔레그람(Telegram) 신문(1967. 03. 17일자)에 실린 선언문 내용

출처: https://commons.wikimedia.org/wiki/File:Deklaracija.jpg

이웃 알바니아 공화국에서 사용하는 붉은 바탕 위 검은 독수리 문장인 알바니아 국기가 코소보 자치주기로 사용하는 게 허락됐다. 또한, 헌법 수정에 따라 코소보의 주도인 프리쉬티나(Priština)에는 베오그라드 대학교 부설학교 대신 알바니아 본토에서 지원하는 프리쉬티나 대학교가 설립되게 된다. 그리고 여기에서는 알바니아어와 문학 그리고 민족문화와 역사가 티라나(Tirana)에서 파견된 알바니아 교수들에 의해 가르쳐졌다. 이것은 세르비아의 민족 정서를 크게 자극하였다. 이후 코소보에서 기득권과 역사적 정통성을 지키려는 세르비아인과 순수한 알바니아 자치 국가로 만들려는 알바니아인 간의 민족갈등이 더 심화하게 된다.

란코비치의 실각은 크로아티아 내 민족주의 요구증대로도 이어졌다. 그 시작은 1967년 3월 13일 자그레브에 모인 지식인들의 '크로아티아 문어 이름과 지위에 관한 선언(Declaration on the Name and Status of the Croatian Literary Language/ Deklaracija o nazivu i položaju hrvatskog književnog jezika)'에서 비롯되었다. 크로아티아 지식인들은 경제 상황 악화에 따른 불만 토로 외에도 역사 어로서 크로아티아 문어의 존재를 인정해줄 것을 주장했다. 이들은 세르비아어와 크로아티아어가 비록 언어학적으론 같지만 각기 고유한 민족(National/ Narodni) 언어 이름을 가진 관계로 별도의 언어 표준이 필요하다 주장했다. 더불어 국가 행정과 커뮤니케이션을 비롯한 공공서비스 분야, 군대 용어, 연방정부 기관과 입법부 그리고 외교 기관 등에서 세르보크로아트어(Serbo-Croatian Language/ Srpskohrvatski jezik)가 국가 기준 언어로 요구됨에 따라 크로아티아어는 이제 단순한 지역 방언 수준으로 떨어지게 되었다고 비판하였다. 이들의 주장은 과거 세르비아어와 크로아티아어의 공동발전을 약속했던 1954년 12월 10일 '노비사드 협정(Novi Sad Agreement/ Novosadski dogovor)'의 부정을 의미했고, 독립된 크로아티아어 구축 의지를 피력하는 것이었다. 이 선언에 대해 상당수의 크로아티아 당원들이 동조하였다. 언어의 독자성에 기초한 크로아티아 민족주의 운동은 1971년 티토의 진압군이 들어오기 전까지 크로아티아 전역에 크게 확대되게 된다.

1969년에 들어와 슬로베니아에서도 민족 권익향상과 경제적 이익보장을 요구하는 시위가 발생했다. 1969년 닌(Nin)에서 이 문제 해결을 위한 회의가 열렸다. 회의에서 연방정부 권한을 더욱 축소할 것과 공화국 간 동등한 권리 보장이라는 원칙만이 재차 결의되었다. 그 결과 슬로베니아에서의 민족주의 운동은 더욱 확대했다. 티토는 레닌의 '민주집중제' 원칙과 '형제애와 단결' 당 강령을 통한 민족 간 갈등 해소를 수차례 언급했다. 하지만 그의 주장은 이상적으로 현실에 있어 민족 간 갈등은 본격화되고 있었다. 1960년대 말에 들어오면서 파르티잔 정신과 이상을 품은 세대의 감소 속에 당원들과 연방의회 의원들은 점차 각자의 공화국과 민족에 기초한 젊은 당원들로 교체되고 있었다. 여러 지역과 분야에서 당의 지도력과 요구는 힘이 약해지고 있었고 당 통제기구들도 점차 그 기능을 상실해 가기 시작하였다. 이것은 과거 당과 연방의회의 중요 기능 중 하나였던 정치논쟁의 토론장 역할 축소로 이어졌다. 이를 대신해 진정한 정치논쟁과 비전 등은 주로 잡지, 신문 그리고 대학 등으로 옮겨졌다. 특히, 여러 학술단체 중 1960년대 막스 휴머니즘 철학 운동에 기반을 두고 베오그라드와 자그레브에 설립된 프락시스(Praxis) 학교와 여기서 출간한 막스 이론 잡지인 '프락시스(Process/ Praxis, 1964-1974)'는 국제 막스 이론 연구와 함께 유고슬라비아 정치논쟁의 주요 무대를 제공하였다.

5) 1960년대 외교 상황

1960년대 유고슬라비아 외교정책의 핵심은 1955년 5월 후르시쵸프의 '베오그라드 선언' 이후 정상화 된 소련과의 관계 재수립과 제3세계 국가들과의 교류 증대라 할 수 있다. 티토는 소련과의 외교 관계 재수립 이후 1960년대 말에 중공과 외교 관계를 맺었으나 다시 사회주의 블록으로 들어가지는 않았다. 특히 1956년 헝가리 혁명에서의 간접 경험은 그의 생각에 더욱 확신을 주었다. 당시 티토는 그의 휴양지인 브리오니 섬에서 후르시쵸프와 만났고, 장시간 이어진 비밀회담 끝에 소련의 헝가리 침공을 인정해야만 했다. 티토 또한 너지(Imre Nagy, 1896-1958, 수상 1953-1955, 1956. 10.-11.)가 이끄는 헝가리 국내상황이 통제 불가능해졌다고 판단하였고, 무엇보다도 그 여파가 유고슬라비아로 확대되는 것을 원치 않았다. 1961년 베오그라드에서 '비동맹 정상회의'가 열렸고 제3세계가 구축되게 된다. 이후로 티토와 유고슬라비아는 비동맹국가들을 위한 경제기구 설립 추진 등 '비동맹외교'를 주요 외교정책으로 채택하였다.

1968년 1월 대두된 프라하의 봄이 소련의 침공으로 위기에 빠지게 되자 티토는 이를 저지하고자 노력하였다. 그는 체코슬로바키아 당 서기장인 두브체크(Alexander Dubček, 1921-1992, 서기장 1968. 01-1969. 04)와의 비밀회담을 통해 유혈 충돌을 막고자 노력했다. 1968년 8월 소련군이 프라하를 떠난 직후 티토는 자주노선을 추구하던 루마니아의 차우체스쿠(Nicolae Ceaușescu, 1918-1989, 재임 1965-1989)와 함께 프라하를 방문하였고 소련군의 프라하 침공을 비난하였다. 얼마 뒤 유고슬라비아 국경에도 소련군이 집결하자, 유고슬라비아는 전시 대비를 위한 예비군인 '인민방위군(Defence of the People/ Narodna odbrana)'을 창설했다. 유고슬라비아와 소련 간 긴장 관계는 1960년대 말까지 지속한다.

3. 1970년대 민족갈등과 경제위기

1) 크로아티아의 봄

1966년 7월 란코비치 실각 이후 유고슬라비아 전역에선 민족 권리 요구와 확대 목소리가 커졌다. 크로아티아에선 1967년 3월 지식인들의 '크로아티아 문어 이름과 지위에 관한 선언' 이후 이러한 요구들이 계속해서 증폭되고 있었다. 하지만 유고슬라비아 공산당은 지도력 부재와 함께 티토의 건강 악화에 따른 사후 문제에 봉착하게 되었다. 1971년 6월 30일, 티토는 앞서 문제들을 해소하기 위해 1963년의 헌법을 수정해 '집단 대통령제(Collective Presidency/ Kolektivno predsedništvo)'를 신설하게 된다. 여기에는 당시 크로아티아에서 확대되던 민족 권리 요구 목소리를 완화하려는 의도 또한 담겨 있었다. 그를 비롯해 파르티잔 동지들은 노쇠하거나 각자의 공화국 이익에만 집착하고 있었고, 그중 일부는 권력 암투 끝에 숙청된 상태였다. 이에 따라 과거 파르티잔 전통을 이어 유고슬라비아 내 민족들을 하나로 결속시킬 인물 부재에 빠져있었다. 티토의 이런 고민은 결국 '집단대통령제'를 선택하는 배경이 된다.

정치적 지도력이 어려움을 겪는 가운데 1970년 '비평(Critics/ Kritika)'이라는 학술잡지에서 크로아티아에 대한 연방의 경제적 착취문제가 제기되었다. 이것은 크로아티아인들 사이에 커다란 반발을 불러왔다. 이 문제 제기에 대해 크로아티아의 대표적인 비정부, 비영리 학술단체인 '마티짜 크로아티아(Matica Hrvatska, 1842. 02. 02 설립)'를 비롯해 다양한 지식인 단체들이 호응하였다. 심지어 이를 지도해야 할 '크로아티아 공산주의자 연맹(LCC/ SKH: League of Communists of Croatia/ Savez komunusta Hrvatske)'도 이에 동조하는 태도를 보이게 된다. 이들은 크로아티아 공화국의 자결권보장과 크로아티아어의 유일한 공용어 인정, 공화국 내 세수권 확보, 독자 금융정책과 화폐발행, 연방군 입대하는 크로아티아인들의 크로아티아 내 근무와 더불어 독자 방위군 조직 등을 주장하였다. 여기서 더 나아가 학생들과 민족주의자들을 중심으로 크로아티아의 연방탈퇴와 민족국가(Nation-State)수립 그리고 UN 총회에서 독립 크로아티아 국가의석을 요구하는 목소리가 커졌다.

1971년 11월 말, 자그레브 대학생 시위가 대규모로 일어났다. 이것은 곧 일반 시민들의 시위로 확산하였다. 티토는 여러 차례 공개석상에서 시위 중단을 설득하였고, 진압 의지를 내비쳤다. 하지만 시위대는 티토의 요구를 거절했다. 1917년 12월 1일, 마침내 티토는 보이보디나 자치주에 자리한 카라죠르제보(Karađorđevo)에서 크로아티아 당 지도부가 통제권을 상실했음을 밝혔고, 곧 경찰과 군이 투입되었다. 민족주의를 내세운 상당수 학술단체가 폐쇄되었고, 모든 조직에 있어 대대적인 숙청이 이루어졌다. 시위대 진압 과정에서 티토는 유고슬라비아의 존속을 해치는 민족주의 재연을 강력히 경고하였다.

1960년대 이후로 부상하던 개혁 세력들은 '크로아티아 봄(Croatian Spring/Hrvatsko proljeće)' 진압 이후인 1972년을 거치면서 대거 퇴각해야 했다. 동시에 티토 정책에 충성하던 파르티잔 세대들이 다시 요직을 차지하게 된다. 티토는 1972년 9월 연설에서 그동안 개혁 세력들의 분권주의적 정치행태를 강력히 비난했고, 무엇보다도 당과 군이 사회주의 유고슬라비아연방의 붕괴를 막는 가장 중요한 도구이자 기관임을 분명히 했다. '크로아티아 봄'에 대한 티토의 강경 조치는 민족 간 갈등 속에 분열 위기에 있던 유고슬라비아를 지켜내고, 민족주의 움직임을 차단하기 위한 고육책이었다. 하지만, 란코비치 사건으로 세르비아 민족 자존심에 상처가 났듯, '크로아티아 봄'의 실패는 크로아티아인의 민족 감정에 큰 상처를 입혔다. 오랫동안 침묵하던 크로아티아 민족주의는 티토 사후 공산주의자에서 민족주의자로 변신한 투즈만(Franjo Tuđman, 1922-1999, 재임 1990. 05. 30-1999. 12. 10) 대통령에 의해 다시 재현되게 된다.

2) 1974년 신헌법

란코비치 실각을 통해 세르비아의 민족주의를 그리고 '크로아티아 봄' 진압으로 크로아티아의 민족주의 대두를 저지한 티토는 그의 사후 '유고슬라비즘(Yugoslavism/ Jugoslavizam)' 유지 방안을 고심하였다. '티토이즘(Titoism/ Titoizam)'의 한 축인 '유고슬라비즘'은 종교와 문화의 모자이크인 유고슬라비아를 유지해 주는 중요한 민족정책이었다. 1974년 2월 21일 제5차 헌법 개정을 통해 '집단대통령제'의 일부 내용 수정과 함께 이를 보완할 여러 제도가 재정비되었다. '집단대통령제' 개념은 1970년 10월 21일 자그레브에서 가진 티토 연설에서 시작되었다. 이 시기는 1967년 3월 지식인들의 '크로아티아 문어 이름과 지위에 관한 선언' 이후 확대되던 크로아티아에서의 민족 권리 요구가 정점에 이르던 때였다. 티토는 '집단대통령제'가 각 공화국 간 평등한 권리에 바탕을 둔 '유고슬라비즘'의 기초가 될 것이라는 점을 역설하게 된다. 이를 통해 1971년 6월 30일 새로운 헌법이 공표되었다. 1971년 헌법은 1963년 헌법을 보완하고 1968년 헌법을 수정하는 연관 선상에서 이루어졌다. 1971년 헌법에 따라 연방 수준에 기초하여 각 공화국에서 3명씩, 자치주에서 2명씩, 티토를 포함해 모두 23명의 집단대통령이 선출되었다. 1971년 헌법은 '집단대통령제'를 완성한 1974년 신헌법(The New Constitution/ Novi Ustav) 제정의 기초가 되었다. '집단대통령제' 하에서 티토는 대통령 의장직(the President of Presidency/ Predsednik Predsedništva, 제1기

89- **집단대통령 의장 당시 티토**
출처: https://commons.wikimedia.org/wiki/File:Josip_Broz_Tito_uniform_portrait.jpg

1971. 06. 30-1974. 05. 15, 제2기 1974. 05. 15-1979. 05. 15, 제3기, 1979. 05. 15-1980. 05. 04)을 맡았다. 하지만 '집단대통령제'는 상호 의견이 상충할 시 해결 방안이 난항을 겪는 등 여러 문제점을 내포하고 있었다. 티토 생존 시에는 그를 중심으로 여러 문제를 해결해 나갈 수 있었지만, 부재 시에는 상호 간 갈등을 중재할 방법이 쉽지 않은 구조였다. 실제 1971년 '크로아티아 봄' 당시 티토 결정 이전까지 집단대통령들은 대처능력에 한계점을 드러냈었다.

기본적으로 '집단대통령제'는 티토의 퇴임과 유고 시를 겨냥한 조치였다. 집단대통령이 너무 많아 생기는 1971년 헌법의 문제점 보완을 위해, 1974년 신헌법에선 1963년 헌법 수립에도 참여했던 탁월한 사회주의 이론가인 카르델리가 주도하게 된다. 그는 헌법을 고쳐 5년 주기로 각 공화국과 자치주에서 한 명씩 대표가 선출되도록 보완했고, 티토를 포함해 모두 9명의 집단대통령이 구성되었다. 이후 티토가 사망한 1980년 5월 4일부터는 각 대표가 한 명씩 돌아가며 의장직을 수행하게 되었다.

남슬라브 역사 속 한마디

'티토이즘' 내용과 그 의미는?

티토가 다양한 민족과 문화, 역사적 상이성과 종교적 다양성을 지닌 사회주의 유고슬라비아연방을 하나로 결속시키며 동유럽 내 강력한 국가로 발전시킬 수 있었던 기본 바탕에는 '티토이즘'이 자리하고 있었다. 사회주의 유고슬라비아 유지의 근간인 '티토이즘'은 크게 3개의 정책으로 구분 지어 설명할 수 있다. 우선 경제, 사회정책으로서의 '자주 관리제도', 민족정책으로서의 '유고슬라비즘' 그리고 외교정책으로서의 '비동맹주의'이다.

티토 하 유고슬라비아에서 '자주 관리제도'는 소련의 스탈린이 제시한 국가 중심의 중앙집중적 통제체제를 벗어나 경제, 사회의 실질적인 주체들에게 권한과 의무를 대폭 이양하는 것을 골자로 하고 있었다. 또한, 다양하고 이질적인 문화와 민족으로 구성된 민족들을 이끌어 가기 위해 '문화적 민족주의(Cultural Nationalism)'를 대체할 '정치적 민족주의(Political Nationalism)'로 '유고슬라비즘'을 추진하게 된다. '문화적 민족주의'는 종교와 언어, 혈통, 역사, 관습 등 문화적 요소를 기초로 우리(We)와 그들(They)을 구분하여 자신이 속한 공화국과 민족에 충성하는 특징을 지니고 있다. 반면, '정치적 민족주의'의 핵심에는 국적이라는 정치적 요소가 중요한 매개체로 자리하며, 이를 통해 티토는 사회주의 이념을 기초로 유고슬라비아 국가에 대한 충성을 유도하고자 했다. 이와 함께 티토는 '코민포름분쟁'을 통해 냉전 체제하에서 약소국의 자주권 유지가 얼마나 어려운지 깨달았다. 그리고 이것은 그가 아시아, 아프리카 국가들과 더불어 동·서 양대 블록 어디에도 속하지 않는 '제3세계' 구축의 계기가 된다. 이를 통해 수립된'비동맹주의'를 기초로 유고슬라비아는 대외적 외교역량을 확대해 갈 수 있었다.

'크로아티아 봄' 당시 분출된 크로아티아의 다양한 민족 권리 주장은 란코비치 실각 이후 잠잠하던 세르비아 민족주의를 자극하였다. 당시 세르비아는 연방 유지와 발전을 위해 강력한 중앙집중이 필요하다는 점을 강조했다. 반면 크로아티아와 슬로베니아는 지방분권을 통한 연방 내 민족 단결이 연방 존속에 더 도움이 될 것이라는 주장을 굽히지 않았다. 1974년 신헌법은 양쪽 의견을 절충한 것이라 할 수 있다.

1974년 신헌법의 주요 내용은 동년 5월에 치른 제10차 당 대회와 그 맥을 같이하고 있다. 첫째, 지나친 분권화와 자유화가 사회주의 유고슬라비아연방의 발전을 해칠 수 있으며, 따라서 레닌의 '민주집중제'로 복귀한다. 세르비아의 '중앙집중화'를 고려한 조치였다. 둘째, '노동자 자주 관리제도'에서 '자주 관리된 사회주의적 사회(Samoupravno socijalističko društvo)'로 확대한다. 이것은 슬로베니아와 크로아티아의 생각을 반영한 것으로 각 공화국과 지방정부 권리를 최대한 보장하겠다는 의미이다. 셋째, 각 공화국과 자치주 평등 보장을 위해 각각 한 명씩의 대표를 뽑는 집단대통령제를 시행한다. 넷째, 유고슬라비아를 지탱하는 축으로 '당'

과 '군'의 역할이 중요하다 등이다. 이것은 역설적으로 '당'과 '군' 양축의 위기가 곧 유고슬라비아 위기로 이어질 것이라는 점을 의미하였다. 실제, 1990년 1월 22일-23일에 걸친 제14차 연방 임시 전당대회가 중단되고 이어 공산당 기능 정지와 함께 해체되자 한 축이 무너지게 된다. 뒤이어 유고 내전 특히 1991년 8월 연방군과 크로아티아 간 내전 이후로 유고연방의 마지막 보루였던 연방군마저 와해함으로써 사회주의 유고슬라비아연방은 종말을 기하게 되었다.

406항목과 300여 페이지에 달하는 1974년 신헌법은 당시 세계에서 가장 복잡하고 긴 헌법으로 기록되었다. 연방 유지라는 전제하에 기존의 '연방(Federation)'보다는 느슨한 일종의 '연합(Confederation)' 형태 국가 조직에 더 비중을 둔 헌법이었다고 평가할 수 있다. 1974년 헌법과 이후 이를 보완되어 1976년 발표된 '조합원 법(Law on Associated Labour/ Zakon o udruženom radu)'에 기초해 중앙정부는 국방, 외교와 거시 경제만 책임지고, 나머지 권한은 각 공화국으로 상당한 자율성을 부여해 주게 된다. 이와 함께 세르비아내 코소보와 보이보디나에도 공화국과 동등하게 각 1인 대표를 선출하게 함으로써 권리를 보다 높여주었다. 세르비아의 반발 속에 민족 피해의식이 확대되어, 티토 사망 이후 세르비아에선 1974년 신헌법 재논의 논쟁이 일어났다. 결국, 1989년 세르비아 대통령이 된 밀로셰비치는 독단적으로 1974년 신헌법을 부정하고 코소보 자치권을 폐기해 버렸다. 그리고 이것은 코소보 내 갈등과 분쟁 심화의 배경이 되게 된다.

3) 1970년대 경제 상황

1960년대 개혁으로 시장 개방이 확대됨에 따라 유고슬라비아 경제는 서구경제에 상당히 의존하게 되었다. 유고슬라비아 경제를 지탱해 준 '자주 관리제도'는 1970년대 두 차례 불어닥친 오일쇼크(Oil Shock)인 석유파동과 그에 따른 세계 경제 위기로 큰 도전을 받게 된다. 유고슬라비아는 신속한 기업 구조조정과 경영 환경 개선이 시급했지만, 노동자들의 권익과 구성원 결정에 따른 상향식 의사결정 시스템은 경영 환경 개선을 미루는 주요 요인이 되었다. 1970년대 중반에 들어와 '자주 관리제도'에 따른 노동자의 지나친 권익 보호 그리고 새로운 기술 개발과 도입 주저는 유고슬라비아의 노동 생산성 저하 문제를 불러왔고, 1980년대에는 극복하기 어려운 심각한 경제위기를 맞이하게 했다.

석유와 가스 등 생산원료가 부재한 유고슬라비아는 1970년대 불어닥친 제1, 2차 석유파동(1973. 10-1974. 03/ 1979)으로 인해 자연스럽게 경제 모든 분야에서 실적 악화를 낳았다. 제1차 석유파동 당시 유고슬라비아는 이를 극복하기 위해 원가 절감이 포함된 제6차 5개년 계획(1976-1980)을 야심 차게 추진했다. 하지만, 이란 혁명(1978. 01-1979. 02) 여파로 불어닥친 제2차 석유파동(1979)과 이후 이란-이라크 전쟁(1980. 09-1988. 08)은 유고슬라비아의 경제재건 의지를 실패로 돌아가게 했다. 특히 제1차 석유파동 영향은 1971년부터 시작된 제5차 경제개발 5개년계획(1971-1975)에 심각한 영향을 미쳤다. 계획목표와 지표들이 1971년 11월 말까지도 의회를 통과하지 못하는 진통을 겪어야 했다.

경제적 어려움은 각 공화국 간 경제 이권 다툼 심화를 불러왔다. 특히 1971년 한 해 크로아티아는 '크로아티아 봄'의 여파로 인해 중앙정부와 첨예한 갈등 관계였다. '크로아티아의 봄'이 진압된 이후 경제계획은 시장의 일치성 강화와 불필요한 중복투자 방지로 초점이 맞추어졌다. 하지만 대내외 여건상 당시 경제계획 목표와 지표 실행은 순탄치 않았다. 상대적으로 경제 부국이었던 슬로베니아와 크로아티아에선 경제적 어려움에 대한 불만 확대 속에, 1972년과 1973년 저발전 지역 개발기금에 대한 중앙정부 요구를 공화국들이 무시하는 상황에까지 이르게 된다.

제5차 경제개발 계획의 주요 목표량이 힘들게 달성되었다. 하지만 실제에 있어 국내생산량의 감소와 수출 부진 어려움은 더욱 증대되고 있었다. 결국, 부족한 자본은 국외 근로자들의 송금에 크게 의존해야만 했다. 무엇보다도 1970년대 가장 큰 경제적 문제는 인플레이션의 급격한 증대였다. 인플레이션은 1960년대 경제개혁과 개방 이후 지속해 왔으며, 1970년 11월에는 이를 막고자 일시적으로 6개월 동안 모든 물품의 가격동결조치까지 취하기도 했다. 그런데도 1970년 12.5%에 해당하던 물가는 1971년에는 15%로, 이어 1975년에는 30%까지 계속 올라갔다. 실제 가격동결과 다양한 인플레이션 억제정책들이 취해졌으나 기업들은 정부 조치를 불신하였고, 상품명을 바꾸거나 가격통제를 받지 않는 새 생산품을 수시로 시장에 내놓았다. 기업 수익금의 대부분은 생산 기술 개발과 미래 투자보다는 노동자들에게 다시 높은 임금으로 돌아갔다. 계속된 악순환은 인플레이션 압력을 더 가중했다. 통제되지 않는 정부 지출 또한 문제였다. 측정되지 않는 엄청난 자금이 연금을 통해 당원들과 당 관료들에게 나누어졌고, 이로 인한 국내 통화량 증대는 정부에 대한 불신임을 더 높게 하였다.

1976년부터 시작된 제6차 5개년 계획에선 문제점을 정확히 진단하고 이를 해결하고자 노력하였다. 1976년 '조합원 법' 제정을 통해 산업구조 개혁, 지역 불평등 해소, 노동 생산성 증대, 인플레이션과 실업률 억제 그리고 국제수지 불균형 해소를 위한 여러 정책이 실행되었다. 그러나 정책 대부분은 실패하였다. 유고슬라비아는 당시 세계경제회복을 지나치게 낙관적으로 전망한 탓에 불필요한 소비재 수입증대 속에 기업 투자 또한 잘 이루어지지 못했다. 빈번한 외채도입과 그에 따른 채무증대, 경쟁력 약화와 상품 질 저하에 따른 수출 어려움도 유고슬라비아 경제를 힘들게 했다. 이와 함께 오랫동안 이어진 저개발지역 기금지원이 교육과 투자 부족 등으로 실패했다는 것이 확인되자 북부지역 공화국들의 불만이 더욱 증대되었고, 민족주의 대두 속에 정치적 위기로 확대되게 된다.

4. 1980년대 민족주의 대두

1) 티토의 사망과 코소보

1980년 5월 4일, 오랜동안의 투병 끝에 티토가 81세 나이로 사망했다. 그의 장례식에는 33명의 국가원수와 16명의 정부 대표가 참여했다. 이것은 비동맹주의 아버지였던 그의 정치적 위상과 국제적 중요성을 잘 보여주는 것이었다. 권력이양이 원활하게 진행되도록 티토 사망 몇 달 전부터 '집단대통령제' 연방통치가 실행되었지만, 유고슬라비아에는 그의 카리스마와 권위에 상응할 인물이 존재하지 않았다. 따라서 티토 죽음과 동시에 큰 혼란과 시련이 다가왔다. 가장 시급했던 문제는 심각한 경제문제와 함께 코소보 내 알바니아인의 대규모 시위였다. 이 두 문제는 유고슬라비아 운명을 결정지을 중요한 사안이었다. 경제문제 갈등을 계기로 북부지역 공화국들은 연방 간섭에서 벗어나고자 했고, 연방탈퇴 또한 논쟁의 한 가운데에 자리하고 있었다. 또한, 1989년 코소보 자치권 박탈 등 세르비아 민족주의 확대는 다른 공화국에는 대(大)세르비아주의 발로로 인식되었다. 결과적으로 이를 빌미로 슬로베니아와 크로아티아 공화국은 연방탈퇴와 독립을 선언하였고, 이것은 내전으로 이어지게 된다.

유고슬라비아 중앙정부는 이 두 문제를 해결하기 위해 여러 처방을 제시하였다. 하지만 무엇보다도 모든 민족으로부터 공감대를 얻고 문제 해결을 추진할 인물이 부재했다. 결국, 주로 단기 처방이나 형식적인 처리에 급급해야 했고, 이것은 민족주의자 대두를 용인하는 결과로 이어졌다. 특히 티토 사후 더 거세진 코소보 내 알바니아인들의 민족 권리 증대와 저항은 연방 유지세력들을 더 힘들게 하였다. 티토 시절 중앙정부는 저개발 지원 자금을 통해 코소보의 불만을 억제해 왔었고, 이 지역에 할당된 자금 중 상당수는 경제성장을 위한 하부조직과 훈련원 양성에 투자되었다. 하지만, 이렇게 교육받은 알바니아 지식인들과 중산층은 더 큰 목소리로 알바니아 민족주의를 부르짖었으며, 수도에 자리한 프리쉬티나 대학교는 그 중심지가 되게 된다.

프리쉬티나 대학교는 1968년 이전까지 베오그라드 대학교의 부설학교로 연방 유지에 필요한 교육들이 추진되었다. 하지만 1966년 란코비치 실각과 이후 1968년 자치주로 승격되면서 프리쉬티나 대학교에는 알바니아민족 중심 교육이 이루어지게 된다. 연방정부의 자금 지원이 끊기자 학교 운영은 더 힘들어졌다. 특히 1970년대 말, 더 어려워진 경제 상황으로 인해 상당수 졸업생이 적절한 직장을 확보하지 못하자 불만은 더욱 확대되게 된다. 젊은 알바니아 청년들의 대학 졸업에 대한 기대치와 그 결과의 불일치에서 오는 상실감은 이들을 민족주의 운동에 더 몰입하게 하였다. 경제적 어려움과 정부 기금지원 삭감 그리고 공무원 증원 중단 등의 어려움이 겹치면서 고등실업자가 증대하였고, 빈부차가 크게 확대되어 갔다. 이 시기 코소보는 연방 내 가장 빈곤한 지역이었다. 연방정부의 평균 1인당 GDP가 $2,635였던 데 반해, 코소보는 $795에 불과했다. 코소보 내 세르비아인들은 경제적으로 좀 더 나은 세르비아 본토로 이주하기 시작했다. 그 결과 1961년 인구통계지표에서 23.6%를 차지했던 코소보 내 세르비아인은 1981년 조사에선 13.2%까지 줄어들어 있었다. 코소보에 남아 있는 세르비아인 중 다수는 공무원, 군, 경찰, 당 관료, 의료 분야 그리고 법조계에 근무하는 등 주요 상위 계층을 형성했고, 신분과 빈부 격차에 대한 알바니아인의 불만은 세르비아인을 향한 테러의 급증을 낳았다.

티토 사후 발생한 코소보 내 알바니아 폭동은 강력진압되었고, 시위 주동자 상당수는 민족주의자란 죄목으로 장기간 투옥이 결정되게 된다. 하지만, 1981년 3월 학생기숙사의 빈약한 주거조건과 취업문제에 항의하는 프리쉬티나 대학생 시위가 다시 일어났다. 초기 진압이 가능하리라는 처음 낙관과 달리 알바니아 노동자들의 가세로 인해 상황은 급변하였다. 시위대는 세르비아인과 몬테네그로인에 대한 공개적인 구타와 테러를 저질렀고, 상당수 세르비아 정교 사원들을 파괴하였다. 1981년 3월 한 달 동안만도 약 4,000여 명의 세르비아인이 코소보를 떠나 세르비아 본토로 이주해야만 했다. 시위대는 초기엔 동등한 시민권과 부의 평등 그리고 사회정의, 정치범 석방 등을 주장하였다. 하지만 점차 급진적 민족주의자들을 중심으로 코소보 공화국수립과 더불어 그 안에 서부 마케도니아 내 알바니아 거주지역을 포함할 것 그리고 심지어 이웃 알바니아로의 합병까지 요구하게 된다. 경찰의 강경 진압 속에 11명의 시위대가 사망하고 57명이 체포되어 구금되었다. 경찰의 유혈진압 소식은 오히려 코소보 내 알바니아인들을 더욱 자극하였고 사태는 더 심각해지기 시작했다. 이어 시위대 진압을 위해 연방군이 파견되었고 비상계엄령이 선포되게 된다. 다른 지역과의 교통과 통신이 끊겼고, 프리쉬티나에는 야간 통행금지가 발효되면서 5인 이상 집회가 금지되었다. 공식발표에 따르자면 1981년과 1985년 사이 민족주의자란 죄목으로 3,344명의 알바니아인이 감금되었다. 세르비아는 코소보 알바니아인들의 요구를 지지하는 일부 연방기구들과 당 관료들을 맹렬히 비난했다. 코소보 문제 부상은 1974년 헌법에 대한 세르비아인들의 피해의식을 확대해 갔다.

코소보 위기가 진정되자 언론과 정부 그리고 당내에선 이를 둘러싼 논쟁이 확대되었다. 결국, 연방 유지를 위해 어떠한 민족주의 시위나 요구에도 응하지 않겠다는 공식발표가 있었다. 시위 주동자는 물론 이를 지지했던 여러 단체와 교수들 그리고 행정공무원들에 대한 대대적인 숙청이 진행되었다. 또한, 마케도니아에서도 이와 유사한 숙청이 진행되었고, 연방정부는 더 많은 경제지원을 약속함으로써 알바니아인들의 불만을 무마하는 데 급급해야 했다.

2) 1980년대 경제위기

1981년 3월, 남부-북부 공화국 간 경제적 불균형 문제와 외채급증 관련 논쟁 끝에 제7차 5개년(1981-1986) 계획이 겨우 수립될 수 있었다. 제2차 석유파동 여파 속에 결의된 제7차 5개년 계획은 제6차 5개년 계획보다 저성장을 목표로 했지만, 이 또한 세계 경제 성장을 전제로 한 것이었다. 1982년 국가 단기 경제개선안이 발표되었고, 여기에서 외환통제와 소비재 수요억제, 수출 확대를 위한 20% 디나르 평가절하가 결정되었다. 다행히도 1980년대 초반까진 세계 경제의 완만한 성장 속에 인플레이션 억제와 외채 증대를 막고자 한 계획은 어느 정도 실천될 수 있었다. 그러나 제7차 5개년 경제계획 수립 당시 도출된 지역 간 경제 격차 문제 해소는 실패로 돌아가야 했다. 더불어 티토 사망과 '비동맹주의' 퇴색 이후 서구로부터의 지원과 차관도입이 어려워진 가운데 공화국 간 경제협조 미비와 이기주의에 따른 중복투자 그리고 이로 인한 손실증대는 결과적으로 제7차 5개년 계획 달성을 실패로 돌아가게 했다. 1980년대 경제위기 대두 속에 '자주 관리제도' 여파로 인한 구조조정 실패와 최신 기술 도입 미비 등 경제 토대 약화와 디나르 평가절하는 1980년대 유고연방의 국제신인도를 급속히 악화시켰다. 그리고 이것은 1980년대 체제 유지가 불가능할 정도의 경제위기와 함께 다양한 정치, 사회 문제를 일으키는 원인을 제공하게 된다.

1980년대 유고슬라비아의 경제위기는 초기 외채 문제로 시작되어 중기 이후로 급격한 인플레이션과 실업률 문제로 확대되어 갔다. 냉전 동안 유고는 '비동맹주의'에 따라 다른 동유럽에 비교해 대규모 차관을 서구로부터 더 쉽게 들여올 수 있었다. 하지만 이 당시 들여온 차관과 그 이자는 1980년대에 들어와 연방정부가 감당할 수 없는 수치로 늘어나 있었다. 실제 제1, 2차 석유파동 이후 연방정부의 외채 규모는 매년 20%씩 상승하고 있었으며, 1982년 국가 부채는 이미 $20 십억에 달한 상태였다. 이 수치는 당시 유고 전체 국가 GDP의 약 1/3에 해당하는 엄청난 액수였다.[11]

<도표 1> 사회주의 시기 유고연방의 경제 현황

년도	외채	인플레이션	국가GDP	실업률
1965	$ 1.2십억	34.6%		6.6%
1971	$ 3.2십억		$ 15.8십억	6.7%
1973	$ 4.7십억	20%	$ 21.5십억	8.1%-9.1%
1980	$ 18.9십억	27%	$ 70십억	13.8%
1982	$ 20십억	40%	$ 62.8십억	14.4%
1987	$ 21.96십억	167%	$ 84.6십억	16.1%
1989	$ 17십억	2,700%	$ 129.5십억	15%
1991	$ 18십억[12]	164%	$ 120.1십억	16%

<도표 2> 1980년대 유고연방의 실질 GDP 성장률 변화 추이

년도	1980	1981	1982	1983	1984	1985	1986	1987	1989	1990	1991
GDP 성장률(%)	2.3	1.4	0.5	-1.4	1.5	1	4.1	-1.8	1.5	-11.6	-6.3

1970년대 초만 하더라도 유고슬라비아의 외채 문제는 그리 큰 문제가 아니었다. 1971년 통계를 볼 때 당시 외채는 국가 GDP의 약 20.11%로, 이 수치는 당시 영국 67.95%, 미국 46.64%과 비교해 건실했으며, 독일 17.87%과 비교하더라도 매우 안정된 수치였다. 하지만 석유파동 여파를 극복하지 못한 채 맞이한 1980년대 외채는 유고슬라비아가 감당하기 어려울 정도로 늘어나 있었다. 이를 해결하기 위해 당시 크로아티아 출신으로 '연방 집행위원회' 의장이던 플라닌쯔(Milka

11 Mieczyslaw P. Boduszynski, Regime Change in the Yugoslav Successor States: Divergent Paths toward a New Europe, (Johns Hopkins University Press, 2010), p. 64

12 당시 1991년 유고는 슬로베니아, 크로아티아의 독립선언과 경제 악화 속에 국가 총 수출액이 $13.1십억, 수입액은 $17.6십억으로 1980년 이후로 이미 국가 총외채가 당해 년 수출액을 초과한 상황에 이르고 있었다.

Planinc, 1924-2010, 재임 1982-1986)와 그 뒤를 이었던 보스니아 내 크로아티아 출신인 미쿨리치(Branko Mikulić, 1928-1994, 재임 1986-1989. 03)는 '충격요법(Shock Therapy)'에 가까운 고강도 긴축 정책을 도입하게 된다. 이들은 그 대가로 채권국에게 채무 탕감을 요구하는 새로운 외채 협상을 시도하였다. 1982년 5월 IMF는 파리클럽에 모인 서구진영 채권국들과 함께 강도 높은 구조조정과 긴축 정책을 전제로 유고슬라비아 채무 탕감에 동의해 주었다. 긴축 정책 추진에 따라 가정마다 월 40리터 기름만 제공되었으며, 자동차 사용 또한 격일제로 운영되어야 했다. 하지만 그 효과는 미비했고 고강도의 긴축 정책은 오히려 연방정부에 대한 불만 확대와 함께 연방 해체에 대한 위기감을 안겨주게 된다.

이와 함께 연방정부는 디나르 화를 39% 대폭 평가절하해 수출증대를 통한 국제수지 호전을 꾀했다. 하지만, '자주 관리제도' 후유증에 따른 낮은 노동 생산성과 제조업 경쟁력 저하로 인해 착시 효과로 끝나야 했다. 극단적인 평가절하 조치에 따라 1979년 1달러당 15디나르는 1985년에는 1달러당 1,370디나르가 되었으며, 전체 수출에서 벌은 외자수입의 약 절반 정도가 외채 상환에 쓰여야 했다. 그 결과 국민 개인 소득은 디나르 평가절하 조치 이전대비 약 19.5%가 감소하게 된다. 플라닌쯔 의장은 1986년 2월 퇴임 직전 IMF에 다시 한번 긴급 자금을 요청함으로써 국가 부도를 막고자 했다.[13] 하지만, 단기간의 수출증대 효과가 끝나자 곧이어 대규모 인플레이션과 실업자가 양산되었다. 1970년대까지 10% 전후였던 실업률은 1980년 13.8%를 기록한 이후 계속 확대되어 1987년에는 16%가 넘는 상황에 이르게 된다. 실업자 중 약 60%는 20대 젊은이로 이것은 심각한 사회 문제와 함께 정부에 대한 불만 확대로 이어졌다. 여기엔 당시 약 1백만 명의 재외 근로자가 포함되지 않은 수치였다.[14] 유고슬라비아는 '비동맹주의' 효과로 다른 어떤 동유럽 국가들보다 많은 수의 건설 회사들이 해외에 진출해 있었고, 건설 회사에서

13 James M. Boughton, Silent revolution: the International Monetary Fund, 1979-1989, (International Monetary Fund, 2001), p. 433.

일하는 재외 근로자들이 서유럽 외에도 중동, 아프리카의 대규모 인프라 건설 현장에 참여하고 있었다. 하지만 이 또한 1980년대 들어와 유가 하락에 따른 중동 건설 일감의 급격한 감소와 한국과 같은 경쟁국들 참여로 어려움을 겪어야 했다.

1987년 이후 유고슬라비아의 외채는 고강도 긴축 정책과 환율 정책에 따라 어느 정도 안정을 찾을 수 있었다. 하지만 당시 인플레이션은 이미 167%에 달하고 있었다. 급진적인 경제정책에 따라 외채를 어느 정도 안정시켰지만, 이번에는 심각한 인플레이션 문제에 직면해야 했다. 급상승한 인플레이션에 따라 상품 수입과 해외 여행시 인플레이션을 생각한 보증금을 일정 정도 국가에 맡기는 상황에까지 이르렀으며,[15] 은행들의 연이은 도산 속에 기업들의 폐업도 증가하였다. TV와 세탁기 등 가전제품은 물론 커피와 세제, 초콜릿 등 기본 생활용품 또한 물품이 부족하였고, 외자 부족에 따른 원료 수입 어려움과 긴축 정책에 따라 무더운 여름과 추운 겨울에도 자주 정전이 일어나는 상황을 반복되게 된다. 1988년도에 들어와 서구에서 빌려 온 외채만도 약 $21십억에 이르렀다. 1989년 베를린 장벽 붕괴 직후 유고슬라비아 경제는 더욱 심각해져 인플레이션은 일시적으로 1,000% 이상 급상승하는 상황에 이르렀다.[16]

1980년대 초 외채 문제로부터 시작된 위기는 1980년대 말에 들어와 급격한 인플레이션 상승으로 이어졌다. 경제 붕괴 위기 속에 크로아티아 사업가 출신으

---

14 Mieczyslaw P. Boduszynski, op. cit., p. 66-67; 유고슬라비아 재외 근로자가 본토로 보낸 송금액은 1988년 $4.5십억, 1989년 $6.2십억으로, 이 수치는 당시 전 세계 재외 근로자 국내 송금액의 19%에 달하는 수치였다. Beth J. Asch, Courtl and Reichmann, Rand Corporation. Emigration and Its Effects on the Sending Country, (Rand Corporation, 1994), p. 26; Douglas S. Massey and J. Edward Taylor, International Migration: Prospects and Policies in a Global Market, (Oxford University Press, 2004), p. 159.

15 Večernji list, 15. svibnja 2019, “Pravilo par - nepar: Ograničenje vožnje za štednju goriva” https://www.vecernji.hr/vecernji60/pravilo-par-nepar-ogranicenje-voznje-za-stednju-goriva-1319363 (검색일: 2019. 11. 24)

16 Sabrina P. Ramet, The Three Yugoslavias: State-building and Legitimation, 1918-2005, (Indiana University Press, 2006), p. 363.

90- **1989년 하이퍼인플레이션 현상에 따라 발행된 2백만 디나르**
출처: https://commons.wikimedia.org/wiki/File:2Million-Dinara-1989.jpg

로 '연방 집행위원회' 의장이 된 마르코비치(Ante Marković, 1924-2011, 재임 1989. 03-1991. 12)는 미국에 새로운 재정지원을 요청했다. 그는 그 대가로 민영화 프로그램 도입, 디나르화의 대량 평가절하와 외국기업의 투자 자유화, 임금동결과 정부지출축소를 약속해야 했는데, 무엇보다도 여기에는 '자주 관리제도' 폐기가 담겨 있었다. 이것은 각 분야에서의 대규모 구조조정을 전제로 한 것이자, 티토이즘을 구성하는 한 축의 포기를 의미한 것이었다. 1989년 12월, 연방의회에서 마르코비치의 24개 경제개혁 프로그램 중 17개 법안이 통과되었다. 이 개혁안 중 가장 시급한 핵심 내용은 당시 경제 상황에 따라 인플레이션과 환율 안정이었다. 미국을 비롯한 서구에서 은행 적자 해소와 새로운 환율 정책 추진을 위한 $10억 긴급 자금이 유고슬라비아정부에게 제공되었고, 경제 안정 프로그램 작동시 $40억 자금 제공 또한 약속되었다.[17]

긴급 자금을 바탕으로 인플레이션을 잡기 위해 유고슬라비아는 1990년 바로 임금동결과 함께 '신 디나르(New Dinar/ Novi dinar) 정책'을 추진하였다. 이에 따라 기존 10,000디나르가 1디나르로 되었으며, 디나르 환율 또한 유럽에서 가장 안정적이라 평가받던 독일 마르크(Mark)화에 고정으로 묶는 정책을 시행하게 된다. 정책 결과 인플레이션이 잠시나마 잡힐 수 있었고, 서구와의 외환 거래 또한 어느 정도 안정을 찾을 수 있었다. 실제 1990년 4월까지 인플레이션은 거의 0%에 가까웠고, 수출입 증대 속에 보유외환 또한 $30억가량 증대하였다. 하지만 1990년 말에 들어와 산업 생산량은 작년 대비 -8.7%가량 떨어졌고, 이런 가운데 인플레이션이 다시 확대되어 약 120%까지 상승했다. 곳곳에서 임금 체불이 일상화되는 등 경제 전반의 위기감이 확대되어 갔다. 세르비아와 보이보디나 주 등에선 연방정부의 인플레이션 억제정책 등 경제 안정 프로그램이 너무 많은 고통을 부담시킨다는 이유로 정책을 거부하는 등 중앙정부에 대한 불신감이 팽배해지고 있었다.

3) 티토 재평가 확산과 연방의 해체

1980년대 코소보에서의 알바니아인 시위는 강제 진압으로 일시적으로 해결된 듯 보였지만, 이후 코소보 문제는 연방 존속을 둘러싼 각 공화국 간의 심각한 논쟁과 갈등을 불러일으켰다. 이런 가운데 유고슬라비아 각 분야에선 티토 업적과 활동에 대한 객관화 및 재평가 작업이 진행되게 된다. 1983년 10월 자그레브에 모인 크로아티아의 역사가들은 세르비아 출신 정치가인 코쉬투니짜(Vojislav Koštunica, 1944- , 대통령 2000-2003, 총리 2004-2008)와 베오그라드 법대 교수이자 훗날 ICTY 대변인을 역임한 챠보쉬키(Kosta Čavoški, 1941-)가 쓴 『당의 다원화 또는 단일화』(Party pluralism or monism/ Stranački pluralizam ili monizam)'이란 책을 두고 토론하였다.

---

17 1990년 초 유고내 은행들의 전체 부채는 약 $20억-$30억으로 추정되었다. Mongabay.com, "Yugoslavia-THE REFORMS OF 1990" https://data.mongabay.com/history/yugoslavia/yugoslavia-the_reforms_of_1990.html (검색일: 2019. 11. 28)

이 책에서 코쉬투니짜와 챠보쉬키는 1944년부터 1949년 사이 사회주의 운동과 정치체계를 설명하면서, 당시 '유고슬라비아 인민전선(PFY/ NFJ)'이 민주주의를 억누르는 기구로써 사용되었다고 비난하였다. 이들은 경제적, 사회적 그리고 정치적 다원주의가 자주 관리화된 정치체계를 더 보호해줄 수 있다고 주장하였다. 또한, 카르델리의 자주 관리된 노동자 이익을 위한 다원주의를 언급하면서, 1950년대 당과 정부에 의해 숙청당했던 질라스의 정치적 자유와 그 업적을 찬양하였다. 무엇보다도 코쉬투니짜와 챠보쉬키는 이 책을 통해 1980년대 코소보내 알바니아 시위 진압을 거치면서 확대되고 있던 군부세력의 문제점을 비판하며, 자유화에 대한 군부의 지나친 경계와 이들로의 권력집중이 1966년 란코비치 사건과 같은 상황을 재발할 수 있다는 점을 경고하고자 했다. 실제, 군 수뇌부는 티토 사망 이후 급속히 확대되던 민족주의 움직임이 연방의 와해를 가져올 수 있다는 판단 아래 연방의 버팀목으로써 군의 중요성을 강조하고 있었다.

1984년 4월, 28명의 인사가 반(反)체제 주의자란 죄명으로 군부에 의해 체포되었다. 이어 6월에는 보스니아 출신 세르비아인인 쉐셀리(Vojislav Šešelj, 1954-)가 그의 활동과 주장이 사회질서를 어지럽힌다는 죄목으로 체포되어 8년형이 선고되게 된다. 이렇게 되자 군부의 지나친 정치개입에 대한 반발이 확대되었다. 하지만 이러한 반발은 하나의 목소리를 내지 못했고, 각자의 이익추구에 더 몰두하고 있었다. 1984년 5월 15일, 제3기 '집단대통령' 체제(1984. 05. 15-1989. 05. 15)가 시작되었다. 이어서 당 수뇌부의 대폭 교체가 이루어지게 된다. 하지만, 여전히 혁명세대들이 다수를 차지하고 있었고, 무엇보다도 이들에겐 1980년대 대두되던 시급한 문제들의 해결 능력이나 새로운 이상들이 보이지 않았다. 1982년 5월 16일, 크로아티아 출신으로 '연방 집행위원회' 의장(1982. 05. 16-1986. 05. 15)이 된 플라닌쯔는 1971년 '크로아티아 봄' 당시 시위 주동자 체포에 주도적인 역할을 했던 인물이었다. 그녀의 임명은 크로아티아 민족주의자들의 강한 반발을 불러왔다. 플라닌쯔는 1980년대 주요 이슈로 대두되던 경제문제를 해결할 이상과 능력을 지니지 못했다. 그녀는 임기 동안 경제가 매년 10% 이상 추락하는 상황 속에서도 오직 사회주의 정치체제 고수와 중앙집중에 기초한 연방 존속에 더 몰두했었다.

1985년 5월 세르비아 민족주의를 대변하던 '세르비아 과학예술 아카데미(SASA/ SANU: Serbian Academy of Sciences and Arts/ Srpska akademija nauka i umetnosti, 1886. 11. 01 설립)'는 유고슬라비아 현실을 통렬하게 비판하며, 티토를 반(反)세르비아주의자로 규정하였다. 이 단체는 세르비아 경제가 슬로베니아와 크로아티아 공화국에 의해 예속당하고 있고, 1974년 헌법은 철저히 세르비아를 억압하고 나누기 위한 티토의 전략에서 비롯된 것이라 주장하였다. 더불어 코소보 내 알바니아인 시위를 강력하게 진압할 것과 크로아티아 내 세르비아 소수민족의 권익 보호 또한 요구하였다. 이러한 비판과 요구는 다분히 민족주의 인식에서 비롯된 것으로, 세르비아 민족이 티토 체제의 희생자였다는 피해의식이 확대되게 된다.

1986년 5월 28일 열린 제10차 세르비아 공산당 전당대회에서 서기장(1986. 05. 28-1989. 05. 08)에 취임한 밀로셰비치는 1987년 4월 24일 15,000여 명이 모인 코소보 언덕에서 세르비아 민족주의에 대한 그의 이상을 역설하였다. 이 연설은 란코비치 이후 새로운 세르비아 민족이익 대변인의 탄생을 의미했다. 하지만 다른 민족에게는 과거 대(大)세르비아주의로 인한 피해의식을 확산시키는 계기가 되었다. 다른 공화국들의 계속된 비난에도 불구하고 밀로셰비치는 몬테네그로와 보이보디나 그리고 코소보에서 연일 관제 데모를 이어갔다. 이와 함께 세르비아에서처럼 이들 지역 공산당 지도부를 자신의 추종자들로 채워갔다. 밀로셰비치의 거침없는 세르비아 민족주의 행보는 여러 민족이 함께했던 연방군에까지 영향을 미치게 하였다. 대표적인 1987년 9월 3일 '파라친 학살(Paraćin Massacre)' 사건이다. 이것은 연방군내 20살의 알바니아 청년(Aziz Kelmendi)이 민족갈등 끝에 자동무기로 4명의 동료 군인을 사살하고 5명을 부상입힌 사건이다. 무엇보다도 이 사건은 사회주의 유고슬라비아연방을 유지하는 중요한 축이자 '유고슬라비즘'의 기초였던 연방군 내부에서의 민족갈등이 본격적으로 시작되었음을 의미했다.

1989년 5월 '집단대통령제' 세르비아 대통령(1989. 05. 08-1991. 01. 11)이 된 밀로셰비치는 일방적으로 1974년 헌법 폐기를 선언하였다. 1989년 6월 28일 코소보

90-1. **베오그라드에 자리한 성 사바 대성당**

91- **코소보 전투 600주년 기념식(1989. 06. 28)에 서 밀로셰비치의 연설(Gazimestan Speech)**

출처: https://en.wikipedia.org/wiki/File:Milosevic_Gazimestan_1989.jpg

92- **코소보 전투 600주년 기념 로고**

출처: https://en.wikipedia.org/wiki/File:600_godina_kosovske_bitke.jpg

전투 600주년 기념식 참석차 코소보 평원을 방문한 밀로셰비치는 이곳에 모인 약 20여만 명의 세르비아인들을 향해 지난 1389년 6월 오스만 터키와의 코소보 전투 아픔을 끄집어냈다. 코소보 평원의 가지메스탄(Gazimestan) 기념비에서 가진 연설에서 그는 성 사바의 말(4C: Only Unity Saves the Serb/ само слога Србина спасава)을 인용하며 “600년이 지난 지금 세르비아는 또 다른 전쟁에 직면해 있다. 세르비아인의 단결만이 세르비아 땅에서 세르비아 민족의 번영을 가져올 수 있다”는 말과 함께 연방 체제의 무능함을 지적하며 세르비아 중심의 ‘중앙 집중화’로 가겠다는 강력한 의지를 피력하였다. 이후로 밀로셰비치는 세르비아인들 사이에 1389년 코소보 전투에서 사망한 라자르 군주가 환생했다는 의미에서 ‘작은 라자르(Little Lazar/ Mali Lazar)’로 추앙되었고, 이때 등장한 ‘코소보는 세르비아다(Kosovo is Serbia/ Kosovo je Srbija)’라는 용어는 코소보를 다시는 빼앗기지 않겠다는 세르비아 민족의 의지 표현으로 상징되게 된다.

‘지방 분권화’를 통한 연방 유지를 희망하던 슬로베니아와 크로아티아에선 밀로셰비치의 발언에 크게 반발하였다. 이어서 1989년 9월 22일 열린 세르비아 공산주의자 중앙위원회 제8차 총회에서 코소보의 자치권이 박탈된다. 코소보 내 알바니아인들의 반발 속에 1990년 2월 30여 명의 알바니아인들과 세르비아인이 사망하는 사건이 발생하였다. 알바니아인들의 저항이 더 거세지자 이를 계기로 밀로셰비치는 코소보 내 모든 공공기관을 폐지하고 언론을 장악했다. 코소보 내 세르비아인들 스스로 민병대를 조직해 알바니아인 테러로부터 자신들을 보호하는 조치를 시행하는 등 밀로셰비치의 등장과 함께 코소보는 매우 심각한 상황에 이르게 된다.

1989년 이후 슬로베니아에선 개혁 공산주의자이자 훗날 초대 대통령이 되는 쿠찬(Milan Kučan, 1941- , 초대 대통령 재임 1991. 10. 08-2002. 12. 22)을 중심으로, 그리고 크로아티아에선 ‘집단대통령제’ 크로아티아 대통령에서 훗날 초대 대통령이 되는 투즈만을 중심으로 연방탈퇴 시위가 확산하고 있었다. 슬로베니아와 크로아티아의 여러 신문과 잡지 그리고 지식인들 사이에서 코소보에서의 유혈진압과 세르비아 민족주의 확대를 비난하는 논문과 사설들이 계속해서 제기되었다. 이런 가운데 1990년 5월 13일 자그레브에서 열린 크로아티아 디나모(Dinamo)와 세르비아 쯔르베나 즈베즈다(Crvena Zvezda, 붉은 별) 클럽 간 축구경기에서 양 민족 간 유혈 충돌이 발생했고, 경찰의 강경 진압 속에 다수 부상자가 발생했다. 세르비아는 자그레브 당국이 편파적으로 수사했다고 비난했고, 이후 민족 간 갈등들은 표면 위로 크게 증폭되어 갔다.

유고슬라비아는 1980년대 여러모로 심각한 위기를 맞이하고 있었다. 우선 '비동맹주의' 퇴색으로 서구로부터의 지원이 약화 된 가운데, 경제적 효율성 문제를 일으켰던 '자주 관리제도' 또한 소멸함으로써 유고슬라비아를 유지해 주던 '티토이즘'의 두 개의 중요한 축이 사라지게 된다. 이와 함께 외채급증과 환율 문제, 인플레이션과 실업률 급상승 등 여러 분야에서 대두된 경제위기는 연방정부의 기능이 끝났다는 인식을 대중들 사이에 확산시켜 갔다. 무엇보다도 탁월한 외교 능력과 민족 간 통합을 끌어냈던 티토의 죽음은 1980년대 유고슬라비아 위기의 중요한 배경을 형성하였다. 1980년대 전반적인 경제적 어려움 확대와 함께 누적된 지역 간 경제 불균형 심화는 연방 유지와 단결에 커다란 부담감이 되어야 했다. 갈등을 해결할 지도부의 부재와 '티토이즘'의 붕괴는 연방 유지를 둘러싼 각 공화국 간 갈등과 연방 해체 논쟁을 더욱 촉발하게 하였다.

제6장

현대 III(1990년대), 연방의 해체와 민족 분쟁

1. 유고 내전(1991-1995)과 연방의 해체

연방해체 과정 | 유고 내전 발발

2. 보스니아 내전(1992-1995)과 보스니아 평화전략

보스니아 내전 과정과 특징 | 서구의 대응실패와 그 영향 | EC/EU와 UN 평화안: '밴스-오웬안'과 '오웬-스톨렌버그안' | 미국 주도 평화안 - '데이턴 평화안'

3. 코소보전쟁(1999)

코소보 민족갈등 배경 | 코소보전쟁 전개 과정 | 코소보전쟁의 국제사적 의미

1. 유고 내전(1991-1995)과 연방의 해체

1) 연방해체 과정

1980년 5월 티토 사망 이후 10여 년은 유고슬라비아 각 공화국이 '정치적 민족주의'인 '유고슬라비즘'을 버리고 각 민족의 종교와 언어, 역사, 관습에 근거한 '문화적 민족주의'를 키워 가던 시기이자, 연방해체 준비 기간이었다. 1980년 이후 심화하던 경제적 어려움과 더불어 곳곳에서 민족주의 관련 발언과 시위들이 계속 이어졌다. 특히 '티토이즘'의 한 축이자 외교정책인 '비동맹주의'가 티토 죽음과 국제역학 구도 변화로 별다른 실효를 거두지 못하는 가운데, 경제정책인 '자주관리제도'의 여러 문제점이 노출되면서 제도가 오히려 경제 효율성을 떨어트리는 걸림돌로 대두되고 있었다. 파르티잔 정신의 퇴색과 함께 민족정책 또한 하나의 유고슬라비아인(Yugoslav/ Jugosloven)이라는 '유고슬라비즘'의 이상이 무너지고 그 자리를 각 민족 권리를 내세운 '문화적 민족주의'가 채워갔다. '티토이즘'의 약화는 이질적 민족과 다양한 종교로 혼재된 공화국들에서 갈등과 충돌을 낳았다.

1990년 1월 20일부터 22일까지 제14차 '유고슬라비아 공산주의자 연맹 임시 전당대회((Extraordinary) Congress of the League of Communists of Yugoslavia/ (vanredni) kongres Saveza komunista Jugoslavije)'가 베오그라드 사바 센터(Sava Center)에서 열렸다. 하지만 당과 군, 정부 모든 고위직이 한데 모인 이 대회는 서로의 견해차를 확인한 채 공화국 대표들 간 욕설과 퇴장으로 중단되었다. 밀로셰비치를 비롯한 세르비아는 전당대회에 모인 대표단에 1인 1표를 제안하며 '중앙 집중화' 체제 선택을 묻는 투표를 강행하려 했다. 쿠찬을 비롯한 슬로베니아 대표단은 강력히 반대하였다. 하지만 밀로셰비치는 몬테네그로, 코소보, 보이보디나와 세르비아 대표단의 지원을 받아 일방적으로 투표를 진행했고, 이를 반대하는 대표단들은 퇴장함으로써 반대 의사를 분명히 밝혔다. 전당대회 중단과 함께 공산당의 권한 또한 정지되었다. 이후 연방을 구성하는 6개의 공화국 모두에서 전후 최초의 '복수정당제 선거'가 실시되어, 공화국마다 공산당이 패하고 '문화적 민족주의'를 지향하는 민족주의 정당들이 등장하게 된다.

유고슬라비아 구성 공화국 중 슬로베니아는 1989년 베를린 장벽 붕괴와 동유럽 개혁, 개방 이후 정치 민주화와 시장경제체제를 가장 먼저 받아들였다. 1990년 4월 8일, 구성 공화국 중 가장 먼저 다당제 선거를 치렀고, 여기서 연방 탈퇴와 국가 주권 달성을 공약으로 내건 '슬로베니아 민주 야당 연합(DEMOS: Democratic Opposition of Slovenia/ Demokratska Opozicija Slovenije)'이 승리하게 된다. 크로아티아 또한 1990년 4월 22일-23일 다당제 선거에서 민족주의 정당인 '크로아티아 민주연합(CDU/ HDZ: Croatian Democratic Union/ Hrvatska Demokratska Zajednica)'이 승리했다. 이후 투즈만을 중심으로 연방으로부터 독립 권리가 담긴 헌법이 채택되었다.

제2차 세계대전 당시 우스타샤 극우 정권하에서 대량 학살을 경험하였던 크로아티아 내 세르비아인은 크로아티아의 독립 추진에 극도의 불안감을 느꼈다. 자구책 마련을 위해 이들은 민병대를 조직하였고, 1990년 8월부터는 자신들의 마을에 바리케이드를 설치하기 시작했다. 더 나아가 1990년 5월 30일 크로아티아 의회에서 이탈한 '세르비아 민주당(SDP/ SDS: Serb Democratic Party/ Srpska Demokratska Stranka, 1990. 02-1995. 08)'을 중심으로 세르비아인들은 1990년 12월 21일 '크라이나 세르비아 자치구(SAO Krajina: Serbian Autonomous Oblast of Krajina/ Srpska autonomna oblast Krajina)'를 설정하게 된다. 이 자치구는 이후 크로아티아에서의 내전 확대와 함께 바비치(Milan Babić, 1956-1006, 재임 1991. 12. 19-1992. 02. 16)를 초대 대통령으로 하는 '세르비아 크라이나 공화국(Republic of Serbian Krajina/ Republika Srpska

93- **크로아티아내 '세르비아 크라이나 공화국' 영토**

출처: https://commons.wikimedia.org/wiki/File:Map_of_Republika_Srpska_Krajina.png

Krajina)'으로 명칭 변경하였다.[18] '크라이나(Krajina)'는 '국경(Frontier)'이란 뜻으로, 이

---

18 바비치는 전범으로 기소되어 2004년 ICTY에서 재판을 받았지만, 재판의 부당성을 제기하며 2006년 자살하였다. 두 번째 대통령인 하쥐치(Goran Hažić, 1958-2016, 재임 1992. 02. 26-1994. 01. 26)는 ICTY에 전범 기소된 후 숨어지내다가 2011년 7월 세르비아에서 체포된 후 뇌암으로 사망했고, 그의 후임이자 크닌(Knin)의 경찰서장 출신이었던 마르티치(Milan Martić, 1954- , 1994. 01. 26-1995. 08. 07)는 2007년 6월 ICTY에서 35년형을 선고받아 투옥 중이다.

것은 '전선 또는 군사경계선(Military Frontier)'이란 의미를 지닌 과거 합스부르크와 오-헝 이중제국 당시 '보이나 크라이나/ 보이나 그라니짜(Vojna krajina/ Vojna granica)'에서 유래했다. 1990년 12월, 크로아티아 의회에선 세르비아 민족(1991년 약 12% 차지)을 헝가리, 이탈리아 민족과 같은 소수민족으로 분류하는 헌법이 통과되었고, 이것은 사회주의 유고슬라비아 연방 하에서 6개 주민족 중 하나로 주요 권리를 누려왔던 세르비아 민족에겐 커다란 충격으로 다가왔다. 당시까지 크로아티아 내 18%에 가까운 경찰과 공무원직을 수행했던 세르비아인은 강제 퇴직해야만 했다. 세르비아 민병대와 크로아티아 경찰 간 수십 건의 충돌과 폭탄 테러들로 인해 여러 사상자가 발생하자, 1991년 4월 크로아티아는 자체적으로 국방군을 공식 출범시켰다. 크로아티아는 1991년 5월 19일 세르비아인 불참 속에 독립 혹은 느슨한 연방제 중 하나를 묻는 국민투표를 강행했고, 투표 참여자 중 94%는 독립을 선택하였다. 그 결과 크로아티아는 슬로베니아와 함께 동년 6월 25일 독립을 선언하였다.

민족 간 긴장 해결을 위한 여러 차례의 회담이 실패로 돌아갔다. 이런 가운데 1991년 5월 15일 윤번제로 돌아오는 '집단대통령' 의장에 선출 예정이었던 크로아티아 대통령인 메시치(Stjepan Mesić, 1934- , 집단대통령제 대통령 1991. 06. 30-1991. 12. 06, 크로아티아 대통령 2000. 02-2010. 02)가 과거 '크로아티아 봄' 당시 분리주의 움직임을 주도했다는 이유로 세르비아 공화국으로부터 의장직 인정을 거부당하는 사건이 발생했다. 과거 메시치는 1967년 3월 크로아티아 지식인들의 '크로아티아 문어 이름과 지위에 관한 선언' 당시 이를 공개 비난했지만, 1971년 '크로아티아 봄'에 적극적으로 참여함으로써 20년형을 선고받았고 항소 끝에 1년 동안 투옥된 전력을 지니고 있었다. 논쟁 끝에 비(非)공산 당원으로선 처음으로 그의 의장직 수행이 결정되었지만, 1991년 6월 25일 슬로베니아와 크로아티아의 독립선언과 슬로베니아 내 연방군 진입 여파로 1991년 7월 1일에 들어와서야 의장직 공식 임무를 수행할 수 있게 된다. 하지만, 이미 '집단대통령제'가 유명무실해졌음이 확인되었고, 연방 유지를 위한 최후의 보루이자 다민족 결합체인 연방군 통제권 또한 갈등이 심화하면서 사회주의 유고슬라비아 연방은 해체의 길을 가게 되었다.

2) 유고 내전 발발

1991년 1월 11일, 세르비아 중심의 중앙집중을 주장하던 밀로셰비치가 세르비아 대통령(1991. 01. 11-1997. 07. 23)으로 취임하자, 연방 탈퇴를 준비해온 슬로베니아와 크로아티아 공화국은 이를 계기로 마침내 1991년 6월 25일 독립을 선언한다. 이에 대해 세르비아 주도하에 있던 연방군은 선언이 무효임을 밝히며, 1991년 6월 27일 슬로베니아로 진입해 들어오게 된다. '십일 전쟁(Ten- day War/ Desetdnevna vojna, 1991. 06. 27-07. 07)' 혹은 '슬로베니아 독립 전쟁(Slovenian War of Independence/ Slovenska osamosvojitvena vojna)'으로 불리는 이 싸움에서 연방군은 슬로베니아 장악에 실패하였다. 그 이유는 우선, 다 민족 연합체인 연방군이 슬로베니아 민병대의 저항을 쉽게 진압하리라 오판했던 점을 들 수 있다. 당시 슬로베니아 주둔 군중 슬

94- **'십일 전쟁' 당시 노바 고리짜(Nova Gorica) 이탈리아 국경 근처의 연방군 탱크**
출처: https://commons.wikimedia.org/wiki/File:Teritorialci_so_z_armbrustom_zadeli_tank_v_kri%C5%BEi%C5%A1%C4%8Du_pred_MMP_Ro%C5%BEna_Dolina..jpg

로베니아와 크로아티아 출신이 상대적으로 많았는데 이를 무시하고 군 지도부가 급하게 전쟁에 들어감으로써 군 내부 갈등이 증폭되게 된다. 둘째, 연방군이 슬로베니아의 독립 의지를 너무 쉽게 간과했다는 점이다. 슬로베니아에서 독립요구는 커다란 호응을 얻었고, 따라서 시민 상당수가 자발적으로 시민군을 결성해 내전에 참여하였다. 셋째, 지형적, 역사적 그리고 민족구성에 있어 세르비아로선 슬로베니아와 이해관계 상충이 적었고, 오히려 세르비아 민족이 다수 거주하던 크로아티아에서의 독립 움직임에 경계 초점이 더 맞추어져 있었다고 할 수 있다.

1991년 7월 5일, '유럽공동체(EC: European Community, 1993년 이후 유럽연합(EU: European Union)으로 개칭)' 개입 속에 연방정부와 슬로베니아, 크로아티아 대표단이 브리오니 섬에 한데 모였다. 격렬한 논쟁 끝에 7월 7일 '브리오니 합의(Brioni Agreement)'가 채택되게 된다. 이에 따라 슬로베니아와 크로아티아엔 3개월 뒤로 이 문제를 유예하고 연방정부와 평화 논의를 다시 이어갈 것을, 그리고 연방군엔 슬로베니아에서 즉시 철수할 것이 요구되었다. 하지만 슬로베니아로의 연방군 진입과 시민군 저항, 그리고 국제사회 개입에 따른 연방군 철수는 크로아티아의 독립 의지를 더 고무시켰다.

슬로베니아에서 후퇴하면서 연방군은 크로아티아의 연방 탈퇴 저지를 이유로 세르비아 거주지역 중심으로 군사작전을 수행하였고, 곧이어 영토의 1/3 가까이 차지하게 된다. 1991년 8월, 세르비아 민병대와 연계한 연방군이 크로아티아 슬라보니아 지방인 부코바르(Vukovar)시로 공격해 들어가자 크로아티아 병사들의 이탈이 본격화되었고, 마케도니아 공화국 또한 독립 움직임에 따라 마케도니아인과 알바니아인 출신의 이탈이 가시화되었다. 결과적으로 세르비아인과 몬테네그로인 출신 병사들로 구성된 연방군으로 전락함으로써 연방을 지탱시켜 왔던 다민족 군대의 역할도 사라지게 된다. 1991년 통계에 따르자면 연방군이 와해하기 이전 이미 군 장교와 군사 전문가의 약 70%가 세르비아인과 몬테네그로 출신으로 채워져 있었으며, 이 분포도는 사회주의 유고슬라비아 연방 안에 이 두 민족이 약 38.8% 인구수를 차지했던 것에 비교하면 매우 높은 수치였다.

95- **1991년 내전 당시 부코바르는 완전파괴되었으며, 상징성을 위해 그대로 보관 중인 부코바르의 물 탑.**

출처: https://commons.wikimedia.org/wiki/File:Vukovar-watertower-after-war.jpg

1991년 10월 5일 투즈만 대통령은 크로아티아인의 전체 동원령을 선포하며, 세르비아와의 전쟁을 본격 선언했다. 1991년 10월 7일 연방군 전투기가 자그레브 주요 정부 건물들을 폭격하였고, 10월 8일 크로아티아 의회는 '브리오니 합의'에서 정한 3개월 유예기간이 종료되었음을 밝히며 독립을 선언했다. 크로아티아가 독립을 공식 선언한 10월 8일은 이후 크로아티아의 독립 기념일이 되었다. 투즈만의 독려 속에 부코바르 전투에서 약 1,800여 명의 크로아티아 방위군과 자원 군은 끝까지 저항했지만, 압도적인 무기를 내세운 약 36,000여 명의 세르비아군과 민병대에 의해 11월 18일 함락되어야 했다. 이후 약 300여 명의 포로와 민간인 집단학살 속에 약 20,000여 명의 현지 크로아티아인들이 강제로 추방되었다. 기나긴 유고 내전의 서막이었다.

남슬라브 역사 속 한마디

세르비아의 '두브로브니크 포위'가 남긴 의미는?

'크로아티아의 아테네' 혹은 라틴어로 '세계의 보물(Thesaurum mundi)'이란 별칭을 지닌 크리스트교 전통의 중세 도시인 두브로브니크는 영국에서 가장 위

96- **세르비아의 '두브로브니크 포위' 당시 파괴되는 구시가지 모습**
출처: 스르즈 산 두브로브니크 전쟁박물관

대한 시인 중 하나로 평가받는 바이런(George Gordon Byron, 1788-1824)이 이곳을 '아드리아해의 진주'라 칭송하면서 더욱 유명해지기 시작했다. 더불어, 아일랜드 극작가이자 소설가로 1925년 노벨 문학상 수상자인 버나드 쇼(George Bernard Shaw, 1856-1950)가 1929년 이곳을 방문한 후 그 아름다움에 감탄해 "만약 지상의 낙원을 보고 싶다면 두브로브니크로 오라!("If you want to see heaven on earth, come to Dubrovnik!")"고 극찬했을 정도로 세계적인 관광지이자 역사적 유산이라 할 수 있다.

따라서, 1991년 10월부터 시작된 세르비아 군대와 민병대에 의한 '두브로브니크 포위(Siege of Dubrovnik/ Opsada Dubrovnika, 1991. 10. 01-1992. 05. 31)'는 국제사회 여론을 반( )세르비아로 결정짓는 중요한 계기가 되게 된다. 세르비아 민족주의자들은 비잔틴 제국의 황제 헤라클리우스(Heraclius, 575-641, 재임 610-641)시기, 남슬라브족 일파인 세르비아인들이 두브로브니크와 몬테네그로 해안 지역에 정착했다는 문헌을 근거로 이곳들이 자신의 영토라 강력히 주장해 왔다. 특히, 이들은 두브로브니크가 기형적인 행정구역이 된 배경에는 크로아티아 아버지를 둔 티토의 의도적인 전략 때문이라 비난하며 티토 사후 이곳을 편입하려는 선전전을 지속해 왔었다.

아름다운 자연과 함께 중세 웅장한 건축물들을 보존하던 두브로브니크 파괴를 막아 줄 것을 국제사회에 호소하는 시위가 이어지는 가운데, 메시치 대통령과 그레구리치 총리(Franjo Gregurić, 1939- , 재임 1991. 07-1992. 08)는 40여척의 어선과 관광 보트를 띄워 자신들의 의지를 세계에 알리려 노력했다. 여기에 자극받은 수많은 전 세계 예술가와 문학인들의 폭격 반대 시위가 이어졌고, 당시 프랑스 학술원장이던 도르메송(Jean D'Ormesson, 1925-2017, 재임 1992-1996)을 중심으로 범선을 띄운 인간 사슬 시위가 국제사회에 큰 관심을 불러일으키게 된다. 1991년 10월 이후 약 7개월간 이어진 세르비아의 포위와 포격으로 구시가지 건물의 약 56%가 피해를 보아야 했다. 내전 직후인 1995년부터 1999년까지 UNESCO와 여러 국제적 기관들의 전폭적인 지원이 이어졌고, 두브로브니크는 오늘날 21세기 세계 최고 관광지 중 하나로 다시 한번 급부상하고 있다.

1992년 1월 15일, EC는 만장일치로 슬로베니아와 크로아티아의 독립을 승인해주었다. 서유럽의 군사 지원을 바탕으로 전열을 정비한 크로아티아 정부군은 1991년 11월 초부터 조금씩 반격을 시작하였다. 본격적인 '크로아티아 독립 전쟁(Croatia War of Independence)'이 시작된 것이다. 1992년 1월 22일, 크로아티아는 영토 주권을 내세우며 약 60여만 명의 세르비아인이 거주하던 북부 크라이나로 진격해 들어왔다. 곧이어 세르비아와 몬테네그로 공화국에 비상령이 선포되었다. 크로아티아 정부군과 민병대의 공격은 세르비아인들의 대량 탈출을 낳았고, 이번에는 남아 있던 세르비아인에 대한 보복과 광범위한 인권침해가 뒤따랐다.

크로아티아 내전 확대에 대한 국제사회의 우려 속에 1992년 2월 21일 UN안보리 결의(UN Security Council Resolution 743)에 따라 크로아티아로의 UN평화유지군(UNPROFOR: UN Protection Force) 파병이 결정되게 된다. 하지만 UN평화유지군은 내전 통제권 장악에 실패하였다. 그 이유는 우선 평화유지군의 초기 투입목적이 유고슬라비아 분쟁지역에 구호품 공급과 지원에 국한되어 있던 전략적 착오에서 기인한다. 이와 함께 초기 크로아티아에 국한하던 UN 평화유지군의 관할 구역이 분쟁지역 확대에 따라 보스니아와 마케도니아 등으로 늘어남으로써 인원과 통제력의 부족을 낳았던 점도 중요 요인이라 할 수 있다. 무엇보다도 분쟁지역 확대와 내전 격화에 따라 지원 범위와 그 규모가 계속해서 증가하였지만, 이를 둘러싸고 서구 각국의 외교적 이해가 맞물리면서 내전에 제대로 대응하지 못했다. 이러한 요인들이 서로 얽히며 결과적으로 UN 평화유지군의 무기력함이 드러났고, 이것은 내전 피난민들을 위해 UN에서 정한 안전지대(Safe Zone) 위기와 함께 UN의 권위 실추로 이어졌다. 분쟁이 국제 문제로 확대되고 연방 분리가 확실시되자 1992년 4월 27일, 세르비아 공화국과 몬테네그로 공화국 그리고 두 개의 자치주를 근간으로 한 '신(新)유고슬라비아 연방'이 탄생하게 된다.

크로아티아에서의 내전 발발은 두 가지 중요한 의미를 지닌다. 첫째로 내전 발발은 크로아티아 출신 군인들의 대거 이탈을 낳았고, 이것은 '유고슬라비즘'의 마지막 버팀목이던 연방군의 와해를 불러왔다. 둘째로 보스니아 내전 발발의 결정적인 원인을 제공하였다. 크로아티아에서의 내전은 보스니아 내 무슬림계와 크로아티아계에게 세르비아 주도의 연방 존속에 대한 극도의 불안감을 심어주었다고 할 수 있다.

2. 보스니아 내전(1992-1995)과 보스니아 평화전략

1) 보스니아 내전 과정과 특징

티토는 보스니아를 다른 종교와 문화를 가진 민족들이 한데 모여 평화롭게 공존할 수 있는 대표 모델로 여겨왔었다. 따라서 그는 보스니아를 '유고슬라비즘' 이상을 적용할 시험장으로 채택했으며, 혼혈 정책을 통해 탄생한 '유고슬라비아인'을 주요 민족 중 하나로 규정하기도 했다. 또한, 티토는 보스니아의 평화가 곧 유고슬라비아 평화의 선결 조건이라는 점을 강조해 왔으며, 보스니아 구성 민족들 또한 이 지역 평화정착에 있어 티토의 중요성을 누구보다도 절실히 느껴왔었다. 결국, 티토의 죽음과 '문화적 민족주의' 대두는 종교, 문화적으로 복잡하게 엉클어진 보스니아의 평화를 깨트리는 결정적 계기가 되었으며, 가장 참혹한 내전을 낳게 하였다.

1990년 2월 보스니아 의회는 공산당 독점방지법안을 통과시켰다. 그리고 1990년 11월 18일과 12월 2일 치러진 다당제 선거에서 종교에 기반을 둔 세 민족 정당이 보스니아 전체 의석(240석, Chamber of Citizen 130석+Chamber of Municipalities 110석) 중 86%를 차지하게 된다. 우선 이제트베고비치가 이끄는 무슬림계의 '민주실천당(PDA/ SDA: party of Democratic Action/ Stranka demokratske akcije)'이 86석(43+43)을, 카라쥐치(Radovan Karadžić, 1945- , 스르프스카 공화국 대통령 1992. 04. 07-1996. 07. 19)가 이끄는 '세르비아 민주당(SDP/ SDS: Serbian Democratic Party/ Srpska demokratska stranka)'이 72석(34+38)을 클류이치(Stjepan Kljuić, 1939-)가 이끄는 '크로아티아 민주연합(CDU/ HDZ: Croatian

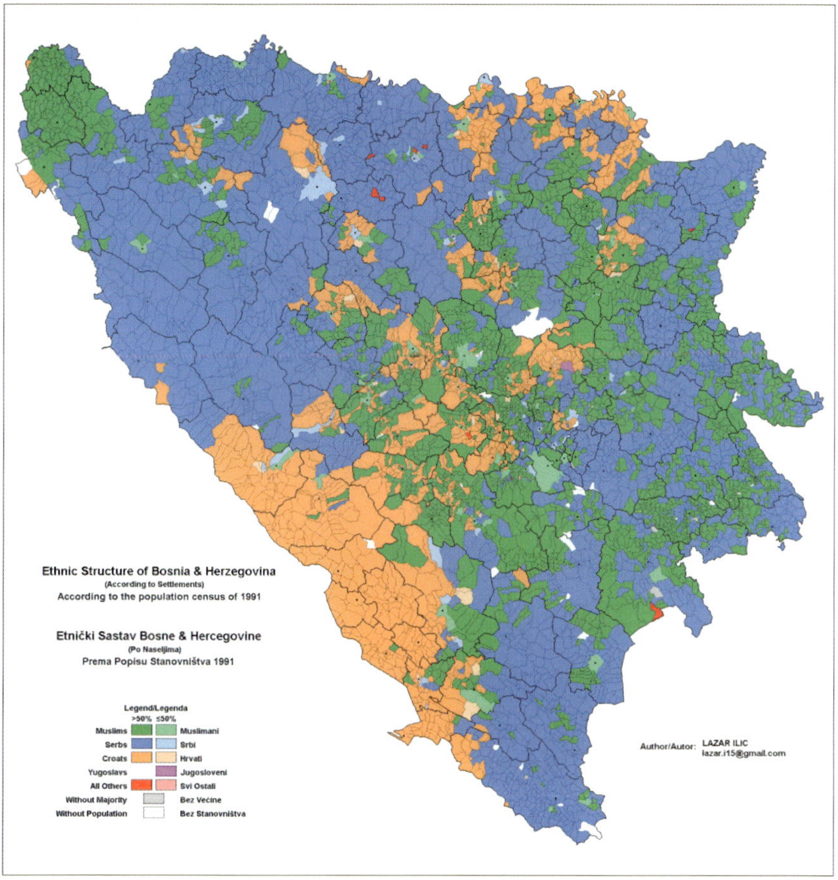

97- **종교와 문화의 모자이크, 1991년 내전 직전의 보스니아 민족 분포도.**
출처: https://commons.wikimedia.org/wiki/File:Bosnia_Herzegovina_Ethnic_1991.png

Democratic Union/ Hrvatska demokratska zajednica)'이 44석(21+23)을 차지하였다.[19] 내전 직전인 1991년 통계에 따르자면 보스니아의 민족구성은 약 437만 명 인구 중 무슬림계가 약 43.5%를 그리고 세르비아계가 약 31.2%를, 크로아티아계가 약 17.4%를 차지

19 Robert Donia & John V. A. Fine, Jr., Bosnia and Hercegovina: A Tradition Betrayed (New York: Columbia UP, 1994), p. 210.

했다.[20] 이후 내전 종결 20주년이 지난 2016년에는 약 379만 명 인구 중 무슬림계의 보스니아인(Bosniaks/ Bošnjaci)인이 약 50.1%를 그리고 세르비아계가 약 30.8%를, 크로아티아계가 약 15.4%를 차지하게 된다.

따라서 보스니아에서 가장 큰 민족인 무슬림계 지지 속에 최다 의석 정당이 된 이제트베고비치가 보스니아 정부를 이끌었고, 그는 곧 유고 분쟁 중립을 선언했다. 하지만, 크로아티아에서의 내전 격화는 보스니아 내 구성 민족들을 긴장시켰다. 크로아티아 내전의 전개 과정을 지켜본 보스니아 내 무슬림계와 크로아티아계 사이에선 독립 움직임이 더 확대되었고, 반면 세르비아계는 오스만 터키 지배 시절 무슬림에 의한 고통과 제2차 세계대전 당시 크로아티아인에 의한 집단학살이 재현될지 모른다는 공포가 엄습하기 시작했다.[21]

크로아티아 내전 이전까지만 해도 보스니아 크로아티아계 사이엔 보스니아 미래를 둘러싸고 두 개의 세력이 존재했었다. 그 첫째는 클류이치 등을 중심으로 다민족 독립공화국을 선호하는 세력이었다. 둘째는 '헤르쩨그-보스니아 크로아티아 공화국(Croatian Republic of Herzeg-Bosnia/ Hrvatska Republika Herceg-Bosna, 1991. 11. 18-1996. 08. 14)'의 초대 대통령이 되었던 보반(Mate Boban, 1940-1997, 재임 1991. 11-1994. 02)을 중심으로 투즈만의 극우 민족주의 정책과 크로아티아로의 합병을 지지하는 세력이었다. 크로아티아에서의 내전 격화는 후자의 목소리에 더욱 힘을 실어주게 된다. 보스니아 내 세르비아계 또한 대(大)세르비아주의에 기초한 민족주의 움직임이 증대되고 있었다. 무엇보다도 이들은 무슬림이 지배하는 보스니아 독립국가를 거부하였고, 보스니아의 연방 존속을 강력히 요구했었다. 이에 따라 내전 직전 보스니아는 이미 세르비아 공화국의 대(大)세르비아주의를 지지하는 세르비아계와 크로아티아 공화국의 영토적 야심에 동조하는 크로아티아계로 인하여

---

20 Lenard J. Cohen, Broken Bonds: The Disintergration of Yugoslavia (San Francisco: Westview Press, 1993), p. 139.

21 Janusz Bugajski, Ethnic Politics in Eastern Europe (New York: M.E. Sharpe, 1995), p. 8.

분할 위기를 맞이하고 있었다. 따라서 1990년 12월 보스니아 대통령에 취임한 이제트베고비치(Alija Izetbegović, 1925-2003, 보스니아 1990. 12. 20-1996. 10. 05, 3인 대통령 체제 1996-1998, 2000)를 중심으로 무슬림계는 밀로셰비치와 투즈만 사이에 비밀리에 진행되던 보스니아 분할논의를 경계하고 있었다.

이것은 세르비아 공화국의 계속된 경고에도 불구하고 보스니아 정부가 1992년 2월 독립을 묻는 국민투표를 신속하게 진행해야 했던 배경이 되기도 했다. 독립을 묻는 국민투표에 무슬림계와 크로아티아계 그리고 혼혈 결혼으로 형성된 유고슬라비아인이 참여한 가운데 보스니아 인구의 약 67%가 투표했고, 이들 중 99.45%가 독립에 찬성하였다. 상당수의 보스니아 세르비아계는 보스니아 정부의 투표 강행에 반발하며 투표에 불참하였다. 투표 결과를 근거로 보스니아는 1992년 3월 3일 독립을 선언하였고, 곧 이어진 세르비아계의 공격으로 내전이 시작되게 된다. 미국, EC 등 국제사회가 1992년 4월 6일 보스니아의 독립을 인정하자, 세르비아군은 다음 날 보스니아 남부와 서부에 미사일 공격을 가했다. 사라예보 등 보스니아 전역에서 무슬림계와 세르비아 민병대 간 충돌이 격렬하게 발생하는 가운데 1992년 5월 22일 보스니아는 UN 회원국에 등록하였다. 보스니아는 무엇보다도 독립을 승인해준 국제사회의 보호와 지원을 믿고 있었다. 하지만, 국제사회가 이미 크로아티아에서도 별다른 해결책을 못 찾는 것을 확인했던 세르비아로선 이런 독립 인정들을 단순한 '제스처 외교'로써만 받아들였다.

보스니아 분쟁확대 속에 인도주의적 문제가 제기되자 UN안보리는 크로아티아에 파견된 UN 평화유지군의 활동 범위를 보스니아로 확대할 것을 결의하였다. 또한, UN과 EC 등 국제사회는 보스니아분쟁 해결을 위해 여러 평화안을 제시하게 된다. 보스니아분쟁 초기만 해도 국제사회는 보스니아의 복잡한 민족, 종교적 상황을 고려해 독립보다는 민족 거주지별 분할에 더 관심을 보였다. 1992년 2월 21일-22일 리스본(Lisbon)에서 이와 관련한 회담이 열렸고, 여기선 EC는 보스니아 무슬림계와 세르비아계, 크로아티아계가 각각의 거주지에 따라 캔톤(Canton)을 나누는 평화안을 제시하게 된다. 과거 NATO 사무총장을 지낸 영국의 캐링턴

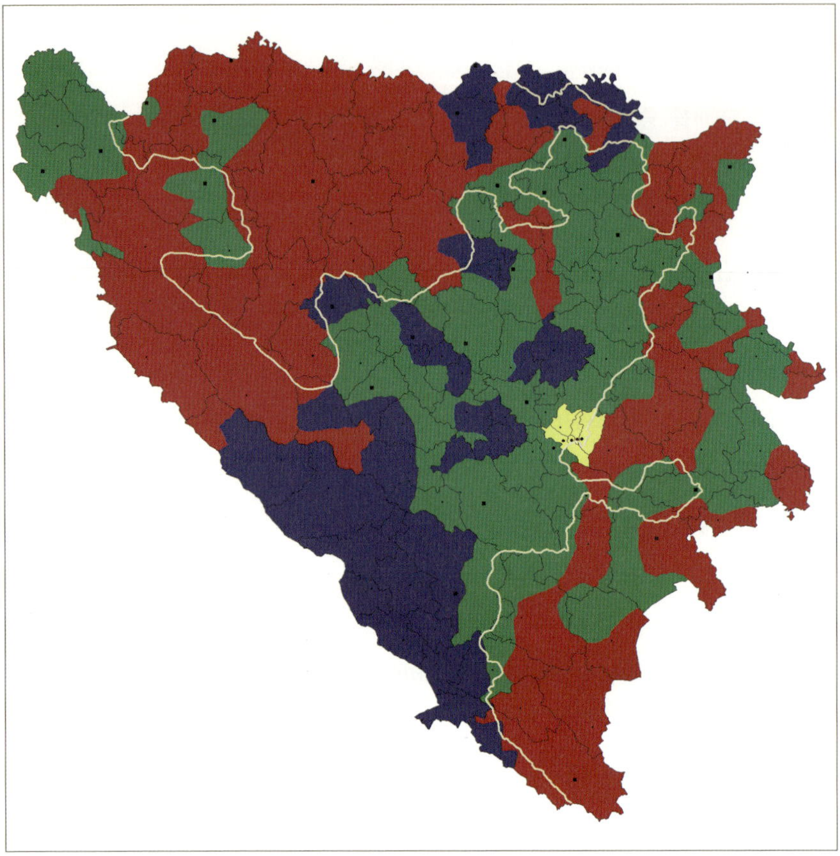

98- 민족 거주지에 따라 행정구역을 정한 '캐링턴-쿠칠레이로 안'(붉은색-세르비아계, 녹색-무슬림계, 청색-크로아티아계, 노란색-사라예보로 중립지대, 하얀선-데이턴 평화안에 따른 분리선)

출처: https://commons.wikimedia.org/wiki/File:Later_carrington_cutillero.png

(Peter Carington, 1919-2018, 재임 1984-1988)경과 보스니아 문제의 EC 중재인을 맡은 포르투갈 출신의 쿠칠레이로(José Cutileiro, 1934-)가 함께 한 '캐링턴-쿠칠레이로 안(Carrington-Cutillero plan)'이다. 1992년 3월 18일 보스니아의 각 민족을 대표한 무슬림계의 이제트베고비치와 세르비아계의 카라쥐치, 그리고 크로아티아계의 보반이 이 안에 합의하였다. 하지만 1992년 3월 28일, 이제트베고비치 대통령은 사라예보 주재 미 대사관에서 지메르만 대사(Warren Zimmermann, 1934-2004, 대사 재임

1988-1992.05)를 방문하고 나온 직후 보스니아 분할이 담긴 EC의 안이 결과적으론 보스니아 독립을 저해시킨다는 문제점을 제기하며 거부하게 된다. 그 결과 EC의 중재안은 사라졌고, 이후 내전은 본격화되었다.

2) 서구의 대응실패와 그 영향

유고슬라비아 내에서의 분쟁들은 경제 공동체를 뛰어넘어 유럽국가 간 정치적 통합을 모색하려는 EC의 외교정책과 안정보장능력을 검증할 수 있는 시험 무대였다. 서유럽 국가들은 오랜 역사 속에서 전략적 요충지인 발칸 유럽에 자국들의 영향력을 확대하려 노력해 왔었고, 사회주의 체제 붕괴 이후에도 많은 관심을 보였다. 이 지역 분쟁을 억제하고 평화를 정착하려는 EC의 노력은 별다른 실효를 거두지 못했다. 이에 대해 해리슨(Thomas Harrison)은 대(大)세르비아주의에 EC가 좀 더 신속하게 제재하지 못한 것이 큰 분쟁으로 확대되었다고 분석하기도 했다.[22] 유고연방이 해체 위기를 맞이할 즈음 EC와 미국은 대외적으론 유고연방 유지 지지를 피력했지만, 회원국 간 상이 한 대응으로 연방 탈퇴를 모색하는 공화국들엔 확고한 메시지를 전달해 주지 못했다. 이에 대해선 다음과 같은 범주로 나누어 분석할 수 있다.

첫째, 서구 내에서 연방 유지를 둘러싼 상반된 견해를 들 수 있다. 1990년 갈등 초기, 독립을 희망하던 크로아티아, 슬로베니아와 역사, 문화, 그리고 경제적으로 깊은 관련을 맺고 있던 독일과 이탈리아, 오스트리아 등은 공공연하게 독립을 지지하고 있었다. 반면 미국, 영국, 프랑스, 소련(이후 러시아) 등은 유고연방의 존속을 바랬다. EC 내에서 독일과 주도권 경쟁을 하던 영국과 프랑스로선 동서독 통일 이후 확대되던 독일 견제의 필요성을 느끼고 있었다. 소련으로서도 자국의 연방해

22 Thomas Harrison, "A Cold Peace in Bosnia" New Politics, Vol. 5, No. 4, (Win. 1996), p. 16.

체 위기 속에 소수민족 문제가 심각했고, 무엇보다도 러시아 공화국과 당시 유고연방을 주도하던 세르비아와의 밀접한 유대 관계를 고려해야만 했었다. 미국의 경우는 냉전에서 승리하여 '초국가체제(Super-Power System)' 구축 시점에 유고연방 해체로 인해 생길지도 모를 동유럽과 소련 내 소수민족 독립이라는 도미노식 파장(Domino effect)을 우려하였다. 무엇보다도 이런 파장이 국익에 이롭지 않다는 판단에 따라 미국은 1990년 초까진 유고연방의 '현상유지(Status quo)'를 희망했었다.[23]

둘째, 열강들 세력각축과 이로 인한 분쟁확대를 들 수 있다. 미국 정부 보고서에 따르자면 발칸 지역 그중에서도 유고슬라비아 지역은 제3차 세계대전이 일어날 수 있는 유럽의 화약고로 간주하였다. 이것은 동서독 통일 이후 동유럽 지역으로 세력확대를 모색 중인 독일과 이 지역의 전통적 우위를 주장하는 러시아가 충돌할 경우를 가정한 것이다.[24] 실제, 당시 옐친(Boris Yeltsin, 1931-2007, 재임 1991-1999) 정부는 러시아 민족주의자들의 압력에 따라 발칸 지역에서 러시아 이익을 공공연하게 드러내고 있었다. 러시아는 이 지역 문제가 EC나 NATO에 의한 해결보다는 자국이 회원국으로 있는 '유럽안보협력회의(CSCE: Conference on Security and Co-operation in Europe, 1975. 08-)'나 안보리 거부권을 지닌 UN이 그 중심에 서길 희망했다. 러시아의 전략적 요구에 대해 세르비아 또한 이를 지지하였다.[25] '유럽안보협력회의(CSCE)'는 유고 분쟁과 보스니아 내전 등 유럽에서의 분쟁들에 더 적극적으로 대처하기 위해 1995년 1월 이후 '유럽안보협력기구(OSCE: Organization for

---

23 ichard E. Johnson, "Yugoslavia: Projections," Richard F. Staar ed., United States - East European in the 1990s (New York: Taylor & Francis New York Inc., 1989), pp. 279-289 참조.

24 Alexandros K. Kyrou, "Castle-building in the Balkans: American Aspirations in Southeastern Europe since the Dissolution of yugoslavia." Journal of Politics and Military Sociology, Vol. 24, No. 2, (Win., 1996), pp. 255-256.; 서구 각국은 분쟁 초기 발칸의 균형이 깨지는 것을 원하지 않았다. 즉 이들은 이 지역에 있어 독일과 러시아의 영향력 확대를 우려하여 세르비아와 연방군의 조기 승리를 기대하였으며, 그 결과 내전의 확대를 자극하게 된다. Thomas Harrison, op. cit., p. 9.

25 F. Stephen Larrabee, "Russia and Balkans: old themes and new challenges." Vladimir Baranovsky (ed), Russia and Europe: the Emerging Security Agedda (Oxford: Oxford Univ. press, 1997), pp. 395-396.

Security and Co-operation in Europe)'로 명칭을 변경하게 된다.

셋째, 유럽의 전통적인 반(反)이슬람 성향을 들 수 있다. 칸(Mujeeb R. Khan) 교수는 무슬림 관점에 따라 보스니아분쟁 기원과 확대 배경을 유럽의 반(反)이슬람, 친(親)크리스트교 성향에서 찾고 있다. 그는 슬라브 무슬림에 대한 세르비아인의 역사적 증오심 그리고 이에 대한 서구의 무관심과 공모가 결합하여 세르비아인에게 무슬림 집단학살 빌미를 제공했다고 주장했다. 그의 주장에 따르자면 당시 영국과 프랑스는 보스니아분쟁 초기 세 가지 외교적 입장을 지니고 있었다. 첫째, 보스니아에서의 전쟁 지속, 둘째, 반(反)독일을 표방한 세르비아 지지, 셋째, 무슬림이 다수민족인 보스니아 독립을 저지하는 것이었다. 이것은 세르비아계의 무기 우세에 따른 무슬림 집단학살 자행에도 불구하고 영국과 프랑스가 한동안 보스니아 정부로의 무기금수 조치를 허용하지 않은 것에서도 찾아볼 수 있다는 주장이다.[26]

유고연방 유지를 둘러싼 국제사회 혼선은 유고슬라비아의 각 공화국에 각자에게 유리한 메시지로 전달되었고, 상이 한 결정들을 내리는 요인이 되었다. 실제, 1991년 3월, EC 대표단이 베오그라드를 방문하여 연방 유지 조건으로 경제지원 책을 내놓았다. 세르비아의 밀로셰비치는 유럽의 이런 반응이 유고연방 결속을 지지하는 것으로 판단했고, 독립을 추구던 크로아티아와 슬로베니아는 이에 반발하여 독립 강행 의지를 피력하게 된다. 1991년 6월 19일-20일, '유럽안보협력회의'가 유럽 35개국 참여로 베를린에서 열렸고, 알바니아를 신규 회원국으로 받아들이는 결정이 이루어졌다. 유고슬라비아의 연방 유지를 희망하던 미국은 당시 국무장관이던 베이커(James Baker, 1930- , 국무장관 1989. 01-1992. 08)를 통해 유고연방 유지에 대한 회원국들의 동의를 얻어내었다. 이어 베이커는 유고연방 정부와 각 공화국 대표들을 개별적으로 접촉하며 연방 유지 필요성을 주장하였다.

---

26 Mujeeb R. Khan, "Bosnia-Hercegovina and the Crisis of the Post-Cold war International System" East European Political and Socieities, Vol. 9, No. 3, (Fall, 1995), pp. 459-460, pp. 486-487.

하지만 이런 입장은 당시 유고슬라비아 내부의 심각한 갈등 상황을 국제사회가 잘 이해하지 못했고, 무엇보다도 철저히 자국 이해 중심에서 비롯된 것이었다. 결과적으로 이것은 이후 세르비아의 오판을 불러왔다. 세르비아는 국제사회가 연방 유지에 힘을 실어주었다고 판단했고, 이후 연방군의 무력진압을 통해 슬로베니아와 크로아티아의 연방 이탈 움직임을 저지하겠다는 결정을 내리는 데 일조하게 된다. 영국, 프랑스와 달리 유고연방 해체의 필요성을 주장해 왔던 독일은 슬로베니아에서 '십일 전쟁'을 비롯해 '부코바르 전투' 등 크로아티아에서의 내전이 격화되던 시점인 1991년 11월 이후, 이탈리아와 연합해 이들 공화국의 독립을 위한 더 구체적인 방안들을 모색하였다. 독일과 이탈리아는 유고슬라비아 위기 해결을 위해 EC에서 임시 설치한 '유고슬라비아 평화 중재위원회(Arbitration Commission of the Peace Conference on Yugoslavia, 1991. 08. 27 설립)'를 향해 만약 EC가 이들 공화국의 독립승인을 지연한다면 독자적으로라도 독립을 승인하겠다는 압력을 가했다. 결국, EC는 1991년 11월 29일 '유고슬라비아 평화 중재위원회'를 통해 유고슬라비아가 해체 과정에 있음을 공식 확인하게 된다. 이후 EC는 독립 국가 인정을 받기 희망하는 유고연방 공화국들에 1991년 12월 23일까지 접수할 것을 요청했고, 자격심사 후 최종 결정을 내리겠다 발표하였다. 그리고 EC는 마침내 1992년 1월 15일 크로아티아와 슬로베니아의 독립을 공식 승인해주었다. EC의 결정은 당시 독립을 추진 중이던 마케도니아와 보스니아에도 강한 영향을 미쳤다.

당시 유고슬라비아 위기에 대한 국제사회의 상반된 대응은 잘못된 결과를 불러왔다. 첫째, 유고슬라비아 민족들의 국제사회 해결능력에 대한 불신 증대를 들 수 있다. 둘째, 유고슬라비아 연방 각 공화국 내 소수민족 보호와 안전 보장 확립 이전에 내놓은 국제사회의 독립결정은 소수민족에 대한 광범위한 인권침해를 불러왔다. 특히 크로아티아와 보스니아 지역에선 제2차 세계대전 당시 경험으로 인해 세르비아인의 공포가 크게 자극되었다. 셋째, EC의 결정은 보스니아 내전 발발의 한 원인을 제공하였다. EC의 독립결정은 보스니아 정부가 세르비아계를 배제한 채 독립선언을 서두르는 계기가 되었고, 그 선언은 바로 보스니아분쟁으로 이어졌다.

유고슬라비아 위기에서 보여준 EC의 대응전략 실패는 향후 EC의 정치 통합 과정에서 제기될 여러 문제점을 사전에 노출했다고 할 수 있다. 우선, EC가 회원국 간 상호 이익이 되는 경제 통합은 가능했지만, 향후 정치 통합(EU)을 목표로 한 상황에서 각 국간 정치적 이해가 상충 될 때 통일된 목소리가 나오기 쉽지 않을 것이라는 전망을 낳았다. 이것은 실제, 브렉시트(Brexit) 등 오늘날 EU가 직면하고 있는 이민자와 난민 문제, 외교와 국방 그리고 노동 및 여러 사회 문제 등 다양한 이슈들에 있어 회원국 간 불합의와 갈등이 확대되는 데서도 확인할 수 있다. 두 번째로 향후 유럽 내 국제 분쟁 발생 시 EC의 역할축소 예상을 낳았다는 점이다. 실제, 유고 분쟁들의 해결 과정에서 EC(EU)는 해결 주도권을 UN을 거쳐 미국에 넘겨주어야 했고, 이것은 현재 동유럽에 있어 미국의 영향력이 증대되는 결과로 이어졌다.

3) EC/EU와 UN 평화안: '밴스-오웬안'과 '오웬-스톨렌버그안'

유고슬라비아 위기 초기, 국제사회의 공조실패와 대응전략의 미숙함은 보스니아 분쟁확대를 가져왔다. 1992년 4월 5일 이후 사라예보가 13,000여 명의 세르비아 주도의 연방군과 세르비아계 민병대에 의해 완전히 포위되었다. 포위 기간은 1996년 2월 29일까지 1,425일 동안 이어졌다. '사라예보 포위(Siege of Sarajevo)' 동안 사라예보 시민들은 식수를 제대로 공급받지 못했으며, 계속된 포격과 고사 작전으로 힘든 시기를 견디어내야만 했다. 사라예보 도심은 철저히 파괴되었으며, 약 30여만 명의 시민 중 5,434명의 민간인을 포함해 총 13,952명이 사망해야 했다.

'사라예보 포위' 즈음인 1992년 4월 6일 헤르체고비나 지방의 핵심 도시인 모스타르 또한 세르비아가 주도하는 약 17,000여 명의 연방군에 의해 포위되었다.

99- 세르비아계에 의한 '사라예보 포위' 당시 파괴된 신시가지 그르바비짜(Grbavica) 구역
출처: https://commons.wikimedia.org/wiki/File:Sarajevo_Grbavica.JPG

100- '사라예보 포위' 당시, 포위 상황을 보여주는 '구원의 터널(Tunel spasa) 앞 포스터

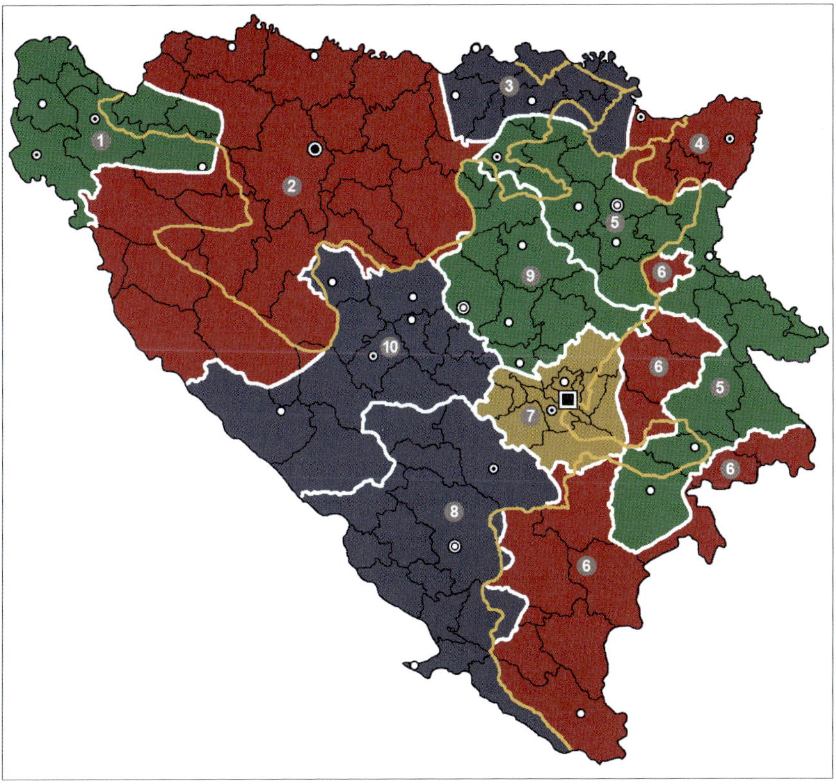

101- 10개 구역을 민족 계파별 3개씩, 사라예보 구역은 중립지대로 한 '벤스-오웬안(1993. 01)'(붉은색-세르비아계, 녹색-무슬림계, 청색-크로아티아계, 노란색-사라예보 구역으로 중립지대, 노란선-데이턴 평화안에 따른 분리선)

출처: https://commons.wikimedia.org/wiki/File:Vance–Owen_Peace_Plan.png

도시의 상당 부분과 연결 다리들이 파괴되었고, 오스만 터키 시절인 1566년 세워져 UNESCO 문화유산이던 '스타리 모스트(Old Bridge/ Stari most)' 석교만이 네레트바강 위로 다리의 기능을 그나마 유지할 수 있었다. 얼마 뒤 크로아티아군과 보스니아 무슬림계 연합 속에 1992년 6월 중순 이후 연방군과 세르비아계 민병대는 후퇴하게 된다. 잠시 소강상태를 보이던 내전은 1992년 7월 이후 보스니아 전역으로 세르비아계의 대대적인 공습이 재개되게 되며 다시 확전되었다. UN안보리는 1992년 8월 13일 '제네바 협약(Geneva Conventions, 1949)'에 근거하여 인권보장, 강제 추방 및 학살 금지 등 보스니아평화 지원과 조치를 결의(UNSCR 771)하였다. 이어 8월 26일-27일, 런던(London)평화회담에서 EC와 UN은 세르비아의 보스니아 세르비아계에 대한 군사 및 물적 지원중지 촉구, 난민 보호 약속 그리고 세르비아계 중무기의 UN 감시 등을 결정하게 된다. 이와 함께 보스니아 영토보존과 세르비아 침략국 규정 및 경제금수 조치가 취해졌다. 하지만 한 달 뒤인 1992년 9월 30일 제네바(Geneva)회담에서는 런던회담 내용을 일부 수정해 앞서 결정한 보스니아 영토 보존과 달리 분리안이 담긴 '밴스-오웬안(Vance-Owen plan)'이 논의되었다. 전(前) 미국 국무장관인 밴스(Cyrus Vance, 1917-2002, 국무장관 1977-1980)와 EC 특사인 영국의 오웬(David Owen, 1938-) 주도로 만들어진 이 안은 당시 보스니아 내 세력권과 거주지에 기초를 둔 것이었다. 1993년 1월 초에 발표된 '밴스-오웬안'에 따르자면 보스니아는 무슬림계, 세르비아계 그리고 크로아티아계 등 세 민족집단에 기초해 10개 지역(Canton)으로 나누고, 각 민족집단이 3개씩 그리고 사라예보와 그 인근은 중립지대로 하는 것을 골자로 하고 있었다.[27]

하지만 민족 간 구역 분리에 기초한 '밴스-오웬안'은 여러 문제점을 안고 있었다. 특히 이 안이 보스니아 내 민족 간 분리를 촉진해 결과적으로 주변 세르비아와 크로아티아에 의한 보스니아 분열 우려가 제기되었다. 이 안이 논의되던 시점인 1993년 2월 구성된 보스니아 내각에선 9명의 무슬림계와 6명의 세르비아계 그리고 5명의 크로아티아계가 참여하는 다민족 보스니아 공화국 건설을 논의하고 있었다. 민족 간 갈등에도 불구하고 보스니아는 오랫동안 민족 집단 간 타협과 공존의 역사를 공유하여 왔다. 하지만 영토 분할에 따른 평화안 제시는 오히려 각각의 민족주의자 입장을 강화해주었고 이것은 내전 격화로 이어지게 된다. '밴스-오웬안'에 따른 보스니아 분할이 결정되자, 당시 세르비아계의 공격으로 힘들어하던 보스니아 정부는 지난 '캐링턴-쿠칠레이로 안'을 거부했던 것과는 달리

27 Rabia, Ali & Lawerence Lifschultz (eds.), Why Bosnia? (New York: The Pamphleteer's Press, Inc., 1993), p. xxxi.

102- 1993년 11월 크로아티아군의 공격으로 완전히 파괴된 '스타리 모스트' 임시교각
출처: https://commons.wikimedia.org/wiki/File:Stari_Most_temporary_cable_bridge_1997.jpg

103- UNESCO에 의해 복원된 '스타리 모스트'(복원 기간, 2001. 06. 07-. 2004. 07. 23)

여러 논란 끝에 이를 수용하였고, 크로아티아계도 이 안을 수용하였다. 그리고 1993년 4월 30일에 들어와 스르프스카 공화국(Republic of Srpska/ Republika Srpska) 대통령이던 카라쥐치 또한 밀로셰비치의 압력에 따라 이 안에 합의하기로 서명하였다. 하지만 이번엔 세르비아계가 이 안에 강력히 반발하였다. 당시 세르비아계는 제시된 안의 영토보다 훨씬 더 많은 지역을 점령한 상태였고, 5월 6일 스르프스카 공화국 의회는 세 차례에 걸친 논쟁 끝에 이 안을 부결하게 된다.

결과적으로 이 안은 지난 1992년 '모스타르 포위'와 공포를 재현시켰다. 1993년에 들어와 투즈만은 여러 차례 이제트베고비치 대통령에게 보스니아를 크로아티아와 함께하는 연합국가로 만들 것을 제안했다. 하지만, 이제트베고비치는 보스니아 독립 의지를 분명히 했다. '밴스-오웬안' 부결 속에 1992년 세르비아계에 의한 제1차 '모스타르 포위' 때와 달리, 이번에는 크로아티아군에 의한 제2차 '모스타르 포위(1993. 06-1994. 4)'가 단행되었다. 1993년 5월 9일 크로아티아군의 포격이 시작되었고, UN평화유지군과 보스니아 무슬림계가 큰 피해를 보아야 했다. 11월 9일에 크로아티아군의 탱크 포격으로 그나마 유지되던 '스타리 모스트' 다리가 완전히 파괴되었고, 곧이어 국제사회의 비난 속에 크로아티아계에 의한 모스타르 포위가 시작되었다.

밴스는 평화안 실패 책임을 이유로 사임하였고, 이어 노르웨이 출신의 스톨렌버그(Thorvald Stoltenberg, 1931-2018)가 후임으로 임명되었다. 1993년 7월 이후 보스니아 각 민족 대표들과 다시 협상을 시작한 오웬과 스톨렌버그는 1993년 8월 20일 '벤스-오웬안'을 일부 수정한 '오웬-스톨렌버그안(Owen-Stolenberg Plan)'을 제시하였다. 이 안의 주 내용은 10개 구역 대신 보스니아를 3개의 민족-국가 지역으로 나누고 사라예보와 인근 지역 그리고 크로아티아계의 포위로 고통을 받던 모스타르시는 중립지대로 함으로써 느슨한 연방제 형태의 국가를 수립하자는데 그 목적이 있었다. 이에 따르자면 세르비아계는 영토의 52%를, 무슬림계는 영토의 30% 그리고 크로아티아계는 영토의 18%를 차지하게 되어있었다. 하지만 이 안은 남-북으로 나뉜 무슬림 지역 문제와 세르비아계에 대한 지나친 배려라는 비판을 받아야

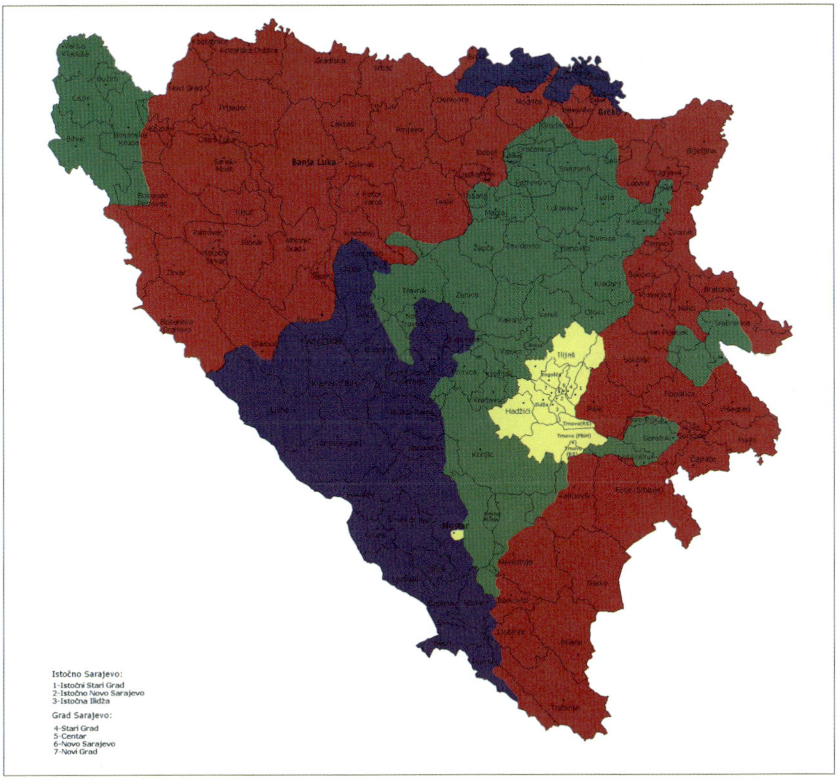

104- **3개 민족 계파별 분리를 통한 느슨한 연방제 형태의 '오웬-스톨렌버그안(1993. 08)'**
출처: https://commons.wikimedia.org/wiki/File:Oven_stoltenberg.png

했다. 1993년 8월 29일 이번에는 보스니아내 무슬림계가 인구 비율 대비 영토 배정이 너무 적다며 이 안을 거부하였다. 결국, 이 평화안 또한 실패했다.

'밴스-오웬안'과 '오웬-스톨렌버그안'의 목적은 단기적으론 민족, 종교에 따라 지정된 구역으로 각 계파를 모아 휴전하고 이를 바탕으로 평화회담을 진척시키려는 의도를 지녔으며, 장기적으론 보스니아 비(非)무장화와 민족 간 결합을 통해 보스니아를 다민족, 다문화 국가로 이끌고자 했다. 하지만 여기에는 몇 가지 문제점이 자리했다. 첫째, 이 안에 따르자면 지정된 지역마다 1/3에서 2/3 정도의 소수민족들이 존재했었고, 이들은 강제이주 되어야 했다. 이 수치는 전체인구의

29%에서 58.4%까지 해당했다.[28] 따라서 구역내 다수민족에게 소수민족에 대한 '인종청소' 명분을 제공해준다는 비난을 받아야 했으며, 평화안이 발표될 때마다 전세에 따라 구역과 분리선이 수시로 변경되는 원인을 제공하였다. 둘째, 이 안에는 인구-면적 간 불공정성이 담겨 있었다. 당시 무슬림계는 43.7% 인구수를 지녔지만, 영토의 27%만을 차지해야 했었다. 반면, 31.4% 인구에 불과했던 세르비아계는 43% 영토를, 17.3%인 크로아티아계는 25% 영토를 차지하게 되어있었다. 이것은 결과적으로 평화안이 확정되기 전에 조금이라도 영토를 넓히려는 분쟁 격화를 낳았다. 셋째, 이 안에 따르자면 티토의 혼혈 정책으로 등장한 유고슬라비아인은 전체면적의 4%인 중립지대, 즉 사라예보와 인근으로 이주해야 하는 문제가 남아 있었다. 다시 말해 보스니아만의 독특한 특징인 '제 4지대(Fourth Estate)'의 필요성을 간과한 것으로 정치적 민족을 약화하는 결과를 초래했다.

여러 문제점이 간과된 국제사회의 평화안들은 오히려 보스니아 내 분쟁확대를 불러왔다. 민족 간 구분을 짓는 데만 급급했던 평화안들은 다민족 독립 국가 세력의 약화를 불러왔으며, 보스니아 영토 분할에 높은 관심을 가지던 이웃 세르비아와 크로아티아 공화국의 의도를 충족시켜주게 된다. 더불어, 평화안들은 크로아티아군의 '모스타르 포위'처럼 결과적으로 1993년 초까지 지속되던 보스니아 정부와 크로아티아계 간 연합을 깨트리기도 했다.

4) 미국 주도 평화안 - '데이턴 평화안'

가) 밴스-오웬안 vs 데이턴 평화안

EC/EU, 그리고 UN이 주도했던 여러 평화안이 실패로 돌아간 이후 평화안

28 S. Golubic, S. Campbell & T. Golubic, "How not to Divide the Indivisible," Rabia, Ali & Lawerence Lifschultz (eds.), Why Bosnia? (New York: The Pamphleteer's Press, Inc., 1993), p. 218.

주도권은 미국으로 넘어갔다. 실제로 당시 세계 경찰국가를 자임하던 미국의 내전개입은 발칸 유럽으로의 외교적 영향력 확대 교두보를 제공했다는 점에서 중요한 의미를 지녔다. 미국은 보스니아 내전을 계기로 과거 사회주의 유고슬라비아 연방 일원이던 북마케도니아(North Macedonia)를 친(親)미 국가로 만들 수 있었고, 코소보분쟁 등 발칸 유럽 갈등 해결의 주도권을 장악할 수 있었다. 미국은 보스니아 내전의 주요 원인 제공자를 세르비아와 보스니아 내 세르비아계로 맞추는 전략을 구사했다. 미국은 기존의 '밴스-오웬안'을 일부 수정한 합의안 도출에 주력하였다. 하지만 영토 분할을 전제로 한 이 평화안 또한 인종청소와 대규모 민족이주를 전제로 하고 있었다. 그나마 1995년 5월 이후 미국의 개입 당시 보스니아의 민족 간 분류 선은 더 명확해져 있었고, 이제 민족이주는 평화정착의 필수조건이 되게 된다.

결과적으로 EC/EU와 UN이 주도했던 '밴스-오웬안'은 실패했고, 반면 미국이 주도했던 '데이턴 평화안'은 내전 종식에 성공했다. 두 평화안의 차이점을 비교해 보면 그 이유는 더 명확해진다. 첫째, '밴스-오웬안'이 보스니아 내 주요 세 민족에 기초한 영토 분할을 전제로 느슨한 연방제 수립에 목표를 두었다면, '데이턴 평화안'은 무슬림계와 크로아티아계가 연합한 하나의 체제(영토 51%)와 세르비아계 중심의 다른 한 체제(영토 49%), 즉 두 체제에 기초한 영토 분할을 전제로 했다. 평화안의 최종 단계에는 두 개의 체제를 합쳐 하나의 다민족 국가 수립을 목표로 두었다. 둘째, 기존 '밴스-오웬안'이 다분히 설득과 이상에 기초한 '이상주의적 전략'이었다면, '데이턴 평화안'은 철저히 무력과 힘(Power)의 우의에 기초한 '현실주의적 전략'을 선택했다는 점이다. 실제, 1995년 5월 미국 개입 당시 세르비아계는 약 70% 가까운 영토를 차지하고 있던 상황으로 '데이턴 평화안'에 따른 영토 양보에 강한 거부감을 보였다. 따라서 미국은 전략상 보스니아 세르비아계 전략 약화를 추진하게 된다. 이를 위해 우선 군사적, 물적으로 지원하던 세르비아 공화국에 강력한 금수 조치와 경제 제재를 선언함으로써 압력을 가하였다. 더불어, 보스니아 세르비아계를 향해선 막강한 군사력과 NATO군 폭격을 전개함으로써 획득한 영토들로부터 조금씩 후퇴시켜가는 전략을 세우게 된다.

<도표 3> '밴스-오웬안'과 '데이턴 평화안' 비교

	밴스-오웬안 (Vance-Owen plan)	**데이턴 평화안 (Dayton Peace Agreement)**
적용 시기	1993년 1월 이후 적용 -> 실패	1995년 11월 이후 적용-> 현재 진행중
내전 상황	*국제사회의 초기대응 실패와 혼선 *UN평화유지군의 무기력 -> 세르비아계의 절대적 우위	*미국과 NATO군의 견제, *보스니아 세르비아계 세력약화에 초점 -> 세르비아계의 약화
평화안 주도	UN과 EC/EU	미국과 NATO
평화안 전략	이상주의적 전략 - 선협상, 후공격	현실주의적 전략 - 선공격, 후협상
영토분할내용	*무슬림계:세르비아계:크로아티아계 - 27% : 43% : 25% *사라예보 중심 약 4%는 중립지대	무슬림계와 크로아티아계 연합: 세르비아계 - 51% : 49%
최종 목표	세 민족에 기초한 영토 분할을 전제로 느슨한 연방제 수립	*합의안 4단계 설정: 1단계- 정전준수 2단계- 내전, 무장 세력 분리 3단계- 총선을 통한 1국가 2체제 수립 4단계- 통합된 다민족 독립 국가 수립

나) 데이턴 평화안, 합의 과정과 특징

미국 주도의 '데이턴 평화안'은 1995년 9월 26일 UN 본부에서 이루어진 '뉴욕회담'에 기초하고 있다. 이 회담에는 당시 보스니아, 크로아티아와 신(新)유고연방의 3국 외무 장관이 참석하였다. 10월 12일 이들은 보스니아를 하나의 유일 국가로 유지한다는 원칙과 함께, 미국의 요구대로 '1국가 2체제' 인정과 보스니아 총선 실시에 합의하였다. 이에 따라 3년 6개월 동안 이어진 보스니아에서의 내전은 잠정적인 평화상태에 들어가게 되었다. 3국 간 합의안을 근거로 1995년 11월 1일 보스니아 평화협상이 보스니아, 세르비아, 크로아티아 등 내전 당사국 정상들과 미국, 영국, 프랑스, 독일, 그리고 러시아 등 소위 '관계 그룹(Contact Group)'이 참

105- **1995년 데이턴 평화안에 사인 중인 밀로셰비치와 투즈만 그리고 이제트베고비치**
출처: https://commons.wikimedia.org/wiki/File:DaytonAgreement.jpg

석한 가운데, 미국 오하이오주 데이턴 소재 라이트 피터(Light Peter) 공군기지에서 개막되었다. 합의 내용에는 당시 보스니아 세르비아계가 장악하고 있던 크로아티아의 동(東)슬라보니아(Eastern Salvonia/ Istočna Slavonija) 지역 등 '보이나 그라니짜' 지역 문제가 주요 안건으로 대두되었다. 이 지역은 14세기 이후 오스만 터키 침략을 피해 온 세르비아인 후예들이 터를 잡은 지역으로 내전 이전까지 약 60여만 명의 세르비아인들이 거주했었다. 1995년 11월 12일, 보스니아내 세르비아계는 크로아티아 정부가 이 지역의 다(多)민족 지위와 권리를 보호해준다는 조건으로 크로아티아로의 귀속에 서명하게 된다. 이후 '데이턴 평화안'이 11월 21일 임시조인되었고, 1995년 12월 14일 파리 옐리제 궁(Élysée Palace)에서 정식 서명되며 효력이 발휘되었다.

포괄문서 1개와 11개 부록, 102개의 도표로 구성된 '데이턴 평화안'을 분석하자면 다음과 같다. 첫째, '군사-안보 분야'에서 NATO가 이끄는 '보스니아 평화이행군(IFOR: Implementation Force, 1995. 12. 20-1996. 12. 20)'이 양측 군 분리를 위한 비무장화 지역을 설치하며, 이행 군은 공권력과 무력을 사용할 수 있다. 둘째, '영토적 문제'에 있어 단일 보스니아 국가 아래, 두 개의 체제 즉, 무슬림계와 크로아티아계가 연합한 '보스니아-헤르체고비나 연방(Federation of Bosnia and Herzegovina/ FBiH; Federacija Bosne i Hercegovine)'과 세르비아계가 주 민족인 '스르프스카 공화국'으로 구성된다. 또한, 통합 수도로서 사라예보를 유지하고 고라쥐데(Goražde) 무슬림 도시는 회랑지대(a land corridor)로 사라예보와 연결되며, 스르프스카 공화국의 동과 서를 잇는 북부의 '브르츠코 구역(Brčko district)' 관할권 논의는 1년 후로 미룬다. 이 사안은 1999년 3월 5일 최종 중립 자치지대로 결정되었다. 셋째, '보스니아 헌법 구조'에 있어 중앙정부는 외교, 군대, 시민권, 이민 등을 책임지고, 무슬림계, 크로아티아계, 세르비아계 각 대표로 구성된 3인 대통령을 두며, 의장직은 다수표가 나온 민족 계파 대통령부터 8개월에 한 번씩 윤번제로 돌아간다. 그리고 국회는 양원제로 구성되며, 헌법재판소와 중앙은행을 설치한다. 넷째, '시민 양성'에 있어 국제 감독하에 총선거를 1996년부터 실시하고, UN 원조를 받아 경찰 요원을 양성한다. 그 외 비(非)군사적 활동과 재구성은 EU와 각 민족 계파 협의를 통해 조정한다. 다섯째로 '인권, 피난처, 전쟁범죄에 관한 문제'에선 이동의 자유 보장과 난민 귀향을 지원한다. 더불어 전범 관련 인사의 정치 활동 금지와 함께 전범 기소 협력한다는 내용으로 구성되었다.

평화안에 따라 카라쥐치와 물라디치 등 세르비아 전범들과 그 외 크로아티아 전범들이 '구(舊)유고국제전범재판소(ICTY: International Criminal Tribunal for the former Yugoslavia)'에 기소되었다. 이것은 보스니아 내 세르비아계의 강력한 반발을 불러왔다. 하지만 밀로셰비치는 신(新) '유고슬라비아연방(Federal Republic of Yugoslavia/ Savezna republika Jugoslavija, 1992. 04. 27-2003. 02. 03)'에 대한 경제금수 조치해제를 조건으로 전범 처리 관련한 미국의 제안을 받아들여야 했다. 1992년 4월 27일 세르비아와 몬테네그로 공화국이 연합해 새롭게 출범한 '유고슬라비아 연방'은 몬테네그로의 독립 움직임을 달래기 위해 2003년 2월 4일 '세르비아-몬테네그로 공화국(State Union Serbia and Montenegro/ Državna Zajednica Srbija i Crna)'으로 국명이 바뀌어야 했다. 하지만 몬테네그로는 이후로도 독립을 강력히 추진하였고, 마침내 2006년 5월 21일 독립을 묻는 국민투표(55.5% 찬성)를 통해 6월 5일 독립을 선언하게 되었다.

ICTY는 헤이그 법정을 통해 유고슬라비아 전쟁에서의 전범들 재판을 진행하였다. ICTY는 1993년부터 활동한 것을 토대로 1996년 11월 첫 선고를 한 이후 90명에게는 유죄를, 19명에게는 무죄, 37명은 기소 유예를 선고했다. 기소 된 전범 중 13명은 구(舊)유고슬라비아 각 지역 재판소(보스니아 10명, 크로아티아 2명, 세르비아 1명)로 이관되었으며, 유죄 선고자 중 20명은 공소가 취소되었고 밀로쉐비치 등 17명은 재판에 넘겨졌지만, 선고 전 사망했다. ICTY는 10,800일의 활동 동안 4,650명의 증인과 250만 페이지의 재판 기록들을 남겼다. ICTY는 2017년 12월 22일 보스니아내 세르비아계 총사령관이었던 믈라디치에게 종신형이라는 최고형, 12월 27일 공포의 여성 고문 기술자란 별칭으로 세르비아계를 고문 학살하였던 보스니아 크로아티아계 바쉬치(Azra Bašić)에게 14년 형을 선고하고 12월 31일 공식적인 업무를 마감하게 된다.[29]

'데이턴 평화안'이 성공한 요인들로는 다음과 같다. 첫째로는 보스니아 사태 해결에 대한 미국의 적극적이고 주도적인 개입을 들 수 있다. 당시 클린턴(Bill Clinton, 1946- , 재임 1993-2001)은 보스니아 사태 해결을 1996년 11월 미 대통령 선거 재선에 내세울 중요한 외교적 성과로 삼고자 했다. 세르비아와 보스니아 세르비아계를 향해선 강력한 군사력과 함께 경제금수 조치를 통한 압박을, 반면 보스니아 구성 민족들에겐 데이턴 평화안 합의 시 대규모 경제 지원과 함께 전쟁 재발을 위해 약 6만여 명의 NATO군을 평화이행군으로 투입할 것을 약속해 주었다.

29 1993년부터 24년 동안 이어진 ICTY 활동에 대한 자세한 내용은 ICTY(International Criminal Tribunal for the former Yugoslavia). "Infographic: ICTY Facts & Figures." http://www.icty.org/en/content/infographic-icty-facts-figures 참조.

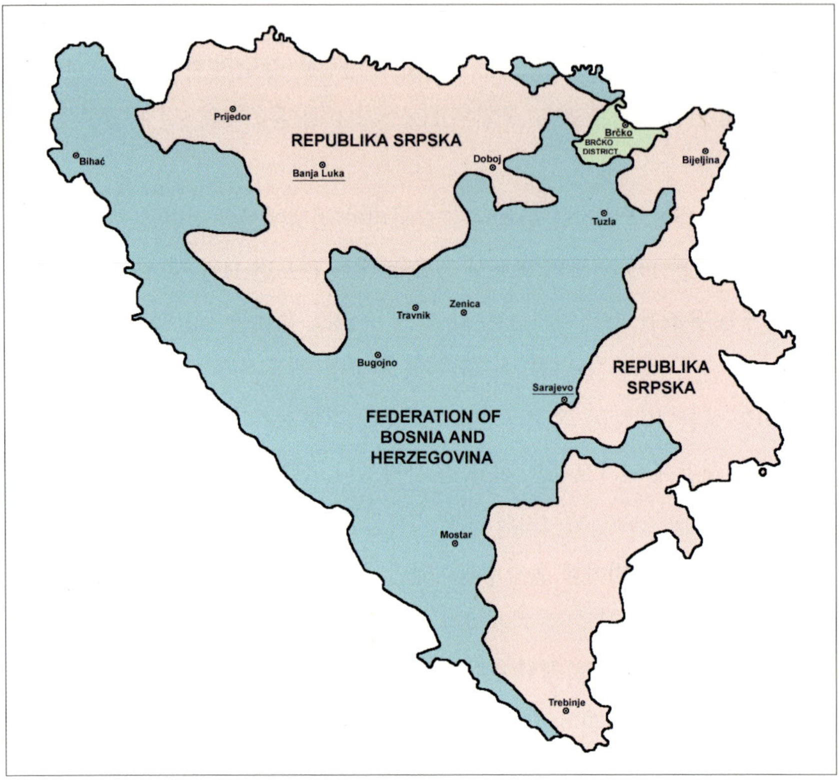

106- **'데이턴 평화안'에 따른 1국가 2체제의 보스니아 정치 지도**
출처: https://commons.wikimedia.org/wiki/File:Map_Bih_entities.png

이후 보스니아에 파견된 '보스니아 평화이행군(IFOR)'은 1996년 12월 20일 '보스니아 안정화군(SFOR: Stabilisation Force, 1996. 12. 20-2004. 12. 02)'으로 대체되었고, 2004년 12월 'EU 평화유지군(EUFOR: EU Force)'으로 대체되어 현재에 이르게 된다. 두 번째 요인으로는 미국의 현실주의적 전략에 따른 보스니아 내 세력변화를 들 수 있다. 군사력을 비축한 크로아티아군은 1995년 8월 이후 대공세를 취했고, 보스니아 정부 또한 UN의 무기금수 조치해제에 따라 재무장이 가능해졌다. 더불어 400여 대 폭격기로 무장한 NATO군의 대규모 공습은 그동안 이어진 세르비아계의 군사적 우위를 무너트렸다. 세 번째 요인으로는 내전을 거치며 나타난 보스니아에서의 민족 분포변화와 민족 간 교통정리를 들 수 있다. '밴스-오웬안' 도입 때와는 달리 1995년에 들어와선 인종청소와 대규모 이주를 통해 과거 혼재하던 민족 간 지역적 분포가 비교적 정리되어 있었다. 마지막 요인으로는 지역 분할로 민족 계파별 이익을 모두 만족시키려던 과거 임시방편적인 평화안과 달리, '데이턴 평화안'은 4단계 과정을 거쳐 '1국가 2체제'를 결과적으로 '1국가 1체제' 즉 모든 민족이 한데 조화를 이룬 하나의 국가수립을 목표로 했다는 점에서 명분과 공감대를 더 지녔다는 점을 들 수 있을 것이다.

이후 국제사회 약속대로 1996년 9월 14일 보스니아의 통합과 평화정착을 위한 총선거가 치러졌다. '데이턴 평화안'의 제3단계에 해당한 조치였다. 오전 7시부터 12시간 동안 이어진 총선거에는 '보스니아 평화이행군(IFOR)'의 삼엄한 경계와 2천여 명의 외국 정부와 민간단체 선거 감시 요원들의 참관 속에 순조롭게 진행되었다. 대통령과 국회의원을 동시에 뽑은 1996년 9월 총선에는 29개 정당 3,398명이 후보등록을 마쳤고, 약 313만의 유권자 중 약 252만 명(약 80%)이 투표에 참여했다. 선거결과 무슬림계는 이제트베고비츠가 약 73만표를 얻어 최다 득표로 대통령 의장으로 선출되었고, 세르비아계는 크라이스니크(Momčilo Krajisnik)이 약 69만표 그리고 크로아티아계는 쥬박(Kresimir Žubak)이 약 33만 표로 당선되었고, 이들이 3인 대통령으로서 보스니아를 대표하게 되었다. 총 42석이 걸린 하원 선거를 통해 우선 '보스니아-헤르체고비나 연방'에선 무슬림계 '민주 실천당(PDA/ SDA)'이 16석으로 최대의석을, '크로아티아 민주연합(CDU/ HDZ)'이 8석을 차지하였다. 한편 스르프스카 공화국에선 '세르비아 민주당(SDP/ SDS)'이 9석으로 제1당이 되었다. 1996년 11월 총선거가 잘 치러짐으로써 보스니아는 평화정착과 민족 간 조화로움을 다시 유지할 수 있는 기반을 형성했다. 하지만 이후로 보스니아는 각 민족 간 '조각 난 역사 교육'과 가해자들의 '역사 기억조작' 시도로 인한 상호 불신 그리고 경제적 어려움 증대와 정치적 갈등 등으로 인해 여러 어려움을 겪어야 했다. 보스니아는 현재 이를 극복하고 EU 가입을 통한 평화 구축을 위해 노력 중이다.

3. 코소보전쟁(1999)

1) 코소보 민족갈등 배경

국제 관계사로 볼 때 보스니아 내전은 제2차 세계대전 이후 가장 잔인하고 복잡했던 전쟁으로 평가받는다. 1995년 12월 14일, 크로아티아 전쟁과 보스니아 내전 종결을 위한 평화 협정서가 파리 엘리제궁에서 정식 조인 된 이후 유고슬라비아에서의 분쟁들은 종지부를 찍는 듯했다. 그러나 다른 양상을 띤 분쟁 불씨가 여전히 남아 있었다. 코소보에 대한 세르비아인과 알바니아인 간의 해묵은 갈등이었다.

코소보 지역은 세르비아인이나 알바니아인 모두에게 특별한 의미를 지니고 있다. 세르비아인에게 코소보는 자신들이 발칸반도에 정착한 이후 구축한 중세 세르비아 왕국의 발원지이자, 정신적 구심점으로 독립 정교회의 첫 번째 교구인 페치(Peć) 대교구가 자리한 곳이다. 따라서 세르비아인에게 코소보는 유대인의 예루살렘과 맞먹는 성스러운 의미를 지닌 곳이다. 코소보는 또한 세르비아 민족이 1389년 6월 오스만 터키에 대항하다 참패한 '코소보전투'의 아픔과 치욕을 품은 땅이며, 이 전투는 세르비아 민족의식의 출발점으로 상징되고 있다. 반면 코소보 알바니아인(세르비아에선 코소바르(Kosovar)로 칭함)은 자신들의 조상이 로마 지배 이전 토착 부족이던 고대 일리리안으로 자신들이야말로 코소보의 본래 주인이었으며, 고대 일리리아어가 현대 알바니아어의 기원이 되었다고 주장한다. 코소보는 남슬라브인이 이주하기 훨씬 이전부터 자신들의 선조인 일리리아인이 생활하였던 곳으로 이민족인 남슬라브 침략을 피해 잠시 피신했다가 다시 돌아왔다는 것이다. 코소보는 당연히 알바니아인의 땅이며, 궁극적으로 현재 이웃 알바니아 국가로 귀속되어야 한다는 것이 그들의 주장이다. 또한, 코소보 알바니아인들은 2020년 약 180만 명의 인구 중 90% 이상이 알바니아인이고 5% 내외만이 세르비아인인 현 상황에서 세르비아가 감상적인 역사에만 매달려 기득권을 주장하고 있다고 비난하고 있다. 하지만, 이에 대해 세르비아는 이 지역 알바니아인의 경우 14세기 오스만 터키 제국의 발칸 지배 당시 이슬람으로 종교 개종 이후 토지를 찾아 이주해 온 이민족에 불과하다는 견해다. 그 주장에 따르자면 코소보 내 알바니아인은 세르비아를 무력하게 만들려는 오스만 터키의 비호 아래 중세 이후로 계속해서 증가했으며, 20세기에 들어와서도 이웃 알바니아로부터 계속된 불법 이주와 무제한 산아 정책으로 다수민족으로 성장하게 되었다는 것이다. 실제, 코소보 알바니아인은 1931년엔 50만 명 코소보 인구 중 약 60%를 차지했지만, 유고연방이 붕괴하기 이전인 1991년 통계에 따르자면 그 수가 계속 늘어나 200만 명 인구 중 이미 81%를 차지하고 있었다.

서로가 양보할 수 없는 정당성과 논리 속에 세르비아인과 알바니아인은 시대에 따라 지배와 피지배 역할을 번갈아 했다. 알바니아인은 중세 세르비아 왕국 시기 종교적 동일성을 기초로 큰 갈등 없이 각자의 생업을 유지할 수 있었다. 하지만 오스만 터키는 끝까지 저항했던 세르비아 민족을 약화시키기 위해 이슬람화된 알바니아인들을 코소보로 대거 이주시켰고, 이후 이들 알바니아인은 지주 계급이 되어 농노였던 세르비아인들을 지배하게 된다. 이슬람으로 전향한 알바니아인은 보스니아의 무슬림과 함께 오스만 터키의 발칸 지배를 떠받치는 중요한 민족집단으로 인정받았으며, 이후로 코소보에선 알바니아화가 가속화되었다. 그러나 19세기 오스만 터키가 코소보에서 영향력을 상실하자, 알바니아인은 세르비아로부터 집중적인 민족차별을 받아야 했다. 실제, 양차 세계대전 사이 세르비아가 주도하는 왕국들하에서 코소보 알바니아인은 이 지역 소수민족으로 어떠한 권리 보장도 받지 못했었다. 제2차 세계대전 당시에는 상당수 코소보 알바니아인이 독일에 협력하거나 이탈리아에 협력한 티라나 알바니아 정부와 연합함으로써 세르비아인에 대한 탄압을 다시 이어갔으며, 두 민족 간 불신은 더욱 확대되었다. 제2차 세계대전의 종결과 사회주의 유고슬라비아 연방의 탄생은 사회주의 이념 아래로 양 민족 간 갈등을 감출 수 있었지만 상호 불신관계는 쉽게 해소되지는 못했다. 1974년 헌법개정은 역사상 가장 자유로운 코소보 자치 실현 기회를 제공했으나, 결과적으로 극우 알바니아 민족운동의 시발점이 되었다.

1989년 동유럽의 사회주의 체제 붕괴와 유고연방의 해체 속에 코소보 알바니아인 사이엔 '코소보공화국' 용어가 다시 등장하였다. 또한, 과거 사회주의 정권 시기 코소보 문제에 침묵해왔던 알바니아도 공산당 몰락 이후 새로 등장한 정부에서 코소보 독립 문제를 들고 나왔다. 밀로셰비치의 코소보 탄압이 구체화하자 코소보 문제는 새로운 국면을 맞이하게 된다. 실제, 사회주의자에서 민족주의자로 변신한 밀로셰비치는 정적들과의 차별을 꾀하며 더 강력한 세르비아 민족주의를 표방하고 나섰다. 그 핵심에는 코소보가 자리했다.

1989년 6월 28일 코소보 평원의 가지메스탄 기념비에서 가진 '코소보전투 600주년' 기념식에서 밀로셰비치는 1389년 6월 코소보전투를 상기시키며 당시의 치욕스러운 역사를 다시는 반복하지 않겠다는 의지를 표명하였다. 이후 세르비아 민족주의를 일깨우는 그의 연설은 향후 그를 권력의 핵심으로 부상케 하는 중요한 발판이 된다. 밀로셰비치는 1990년 9월 7일 코소보 의회를 강제 해산시키고, 1974년 신헌법에 맞추어 실행됐던 교육 자치를 폐지했다. 이를 대신해 그는 세르비아 중심의 언어와 문화, 역사 교육을 코소보 전체 학교와 프리쉬티나 대학에 도입하게 된다. 많은 알바니아 지식인들이 반대 의사를 표명했고, 세르비아 경찰에 의해 구금되었다. 중무장한 세르비아 경찰 부대가 코소보 내 저항들을 하나둘 진압해가자, 강제 해산된 알바니아 국회의원들은 코소보 남부 카차니크(Kačanik/ Kaçanik)에 모여 코소보를 독립공화국으로 승격시키는 법률안을 통과시켰다. 후속 조치로 1991년 9월 26일과 30일 사이에 독립을 묻는 국민투표를 시행했고, 알바니아인의 압도적인 지지 속에 10월 19일 코소보는 독립을 선언하게 된다. 하지만, 당시 국제사회는 크로아티아 전쟁과 보스니아 내전을 종결짓는 문제에 더 큰 관심을 보였고, 따라서 코소보 독립 문제는 큰 주목을 받지 못하였다. 더불어, 당시 '데이턴 평화안' 논의 과정에서 미국과 접촉그룹의 코소보 문제 해결 제안이 있었지만, 이에 대해 밀로셰비치는 논의 자체를 완강히 거부하였고 '데이턴 평화안' 참여 거부 의사까지 밝힘에 따라 국제사회는 이 문제를 더는 논의하지 못했다.

1991년 12월 31일에 들어와선 코소보 대법원의 권한 또한 세르비아 대법원으로 이전되었으며, 14명의 알바니아인 법관을 포함한 23명 법관이 직위해제 되었다. 이로써 코소보의 행정부는 물론 입법부와 사법부마저 세르비아의 영향력 아래로 들어가게 된다. 밀로셰비치는 코소보를 향한 물리적 통제를 군보다는 특수 경찰력을 통해 구축해나갔는데 이것은 대외적으로 코소보 문제가 세르비아 국내문제임을 분명히 하려는 시도에서 비롯된 것이었다. 하지만 알바니아인 또한 1992년 5월 24일 자체 의회에서 루고바(Ibrahim Rugova, 1944-2006, 재임 1992. 01. 25-2006. 01. 21)를 대통령으로 공식 선출하고 대외적으로 자신들의 독립 의지를 알리기 시작했다.

2) 코소보전쟁 전개 과정

보스니아 내전 당시 코소보 알바니아인은 보스니아 무슬림계와 연합하여 세르비아 민병대와 싸웠다. 이를 통해 코소보 내 세르비아의 힘을 약화하고, 더 나아가 평화협상에서 코소보 독립 문제를 주요 의제로 올릴 수 있을 것으로 생각했다. 그러나 '데이턴 평화안' 논의 당시 밀로셰비치의 반대에 부딪혀 이 문제는 의제에도 오르지 못했고, 이후로 코소보 알바니아인의 민족 권리는 오히려 더 악화하여갔다. '데이턴 평화안' 체결 이후 미국과 NATO는 발칸 지역 민족 분쟁 문제에서 한 걸음 뒤로 물러났고, 세르비아인은 보스니아 경험을 토대로 더 강력한 경찰력을 통해 코소보 알바니아 민족운동을 탄압하기 시작했다. 이것은 또한

107- **코소보분쟁 당시 파괴된 이슬람 모스크와 그 보복으로 무너진 세르비아 정교 사원**
출처(모스크): https://commons.wikimedia.org/wiki/File:War_in_kosovo_1999_2.jpg
출처(정교사원): https://commons.wikimedia.org/wiki/File:Intolerance.jpg

알바니아인의 폭력적 저항으로 이어졌다. '코소보 자유를 위한 민족운동(National Movement for the Liberation of Kosovo/ LKÇK: Lëvizja Kombëtare për Çlirimin e Kosovës)' 단체는 군사조직인 '코소보 독립군(KLA: Kosovo Liberation Army/ UÇK: Ushtria Çlirimtare e Kosovës)'을 창설하였고, 세르비아인 폭행과 관공서, 경찰서 공격을 조직적으로 행하기 시작했다. 세르비아 정부는 이를 테러로 간주하여 더 강경하게 대응해 나갔다. 이 과정에서 세르비아 경찰은 민간인 학살을 주도하는 등 알바니아 민간인들의 희생이 뒤따라야 했다. 코소보의 알바니아 임시정부는 코소보 사태를 국제문제로 확산시키고자 노력했고, UN에 이를 중재해 달라고 요청하였다. 이후 인권 보호 차원에서 많은 국제사회 요원들이 코소보를 방문하게 된다.

1997년 7월 23일, 밀로셰비치는 몬테네그로와 함께 하는 유고슬라비아연방의 대통령(1997. 07. 23-2000. 10. 07)이 되었다. 1998년에 들어와 코소보 문제를 둘러싼 세르비아와 알바니아인 간 분쟁은 크게 고조되고 있었으며, 이것은 다시 한번 국제사회의 관심을 불러왔다. 미국은 세르비아와 힘겨운 신경전을 벌여야 했고, 1996년 12월 27일 해제되었던 세르비아에 대한 경제금수 제재가 1998년 6월 또다시 취해지게 된다. 미국은 공습 위협을 내세우며 세르비아에 대해 정치적 압력을 가했고, 세르비아는 결국 1998년 10월 13일 공습 하루 전날 코소보에서 무장 경찰 부대를 철수시키는 안에 합의해야만 했다.

하지만, 1999년 1월 이후로 코소보에서 세르비아인과 알바니아인 간 상호 테러가 다시 확대되자, 코소보 사태의 평화적 해결을 중재할 접촉그룹 6개국(미국, 영국, 독일, 프랑스, 이탈리아, 러시아)을 중심으로 1월 30일 프랑스 '랑부예 회담(Rambouillet Conference)'이 열렸다. 여기선 NATO가 구성한 코소보 평화안을 두고 논의가 전개되었고, 세르비아와 알바니아 대표단은 각자의 주장 속에 치열한 논쟁이 지속하였다.

협상안 내용 중 걸림돌은 크게 두 가지 항목이었다. 첫 번째는 '코소보의 독립 문제를 3년 뒤에 논의'하자는 안이고, 두 번째는 '코소보 지역에 NATO군을 중심으로 한 국제 평화유지군 주둔' 문제였다. 세르비아 협상단은 코소보 사태의 정치적 해결은 환영하지만, 두 번째 요구 사안인 외국군 주둔은 주권 침해로 반대 의사를 내비쳤다. 코소보의 알바니아 협상단은 첫 번째 항목에 대해 반발하며 즉각적인 독립이 보장되지 않는 한 평화안을 수용할 수 없다는 견해를 밝혔다. 미국과 NATO는 이 평화안이 유일한 대안임을 강조하였고, 미국은 세르비아가 서명하지 않으면 NATO의 세르비아 공습은 불가피하고, 알바니아계가 서명하지 않으면 더는 국제사회의 지원을 받지 못하게 될 것을 상기시켰다. 양측은 3월 15일에 파리에서 협상을 재개해 이후 협상안에 서명할 것이라는 점을 밝혔다.

랑부예 회담에서 파리 회담으로 넘어가는 과정에서 코소보 해방군은 입장을 전환해 평화안 서명 의사를 밝혔다. 하지만, 세르비아는 주권 침해 조항의 수정을 계속해서 요구하게 된다. 1999년 3월 18일 알바니아계는 '랑부예 협정(Rambouillet Accords/ Rambouillet Agreement)'에 서명하였고, 반면 세르비아 대표단은 NATO군이 아닌 UN군이 평화유지군으로 오는 자체 수정안을 제시하며 철수해버렸다. 미국과 NATO는 협상 결렬을 선언하였고 세르비아에 대한 공습 임박으로 압박하였다. 3월 22일 홀브루크(Richard Holbrooke, 1941-2010) 특사와 밀로세비치의 마지막 협상이 결렬되었다. 이후 UN 안보리 결의가 없었지만, 3월 23일

NATO는 세르비아 공습명령을 내리게 된다. 세르비아는 급하게 3월 23일 코소보 자치권과 협상 등 비군사적 분야를 받아들이겠다고 제시했지만, NATO는 이를 거부하였다. NATO의 공습은 79일 동안 세르비아 전역에 걸쳐 계속되었다. 공습 초기 세르비아나 NATO 모두 강경한 자세를 보였지만, 공습 장기화 부담에 따라 양측은 러시아 개입에 힘입어 6월 10일 평화안에 합의하였다. 양측은 코소보 철군과 코소보 내 UN 평화유지군 주둔 합의 내용이 담긴 12개 조항의 'UN 안보리 결의안 1244(UNSCR 1244: UN Security Council Resolution 1244)'을 적용하기로 합의함으로써 끝을 맺게 되었다.

결의안을 기초로 UN에서 파견된 'UN 임시 행정 임무 부서(UNMIK: United Nations Mission in Kosovo)'와 '코소보 평화 유지군(KFOR: Kosovo Force)'에게 코소보 행정과 치안 권한이 주어지게 된다. 이들 부서에는 코소보 거주민들의 평화적이고 안정된 삶을 보장해 줄 것과 20여만 명에 달하던 이주민들의 귀환 보장 그리고 코소보의 폭넓은 자치권 부여를 돕도록 임무가 주어졌다. 하지만 UN과 국제사회의 계속된 노력에도 불구하고 이후로도 코소보에선 민족 간 갈등이 지속하여 왔다. 코소보 알바니아인은 국제사회가 약속한 3년간의 독립 유예 기간이 지났다는 점과 함께 독립을 신속하게 인정해 달라고 요구하였다. 반면 세르비아는 코소보 독립은 오히려 발칸 지역의 불안을 가속할 것이라는 주장과 함께, 코소보 내 세르비아인이 주로 거주하는 북부 미트로비짜(Mitrovica, 세르비아에선 코소보 미트로비짜(Kosovka Mitrovica)로 칭함) 지역을 자치 구역 혹은 세르비아로 편입시켜 달라고 요구하였다. 2007년 12월 10일 UN 주도의 코소보 최종 지위 협상이 실패로 돌아갔다. 이를 지켜본 코소보 알바니아인은 2008년 2월 17일 일방적으로 독립을 선언하게 된다. 그리고 이를 돕기 위해 코소보에는 EU 주도의 '코소보 EU 법무부(EULEX: EU Rule of Law Mission in Kosovo)'가 수립되었고, 이 부서는 UNMIK 임무의 상당 부분을 대체하게 되었다. 하지만, 여전히 코소보 독립의 정당성과 독립 인정을 둘러싸고 국제사회 갈등이 지속하는 상황이다. 실제 2020년 3월 현재 193개 UN 회원국 중 대한민국(2008. 03. 28)과 미국(2008. 02. 18), 일본(2008. 03. 18)을 포함

97개국만이 독립을 승인해주었다. 반면, 중국과 러시아, EU내 스페인 등 5개국을 포함해 UN 회원국 중 약 50%인 96개국은 여전히 코소보의 독립을 승인해주지 않고 있다.

3) 코소보전쟁의 국제사적 의미

코소보에서의 민족 간 분쟁이 주권국가에 대한 공습이라는 극단적 상태로 발전하게 된 주된 배경에는 밀로셰비치의 오판이 자리한다. 하지만, 미국과 NATO가 주장한 알바니아인 인권 보호라는 이상적인 명분과 달리 코소보전쟁은 또 다른 국제사적 의미를 지니고 있다 할 것이다. 미국과 NATO 공습의 실질적인 목표는 사회주의 체제 붕괴 이후로도 계속해서 친(親)러 태도를 고수하던 밀로셰비치의 정치력 약화에 있었다. 하지만 공습 장기화는 오히려 밀로셰비치의 위상 확대와 함께 세르비아인의 반(反)미 성향 증대로 이어졌다. 실제, 밀로셰비치는 NATO 공습을 빌미로 상당수의 정적을 제거할 수 있었고, 경제난과 정부 실정을 질타하던 세르비아인의 목소리는 NATO의 주권 침해를 질타하는 목소리로 바뀌게 된다. 결과적으로 미국과 NATO 대(對) 밀로셰비치 간 전쟁은 미국과 NATO 대(對) 전체 세르비아인 간 전쟁으로 변질되어 버렸다.

보스니아 내전이 종식되고 국제사회가 '유고슬라비아 연방'을 새로운 국가로 승인할 당시 미국과 NATO는 코소보가 세르비아의 영토임을 분명하게 인정하였다. 그 배경에는 발칸 유럽에 내재 된 대(大)알바니아주의에 대한 경계심이 자리하고 있었다. 대(大)알바니아주의는 알바니아 본토를 비롯해 코소보 그리고 마케도니아 내 알바니아 거주지역을 모두 포함한 알바니아 단일 민족국가 건설할 것이라는 믿음을 상징한다. 하지만, 이것은 발칸 지역에 거대한 무슬림 국가 탄생을 의미하는 것으로 EU의 거부감과 함께 이 지역 세력균형에도 심각한 상황을 초래할 수 있다 할 것이다. 이런 이유로 미국과 NATO는 코소보분쟁 초기 세르비아와의 협상에서 '유고슬라비아 연방'의 틀을 유지한 상태에서 코소보 내 알바니아 자치권 보장과 이를 위한 평화유지군 주둔을 얻어내려 했다. 밀로셰비치는 이러한 미국과 NATO의 아킬레스를 정확히 파악하고 있었다. 따라서 협상에서 이를 적절히 이용하며 시간을 벌 수 있었다. 그는 또한 유럽에서 러시아의 마지막 남은 우호국인 세르비아를 향한 NATO의 공습은 새로운 국제 긴장을 고조시킬 것이고, 결과적으로 미국과 러시아 간 갈등으로 확대되리라 판단하고 있었다. 실제, 코소보전쟁 전개양상과 이후 현황을 볼 때 코소보에서의 전쟁은 세르비아를 지지하는 러시아와 중국이라는 한 축 그리고 코소보의 독립을 지지하는 미국과 EU라는 또 다른 축이 서로 갈등을 빚는 '신냉전(New Cold War)' 시대로 이어지는 첫 출발점이 되었다고 할 수 있다.

NATO 군사개입의 명분인 소수민족 인권 보호와 달리 공습 동안 세르비아는 공개적으로 알바니아인 인종청소를 단행하였다. 이 과정에서 알바니아인들은 학살을 피해 마케도니아와 알바니아 국경으로 몰려들었다. 반면 코소보전쟁 과정과 또 종결 이후에도 한동안 알바니아계 코소보 해방군에 의한 세르비아인 인종청소와 보복학살이 이어졌다. 이것은 세르비아인들의 코소보 탈출과 대량 난민을 불러일으켰다. 또한, 국제기구(Human Rights Watch)에 따르자면 NATO 공습에 따라 약 500여 명의 세르비아 민간인들이 사망하고 여러 공공건물과 다리와 철도 등 기간 시설들이 파괴되는 결과를 가져왔다. 이것은 이후 세르비아 전범들이 ICTY 재판 과정에서 국제사회가 미국의 세르비아 민간인 대량 학살에 대해선 단죄를 묻지 않고, 단지 자기 민족과 영토를 지키고자 했던 세르비아인에게만 단죄하려 한다는 항의 배경이 되기도 했다. 결과적으로 세르비아를 향한 NATO 공습은 세르비아 민족주의자 목소리를 더 강화해 2020년 현재까지도 세르비아가 EU 가입에는 적극적이지만 NATO 가입에 대해선 강한 거부감을 표시하게 하는 배경이 되었다. 이와 함께 UN의 동의 없이 단행된 주권국가를 향한 NATO의 일방적인 폭격은 국제사회 구성원들에게 '초국가체제' 하에서 미국의 패권주의에 대한 반감을 불러일으키게 하였다.

108- **NATO의 세르비아 공습 당시 파괴된 세르비아의 관공서**

현재 세르비아인과 코소보 알바니아인 간 갈등은 과거와는 다른 양상을 띠고 있다. 국제사회의 희망과 달리 여전히 갈등이 지속하고 있으며, 코소보 내에서 두 민족이 공존할 수 있다는 이상은 현실적으로 불가능하다는 게 드러나고 있다. 러시아와 중국의 지지를 받는 세르비아나 미국과 EU의 지원을 받는 코소보 알바니아인이나 서로 각자의 방식으로 역사에서 반복된 지배와 피지배 관계를 끝내고자 한다. 코소보의 독립을 저지하려는 세르비아나 UN에서 정식 독립 국가로 인정받으려는 코소보 알바니아인 모두에게 현재 상황은 만족스럽지 않은 게 사실이다. 국제사회 또한 EULEX 임무 연장과 평화유지군 주둔만으로 발칸의 새로운 화약고를 진화하기에는 한계가 있다는 것을 잘 인지하고 있다는 점에서 많은 관심이 필요하다 할 것이다.

발칸 유럽의 남슬라브족 역사 연대표

* 제1장 고대(-AD 6C), 그리스, 로마문화의 유입

연도		내용
BC	20만년-8,000년	구석기, 중석기 시대
	6,000년-1,800년	신석기 시대로 원시적인 농경 생활 시작
	1,800년-700년	청동기 시대로 빠른 속도의 인구 증가와 다양한 생활 도구 개발
	700년대	철기 문화 전래와 아드리아 해안에 그리스 식민 도시 건설.
		대규모 정착 생활 시작. 해안을 중심으로 무역 활발
	600년대	아드리아 해안을 따라 교역을 위한 무역도시 건설
	400년대	그리스는 페르시아와 3차례 전쟁(BC 499-450)에서 승리.
		발칸 지역에 그리스 문화와 경제 발달
	300년대	'펠로폰네소스 전쟁(BC 431-404)'이후 고대 마케도니아 영향력 증대
	200년대	알렉산더 대왕 사망(BC 323) 이후 로마세력 증대. 일리리아인과의 마찰
	168년	로마의 일리리아 정복과 마케도니아 장악
	40년	3두 체제 하에서 안토니우스 지배 영역으로 편입
AD	9년	세르비아와 불가리아가 로마에 점령
	14년	다뉴브강 남부와 서부 발칸 지역이 로마지배하로.
		이후 500여 년 동안 로마문화 영향을 받음.
	101년	로마제국의 루마니아 다치아 왕국 점령.
	330년	콘스탄티누스 황제는 콘스탄티노플로 수도 천도
	392년	테오도시우스 황제의 크리스트교 국교화
	395년	동·서 로마 제국 분열
	448년	훈족의 슬로베니아 침공
	476년	서로마 제국의 멸망
	493년	동고트족의 달마티아 지방점령
	582년	아바르족의 비잔틴 제국 침략

* 제2장 중세(7C-17C), 중세 왕국 수립과 외세의 지배

연도		내용
AD	7세기초	남슬라브족 발칸 지역에 정착
	674-678	아랍 민족의 제1차 콘스탄티노플 포위
	681	제1 불가리아(681-1018) 수립
	717-718	아랍 민족의 제2차 콘스탄티노플 포위. 제1 불가리아 칸 테르벨의 지원
	803년	신성로마제국하에서 크로아티아에 로마 교회 영향력 확대.
		닌에 최초 교구 수립
	862년	키릴과 메토디우스 모라비아로 파견.
		크리스트교 복음 활동과 정교 확산. 4대 성경을 슬라브어로 번역.
	864년	불가리아 보리스 1세 정교 수용
	869년	키릴 사망
	885년	메토디우스 사망과 제자들의 불가리아 피신, 발칸 지역의 종교 복음화에 주력
	893-927	시메온 1세 시기 제1 불가리아의 최대 전성기. 황제와 제국의 칭호 획득
	921-924	제1 불가리아 제국의 라쉬카 공국 공격과 세력확대
	925년	닌의 족장이었던 토미슬라브(-928)를 중심으로 크로아티아 중세 왕국수립
	926년	토미슬라브는 시메온 1세가 이끈 제1 불가리아 공격을 막아냄
	935-945	크레시미르 1세 시기, 크로아티아 중세 왕국 전성기
	1014년	비잔틴제국과의 클리디온 전투에서 제1 불가리아 대패.
	1018년	비잔틴제국에 의해 제1 불가리아 멸망. 비잔틴제국의 세르비아 진출 확대
	1054년	로마 교회와 콘스탄티노플 교회 결별. 동·서 교회 분열
	1091년	헝가리왕 라디슬라브가 크로아티아 왕으로 추대
	1094년	자그레브에 가톨릭 교구 수립.
		몬테네그로 제타 공국이 세르비아의 라쉬카 공국에게 흡수
	1095년	라디슬라브 사망. 콜로만이 왕위계승. 크로아티아 귀족들의 반발 확대.
	1096-1099	비잔틴제국 요청에 따른 제1차 십자군 원정
	1097년	그보즈드 산 전투에서 크로아티아의 마지막 저항군 패배
	1102년	콜로만은 크로아티아와 달마티아 자치권을 조건으로 왕으로 즉위.
	1166년	스테판 네마냐가 라쉬카의 대족장으로 즉위(-1196)
	1180년	보스니아 반 쿨린(-1204) 독립왕국 건설움직임. 헝가리의 보스니아 침공
	1185년	비잔틴제국에 대한 아센 형제의 봉기. 제2 불가리아 제국(1185-1396) 수립

	연도	내용
AD	1186년	라쉬카 공국의 네마냐는 비잔틴 제국에게서 제타 공국 지역을 재탈환
	1187년	이슬람의 영웅 살라딘의 예루살렘 점령. 제2차 십자군 괴멸.
	1204년	콘스탄티노플 점령(1203) 후 제4차 십자군의 라틴 제국 수립
	1217년	스테판 네마니치 세르비아 중세 왕국 선포
	1219년	성 사바에 의해 세르비아 독립 정교회 수립
	1235-1241	보스니아 교회를 이단으로 규정한 헝가리의 보스니아 공격
	1278년	보헤미아 왕국과의 뒤른크루트 전투에서 남슬라브족과 연합한 합스부르크 승리.
	1331년	스테판 두샨이 세르비아 왕으로 즉위(-1355), 세르비아 최대 전성기
	1346년	스테판 두샨이 스코프예에서 '세르비아인, 그리스인, 불가리아인의 황제'로 추대
	1345-1349	세르비아는 오스만 터키의 공격을 잘 막아냄
	1353년	트브르트코 1세시기(-1391)에 보스니아 중세 왕국 전성기
	1354년	비잔틴법전에 기초하여 세르비아법전 완성
	1363년	오스만 터키와의 제1, 2차 마리짜강 전투 패배로 세르비아 네마니치 왕조 몰락
	1371년	트브르트코 1세 시기 보스니아 왕국수립. 최대 전성기
	1377년	제1차 코소보 전투에서 오스만 터키에게 세르비아 패배
	1389년	제2 불가리아 제국은 니코폴리스 전투에서 오스만 터키에게 패배.
	1396년	오스만 터키 지배하로.
	1402년	오스만 터키는 티무르 제국과의 앙카라전투에서 패전. 1413년까지 그 지배하로
	1428년	중세 세르비아, 마지막 수도인 스메데레보로 이전
	1437년	오스만 터키의 세르비아 침공
	1444년	오스만제국과의 바르나강 전투에서 크리스트교 연합군 대패
	1448년	제2차 코소보 전투에서 오스만 터키 승리
	1453년	오스만 터키의 콘스탄티노플 점령
	1459년	오스만 터키의 스메데레보 함락. 이후 400여년간 세르비아 지배
	1464년	야이쩨를 제외한 보스니아 왕국이 오스만 터키하로
	1482년	헤르쩨그 대공 지역(헤르체고비나) 요새들 오스만 터키하로
	1493년	크로아티아가 피의 평원 전투에서 오스만 터키에게 대패
	1521년	오스만 터키의 헝가리 하 베오그라드 점령

	연도	내용
AD	1526년	모하츠 전투에서 오스만 터키에게 헝가리 대패. 실질적인 헝가리의 몰락.
	1527년	합스부르크의 페르디난드 1세가 크로아티아 왕으로 추대
	1528년	헝가리의 왕위계승권이 합스부르크에게 양도
	1529년	오스만 터키의 제1차 비엔나 포위 실패
	1541년	헝가리 왕국 수도인 부다가 오스만 터키에게 점령
	1557년	세르비아 정교의 페치 독립 관구가 대베지르 소콜로비치에 의해 다시 수립
	1571년	레판토 해전에서 크리스트교 연합군이 오스만 터키 해군을 격파
	1573년	마티야 구베츠 크로아티아-슬로베니아 농민 봉기
	1577년	대베지르 소콜리비치에 의해 드리나강에 다리가 건설됨
	1609년	크로아티아 귀족의회에서 가톨릭만을 허용한다는 칙령 발표
	1671년	크로아티아의 즈린스키와 프란코판 가문이 합스부르크에 저항. 실패.
	1683년	오스만 터키의 제2차 비엔나 포위 실패
	1699년	스렘스키 카를로브찌 조약 체결,

* 제3장 근대(18C-19C), 민족주의 시대

연도	내용
1703년	헝가리 독립 전쟁. 이후 일정 정도의 자치권과 크로아티아에 대한 통제권회복
1712년	크로아티아 자치의회 설립
1718년	포자레바츠 조약. 오스만 터키는 합스부르크에게 베오그라드와 보이보디나를 양도
1739년	베오그라드 조약. 오스만 터키는 베오그라드를 다시 회복
1776년	세르비아의 페치 독립 관구가 다시 폐쇄
1789년	프랑스 혁명
1790년	크로아티아의 헝가리의 언어정책 반대
1791년	보이보디나 스렘스키 카를로브찌에 세르비아 중등학교 설립
1797년	달마티아 도시들 크로아티아와 통합운동 전개. 1848년과 1861년 다시 시도
1804년	제1차 세르비아 봉기(-1813). 러시아의 지원
	신성로마제국, 오스트리아 제국(-1866)으로 변경
1806년	일리리아 속주 수립. 1813년까지 지속
1811년	카라조르제 페트로비치가 세르비아의 합법적 왕위 계승자로 인정
1812년	나폴레옹의 러시아 진격. 부카레스트 조약과 오스만 터키의 세르비아 재점령
1815년	밀로쉬 오브레비치 1세를 중심으로 제2차 세르비아 봉기(-1830) 발발
	나폴레옹 몰락과 비엔나 협정(6월). 비엔나 체제 시작
1817년	밀로쉬 오브레노비치 1세 크네즈로 추대
1821년	루마니아의 몰다비아와 왈라키아, 그리스 독립전쟁 시작
1829년	러시아 지원으로 아드리아노플 조약 성립. 세르비아는 종교적 자유와 자치권 획득
1830년	밀로쉬 오브레노비츠 1세가 세르비아의 세습 왕자로 인정
	프랑스 파리 7월 혁명
1832년	크로아티아 귀족의회에서 크로아티아어를 의회 공식 언어로 채택. 헝가리 반발
1839년	미하일로 오브레노비치 3세가 세르비아 지도자로 즉위(1839-1842; 1860-1868)
1842년	알렉산다르 카라조르제비치가 세르비아 지도자로 즉위(1842-1858)
1848년	프랑스 파리 2월 혁명. 코슈트 주도의 헝가리 봉기. 러시아 개입으로 진압(1849. 05)
1850년	비엔나 문어협정. 통일된 남슬라브어 표준어 탄생.
1866년	프로이센과의 전투에서 오스트리아 패배, 헝가리 봉기.
1867년	오-헝 이중제국 탄생.
	슬로베니아와 달마티아는 오스트리아로, 크로아티아는 헝가리로

연도	내용
1871년	1월 독일 제국 선포
1878년	산스테파노 조약(3월)과 베를린 조약(6월). 오스트리아의 보스니아 행정권조차
1881년	보이나 그라니짜 지역 크로아티아로 통합
1882년	세르비아 독립 국가 선포
1903년	드미트리예비치 쿠테타. 오브레노비치 왕가 몰살. 페타르 카라조르제비치 추대
1908년	10월 오스트리아의 보스니아 합병
1912, 1913년	제1차 발칸전쟁, 제2차 발칸전쟁

* 제4장 현대 I(20C 초-1944), 제1, 2차 세계대전과 유고슬라비아

연도	내용
1914년	사라예보 총격사건, 제1차 세계대전 발생
1915년	베오그라드가 독일군에 의해 점령
1917년	러시아 2월 혁명으로 니콜라이 2세 황제 퇴위. 케렌스키 정부는 세계대전 지속
	7월 최초 남슬라브족 통합국가 건설을 위한 '코르푸 선언'
	러시아 10월 볼쉐비키 혁명, 케렌스키 정부 전복과 러시아 대전 참여 포기
1918년	11월 세르비아군의 베오그라드 탈환
	12월 남슬라브 통합국가인 '세르비아-크로아티아-슬로베니아 왕국(-1929)' 성립
1920년	세르비아와 이탈리아 간 라팔로 협약.
1921년	6월 비도브단 헌법 통과, 공산당 활동 불법화. 크로아티아 농민당 의회참석거부
	8월 알렉산다르 1세 즉위
1926년	세르비아 민족주의자 파쉬치 사망
1928년	크로아티아 농민당 당수였던 라디치 암살. 마체크가 새로운 당수로. 정국 혼란
1929년	1월 알렉산다르 1세 왕정 독재 선언, 10월 국호를 '유고슬라비아 왕국'으로 개칭
	10월 경제 대공황 발생.
1931년	9월 왕정 독재 헌법 수립. 9개 바노비나로 행정개편
1934년	10월 우스타샤에 의해 알렉산다르 1세 암살. 페타르 2세 추대. 파블레 섭정.
1937년	유고 공산당 당비서로 티토가 임명
1938년	9월 뮌헨협정, 유고슬라비아 왕국의 친독일 외교전환
1939년	8월 23일 독-소 불가침조약
	8월 26일 세르비아와 크로아티아 간 대협상 체결. 크로아티아 바노비나 형성
	9월 1일 독일의 폴란드 침공으로 제2차 세계대전 발발
1940년	6월 유고슬라비아 왕국은 소련과 외교 관계 수립
1941년	3월 25일 유고슬라비아 왕국은 독일 구축군 가담에 사인
	4월 군부 쿠테타. 구축군 가담 거절. 4월 6일 독일군의 베오그라드 공습
	4월 17일 유고슬라비아 왕국 항복 선언
	6월 22일 독일의 소련 침공
	7월 4일 유고슬라비아 공산당 독일과의 전쟁 선포
	7월 이탈리아 지원으로 몬테네그로 왕국수립
1942년	11월 26일 비하치에서 제1차 AVNOJ 창설. 전후 자유 선거 약속

연도	내용
1943년	독일군의 제5차 파르티잔 대공습(05. 15-06. 16). 티토 부상 후 탈출 성공
	9월 이탈리아 항복.
	11월 29일 야이쩨에서 제2차 AVNOJ 회의. 유고슬라비아 망명정부 법적 권한 박탈
1944년	6월 미하일로비치 실각
1945년	3월 7일 파르티잔과 망명정부 간 연립내각 발표
	5월 9일 독일이 연합군에 항복

* 제5장 현대 II(1945-1989), 사회주의 체제하 유고슬라비아

연도	내용
1945년	3월 파르티잔에 기초한 유고슬라비아 인민군 창설
	11월 총선에서 공산당 승리. 왕정 폐지와 '유고슬라비아연방 인민 공화국' 수립
1946년	1월 스탈린 헌법에 기초한 사회주의 헌법 도입. 6개 공화국으로 구성
1947년	1월 제1차 경제개발 5개년 계획(1947-1952), 소련식 중앙집중적 계획경제 모델.
	9월 코민포름 설립. 베오그라드에 본부.
1948년	3월 소련 군사고문단 유고슬라비아에서 철수
	6월 28일 제2차 코민포름대회에서 유고슬라비아 축출
1949년	10월 중공 공산화
1953년	2월 헌법 수정, 노동자 자주관리제도의 도입
	2월 NATO 회원국인 그리스, 터키와 발칸협정 체결
	3월 스탈린 사망
1954년	12월 노비사드 문어협정. 세르비아어와 크로아티아어의 공동발전을 약속
1955년	4월 반둥회의, 티토의 제안에 따라 제3세계 선언
	6월 후르시쵸프의 베오그라드 선언. 국교 정상화
1956년	헝가리 혁명. 스탈린 격하 운동을 둘러싼 소련-중공 간 갈등(-1966)
1957년	제2차 경제개발 5개년 계획(-1961). 조기 완성. 노동자 자주관리제도에 기초.
	11월 모스크바 세계공산당 대회. 티토는 사회주의로 가는 각자의 길을 선언
1961년	제3차 경제개발 5개년 계획(-1965), 시장 사회주의에 초점
	9월 베오그라드 비동맹회의 개최. 이후 티토는 비동맹운동의 아버지로 불림
1963년	제2차 헌법 수정. 국명을 '유고슬라비아 사회주의 연방 공화국'으로 변경
1965년	7월 연방의회 새로운 30가지 법령 선포. 저개발지역 지원금 등 경제개혁 조치.
1966년	제4차 경제개발 5개년 계획(-1970)
	7월 란코비치의 티토 관저 도청사건 적발과 징계
1967년	3월 자그레브 시위. 크로아티아 문어 이름과 지위에 관한 선언
1968년	제3차 헌법 수정. 코소보-메토히야 지방을 코소보 자치주로 승격. 자치권 강화
	소련의 프라하 침공
1969년	슬로베니아 시위 증대. 경제적 이익보장과 민족 권리 요구.
1970년	10월 티토의 자그레브 연설. 집단대통령제 도입이 유고슬라비즘의 중요 축 확인.

연도	내용
1971년	제5차 경제개발 5개년 계획(-1976). 추후 힘겹게 달성.
	6월 제4차 헌법 수정. 집단대통령제 도입
	11월 '자그레브의 봄' 발생. 연방탈퇴 요구. 12월 강경 진압
1972년	9월 티토는 당과 군을 연방 유지의 기초로 선언
1973-1974	제1차 석유파동
1974년	2월 제5차 헌법 수정. 집단대통령제 수정. 6개 공화국, 2개 자치주에서 각 1인 대표.
1976년	제6차 경제개발 5개년 계획(-1980). 인플레이션 억제에 초점.
	조합원 법 발표. 국제수지 개선과 공화국 권한 증대에 초점.
1978-1979	이란 혁명
1979년	제2차 석유파동
1980년	5월 티토 사망
	이란-이라크 전쟁(-1988)
	경제 불만에 따른 코소보 알바니아 폭동. 강경 진압.
1981년	3월 코소보 프리쉬티나 대학생 시위. 대규모 폭동으로 확대. 자치 공화국 수립요구.
	비상계엄령 선포.
	제7차 경제개발 5개년 계획(-1986)추진과 성과 달성 실패. 경제위기 대두.
1982년	5월 IMF의 유고슬라비아 외채 탕감. 강도 높은 구조조정과 긴축 정책을 전제.
1983년	10월 크로아티아에서 티토 재평가 논쟁 시작
1984년	연방군에 의해 반체제주의자들 대규모 체포
	5월 제2기 집단대통령제(-1989. 05) 체제 시작
1985년	5월 세르비아 SANU에서 티토를 반세르비아주의자로 규정. 1974년 헌법 비판.
1986년	5월 밀로셰비치 세르비아 공산당 서기장(-1989. 05) 임명.
1987년	4월 밀로셰비치 코소보 언덕에서 대세르비아주의 연설.
	다른 공화국들의 강력 비난.
	9월 연방군 내 알바니아 병사에 의한 파라친 학살 사건.
1989년	5월 밀로셰비치 집단대통령제 세르비아 대통령(-1991. 01) 선출. 1974년 헌법 폐기
	6월 밀로셰비치의 코소보 전투 600주년 기념식 연설. 세르비아 민족주의 자극.
	9월 코소보 자치권 박탈.
	슬로베니아에서 연방탈퇴 움직임 전개

* 제6장 현대 III(1990년대), 연방의 해체와 민족 분쟁

1. 유고 분쟁과 보스니아 내전 연대표

연도	내용
1990년	1월 제14차 연방 임시 전당대회 중단. 공산당 권한 정지. 이후 다당제 선거.
	1월 밀로셰비치 세르비아 대통령에 취임
	2월 코소보내 세르비아인과 알바니아인 간 대규모 충돌
	4월 슬로베니아와 크로아티아 다당제 선거. 크로아티아 투즈만 대통령 취임.
	5월 자그레브 축구경기에서 세르비아와 크로아티아 관객 간 유혈 충돌
	5월 크로아티아 의회에서 세르비아 민주당 이탈
	11월-12월 보스니아 다당제 선거. 무슬림계 이제트베고비치 대통령 취임
	12월 연방정부는 미국에게 긴급 재정지원 요청. 자주관리제도 폐기 전제.
	12월 슬로베니아 독립을 약속한 쿠찬 대통령 취임
	12월 크로아티아 내 세르비아인은 크라이나 세르비아 자치구 수립
1991년	4월 크로아티아 국방군 출범
	5월 집단대통령 의장선출에 크로아티아 메시치가 밀로셰비치 반대로 부결.
	7월 1일부터 정식 의장직 수행
	5월 독립을 묻는 크로아티아 국민투표 강행. 94% 찬성.
	6월 유럽안보협력회의에서 미국 주도의 유고연방 유지안 가결
	6월 25일 크로아티아와 슬로베니아 독립선언. 연방군의 슬로베니아 진입.
	십일 전쟁.
	7월 7일 EC 중재. 3개월 휴전의 브리오니 합의. 슬로베니아에서 연방군 퇴각
	8월 유고 연방군의 크로아티아 공격. 부코바르 전투로 다민족 연방군은 사라짐.
	10월 5일 투즈만 전체 동원령 선포. 독립전쟁 본격화. 8일 독립선언.
	10월 세르비아의 두브로브니크 포위(-1992. 05)와 국제 여론의 전환
	11월 18일 세르비아에 의해 부코바르 함락.
1992년	1월 EC에서 슬로베니아와 크로아티아 독립승인.
	크로아티아군의 크라이나 자치구 공격
	2월 UNPKO 크로아티아 파병 결정.
	2월 보스니아 독립 투표. 세르비아계 불참 속에 99.45% 독립 찬성.
	2월 리스본 회담. EC 주도의 캐링턴-쿠칠레이로 평화안. 무슬림계 거부.

연도	내용
1992년	3월 보스니아 독립선포와 내전 발발
	4월 5일 세르비아군과 세르비아 민병대 사라예보 포위(-1996. 02. 29)
	4월 6일 세르비아군과 세르비아계의 모스타르 포위
	4월 미국과 EC의 보스니아 독립승인
	4월 세르비아와 몬테네그로가 신유고연방 창설
	5월 UN 보스니아 독립승인. 세르비아에 대한 경제봉쇄 단행
	8월 UN과 EC에서 보스니아평화 논의
	9월 제네바회담. 보스니아 분리안이 담긴 밴스-오웬 평화안 초안 구성
1993년	1월 밴스-오웬 평화안 발표. 10개 지역으로 분할.
	5월 밴스-오웬 평화안에 대해 보스니아 세르비아계 거부
	6월 크로아티아계의 모스타르 포위(-1994. 04)와 11월 스타르 모스트 파괴.
	8월 오웬-스톨렌버그 평화안 제시, 보스니아 무슬림계 거부
1994년	7월 미국이 영토 분할에 따른 새로운 평화안 제시, 보스니아 세르비아계의 거부
	11월 보스니아 세르비아계에 대한 NATO공습 시작
1995년	5월 미국이 보스니아 내전 해결에 참여
	9월 뉴욕회담 개최. 유고연방, 크로아티아, 보스니아 외무부 장관 회동.
	10월 1국가 2체제 인정과 민주 선거 합의
	11월 평화협상이 미국 데이턴 공군기지에서 전개
	12월 14일 파리에서 데이턴 합의안 체결.
1996년	9월 보스니아 총선거
	11월 미 대통령선거에서 클린턴 재선
	12월 보스니아 평화이행군은 보스니아 안정화 군으로 대체
1998년	9월 제2차 보스니아 총선거
2003년	2월 4일 유고슬라비아 연방 국명이 세르비아-몬테네그로 공화국으로 변경
2004년	12월 보스니아 안정화 군은 EU 평화유지군으로 대체
2006년	6월 5일 몬테네그로 독립
2017년	12월 31일 ICTY 공식 업무 종료

2. 코소보전쟁 연대표

연도	내용
1990년	9월 코소보 의회 강제 해산
1991년	10월 알바니아계 의원들이 모여 국민투표 후 코소보 독립선언
	12월 코소보 사법부 기능이 세르비아로 이관
1992년	5월 코소보 내 알바니아 비밀총선, 루고바 대통령 선출
1996년	12월 유고슬라비아 연방에 대한 경제금수 조치 해제
1997년	7월 밀로셰비치 유고슬라비아 연방 대통령 취임
1998년	2월 세르비아 경찰 4명이 코소보 해방군에 의해 살해. 강력 보복
	3월 알바니아가 코소보 사태해결을 위한 국제사회의 지원요청, NATO 16개국 회의
	6월 코소보의 40%가 코소보 해방군에 의해 장악.
	6월 유고슬라비아 연방에 대한 경제금수 조치 재시행
	10월 NATO군 유고 공습 시사. 밀로셰비치 협상안 수용 후 약속 불이행.
1999년	1월 프랑스 랑부예 회담.
	3월 15일 재개된 파리회담에서 3월 19일까지 협상안 유예기간 연장
	3월 18일 알바니아계 코소보 평화안에 서명. 유고슬라비아 연방은 거부.
	3월 22일 홀브루크 미국 특사와 밀로셰비치 간 최종담판이 실패
	3월 24일 새벽에 유고연방에 대한 NATO군 공습 시작
	5월 6일 G7과 러시아의 외무부 장관들 코소보 평화원칙에 합의
	5월 8일 NATO군의 오폭으로 중국 대사관 피폭
	6월 1일 유고슬라비아 연방 G8이 합의한 코소보 평화안 수용 시사
	6월 10일 코소보 평화안체결
2007년	12월 10일 UN 주도 코소보 최종 지위 협상이 실패
2008년	2월 17일 코소보 독립선언

1. 국내문헌

권혁재, "코소보(Kosovo)분쟁에 관하여", 『동유럽연구』, Vol. 7, 한국외국어대학교 동유럽발칸연구소, 1998, 1-26.

_____, "부크 카라지치(Vuk Karadžić)와 세르비아의 언어적 민족주의 연구", 『동유럽발칸학』 Vol. 4, No. 1, 한국동유럽발칸학회, 2002, 33-56.

가이어, 디트리히 (1994), "역사적 관점에서 본 소련의 붕괴: 1917년과 1991년의 공통분모와 상이점", 『새로운 러시아-독립국가연합』, 한스-게오르기 벨링편, 한종만역, 서울: 대륙연구소 출판부, 42-53.

기번, 에드워드 저, 배은숙 역, 『로마제국쇠망사』, 도서출판 두리미디어, 2010.

김성진,『발칸분쟁사: 유고슬라비아 내전의 역사』, 우리 문학사, 1997.

김성환, "보스니아 무슬림의 종족 기원연구," 『동유럽 연구』, Vol. 7, 한국외국어대학교 동유럽발칸연구소, 1998, 53-72.

_____, "구유고지역의 언어상황과 민족주의", 『동유럽발칸학』창간호, 한국동유럽발칸학회, 1999. 5-28.

_____, "유고슬라비아주의와 언어문제", 『동유럽 연구』, Vol. 10, No. 1, 한국외국어대학교 동유럽발칸연구소, 2001, 105-124.

김철민, "티토의 민족정책: 유고슬라비즘(Yugoslavism/ Jugoslavizam)의 적용과 실패", 『동유럽 연구』, Vol. 6, 한국외국어대학교 동유럽발칸연구소, 1997, 157-179.

_____, "보스니아 분쟁에 대한 배경과 서구의 대응전략: 벤스-오웬안과 데이턴 합의안의 비교", 『국제지역연구』, Vol. 2, No. 4, 한국외국어대학교 외국학종합연구센터, 1998, 151-185.

_____, "제 2차 세계대전과 유고슬라비아: 유고슬라비즘과 세르비아니즘의 충돌", 『동유럽 연구』, Vol. 8, 한국외국어대학교 동유럽발칸연구소, 1999a, 21-48.

______, "마케도니아 민족갈등에 관한 연구", 『동유럽 발칸학』, 창간호, 한국동유럽발칸학, 1999b, 303-326.

______, "보스니아 무슬림의 형성배경과 민족 정체성 확립에 관한 연구",『국제지역연구』 Vol. 3, No. 4, 한국외국어대학교 외국학종합연구센터, 1999c, 115-143.

______, "코소보 민족갈등에 관한 연구: 세르비아니즘(Serbianism) 확대와 저항이라는 관점에서", 『동유럽 발칸학』, Vol. 2, No. 1, 한국동유럽발칸학회, 2000a, 195-219.

______, "티토하의 유고슬라비아에 관한 연구(1): 코민포름 분쟁의(1948)의 배경과 그 영향",『동유럽연구』, Vol. 9. 한국외국어대학교 외국학 종합연구센터 동유럽·발칸연구소, 2000b, 199-225.

______, "제 1차 세계대전과 유고슬라비아: 세르비아니즘의 구축, 확대, 발전 그리고 저항이라는 관점에서", 『동유럽 연구』, Vol. 10, No. 1, 한국외국어대학교 동유럽발칸연구소, 2001, 203-235.

______, "19세기 민족주의 시대와 크로아티아", 『동유럽연구』, Vol. 11, No. 2, 한국외국어대학교 동유럽·발칸연구소, 2002a, 269-296.

______, "세르비아 근대왕국의 수립과 발전에 관한 연구", 『동유럽연구』, Vol. 11, No. 1, 한국외국어대학교 동유럽발칸연구소, 2002b, 211-238.

______, "세르비아 민족의 기원과 민족 정체성에 관한 연구", 『동유럽발칸학』, Vol. 5, No. 1, 한국동유럽발칸학회, 2003, 311-343.

______, 『보스니아 역사: 무슬림을 중심으로』, 한국외국어대학교 출판부, 2005.

______, "합스부르크 제국하의 크로아티아에 관한 연구: 16-18세기", 『동유럽발칸학』, Vol. 8, No. 1, 한국동유럽발칸학회, 2006, 271-297.

______, "오스트리아-헝가리 이중 제국 수립과 크로아티아 민족주의: 1867-1878", 『동유럽발칸학』, Vol. 11, No. 1, 한국동유럽발칸학회, 2009, 263-291.

______, "슬로베니아 민족의 기원과 역사적 특징에 관한 연구: 남슬라브족의 정착부터 합스부르크 제국 지배 시기까지", 『동유럽연구』, Vol. 24, 한국외국어대

학교 동유럽발칸연구소, 2010, 255-277.

______, 『역사와 인물로 동유럽 들여다보기』, HUFS Books, 2016.

______, "합스부르크 제국의 영향과 크로아티아의 문화적 자기 이해", 『동유럽 연구』, Vol. 25, 한국외국어대학교 동유럽발칸연구소, 2011, 151-178.

______, 『문화와 사회로 발칸 유럽 들여다보기』, HUFS Books, 2016.

김철민, 김원회, 『또 하나의 유럽, 발칸 유럽을 읽는 키워드』, 한국외국어대학교 출판부, 2016.

나이, 조지프 저, 양준희 역,『국제분쟁의 이해: 이론과 역사』, 한울아카데미, 2000.

들루슈, 프레데리크 편, 윤승준 역, 『새 유럽의 역사』, 도서출판 까치, 1995.

바타코비치, 두샨 저, 정근재 역, 『세르비아 역사』, 선인출판사, 2001.

안드리츠, 이보 저, 정근재 역,『보스니아 종교 문화사』, 문화과학사, 1998.

암스트롱, 카렌 저, 장병옥 역, 『이슬람』. 서울: 을유 문화사, 2003.

이상협 외, 『합스부르크 제국의 다원성과 복잡성』, 다해, 2011.

이정희, 『동유럽사』, 대한교과서 주식회사, 2005.

임영상, 황영삼 공편, 『소련과 동유럽의 종교와 민족주의』, 한국외국어대학교 출판부, 1996.

앤더슨, 베네딕트 저, 윤형숙 역, 『민족주의의 기원과 전파』, 나남, 1993.

정은숙, 『21세기 유엔 평화유지활동: 코소보 사례를 중심으로』, 세종연구소, 2003.

2. 외국문헌 A. - 현지어 문헌

Biber, Dušan, Tito-Churchil: strogo tajno, Beograd: Arhiv Jugoslavije/ Zagreb: Globus, 1981.

Bilandžić, Dušan and Radovan Vukadinović, Osnovne društvene promjene u Jugoslaviji i svijetu. 1945-1973, Zagreb: školska knjiga, 1973.

Blagojević, Miloš, "On the National Identity of the Serbs in the Middle Ages", Radovan Samardžić and Milan Duškov eds. Serbs in European Civilization, Serbian Academy of Sciences and Arts; Institute for Balkan Studies, 1993, 20-31.

Blagojević, Obren, Ekonomska misao u Bosni i Hercegovini. Beograd: Srpska akademija nauka i umetnosti, 1993.

Bogetić. Dragan, "Sraradnja Jugoslavije sa zapadnim zemljama 1953.-1954.", Istorija 20. Veka, Beograd: Institut za savremenu istoriju, 1995.

Božić, Ivan, Sima Ćirković, Milorad Ekmečić and Vladimir Dedijer, Istorija Jugoslavije, Beograd: Prosveta, 1973.

Budak, Neven, Prva stoljeća Hrvatske, Zagreb: Hrvatska sveučilišna naklada, 1994.

Ćirković, Sima, Istorija srednjovekovne bosanske države, Beograd, 1964.

Ćirković, Sima and Ivan Božić, "O Jednom shvatanju i jednoj kritici istorije Crne Gore", Jugoslovenski istorijski časopis I-II, 1977, 107-128.

Dabinović, Antun et al., Hrvatska povijest. Split: Naklada Bošković, 2002.

Daničić, Đura, Istorija srpskog naroda. Beograd: Državna štamparija, 1976.

Dašić, Miomir, "O Jugoslovenskoj ideji u Crnoj Gori do stvaranja Jugoslavenske države 1918", Djordje O, Pljević ed., Jugoslovenska država 1918-1998, Beograd: Institut za savremenu istoriju, 1999, 457-489.

Davidović, Marina ur., Balkanski ugovorni odnosi 1876-1996 Vol. I, Beograd: JP službeni list SRJ, 1999.

Dimić, Ljubodrag, Srbi i Jugoslavija: Prostor, društvo, politika. Beograd: Stubovi kulture, 1998.

Ferjančić, B. ed, Vizantijski izvori za istoriju naroda Jugoslavije II, Beograd, 1959.

Gaćeša, Nikola L., "Agrarne reforme i Kolonizacije u Jugoslaviji", Đorđe O. Piljević ur., Jugoslovenska država 1918-1998: Zbornik radova sa naučnog skupa, Beograd: Institut za savremenu istoriju, 1999.

Isaković, Zlatko, "Međunarodni položaj Makedonije", Momir Stojković & Ana Damian eds., Savremeni procesi i odnosi na balkanu, Beograd: Gorograf, 1997, 377-390.

Ivkov, Boško et al., Vojvodina. Novi Sad: Biblioteke Matice Srpske, 2006.

Jović, Momir & Kosta Radić, Srpske zemlje i vladari. Beograd: Rodi "Vuk Karadžić", 1989.

Katičić, Radislav, Uz početke hrvtskih početaka, Split: književni krug, 1993.

Kim, Čol-Min, Jugoslavija i Korejski rat, Beograd: Univerzitet Beograda, 2002.

Kočović, Bogoljub, Žrtve Drugog svetskog rata u Jugoslaviji, London, 1985.

Komisija za Međunarodne odnose i veze CK SKJ, fond br. 507. faks br. II/7; III; III/43.

Komatina, Milija. Crna Gora i srpsko pitanje. Beograd: Zavet, 1999.

Kos, Janko et al., Zbornik Brižinski sponeniki, Ljubljana: Inštitut za Slovensko Literaturo in Literarne Vedi-SAZU, 1996.

Macan, Trpimir, Povijest Hrvatskog naroda, Zagreb: Školska knjiga/ Nakladni zavod Matice Hrvatske, 1992.

Marković, Predrag, Beograd između Istoka i Zapada 1948-1965, Beograd: Službeni list SRJ, 1996.

Mihaljčić, Rade, Istorija Jugoslavije, Beograd: Zavod za udžbenike i nastavna sredstva, 1993.

Novaković, Stojan, Kosovo: srpske narodne pesme o boju na Kosovu, Beograd: Vukova Zadužbina, 1995.

Nušić, Branislab Đ., Kosovo: opis zemlje i naroda, Beograd: Prosveta, 1986.

Pavličević, Dragutin, Hrvati i Istočno pitanje, Zagreb: Golden marketing-Tehnička knjiga, 2007.

Petković, Ranko, Miroslav Petrović & Momir Stojković, "Ustav Republike Makedonije", Novi ustavi na tlu bivše Jugoslavije, Beograd: Službeni glasnik, 1995, 127-157.

Petković, Ranko, Jedan Vek odnosa Jugoslavije i SAD, Beograd: Vojnoizdavački i novinski centar, 1992.

Petković, Ranko, "Međunarodni položaj i spoljna politika balkanskih zemalja", Momir Stojković & Ana Damian eds Savremeni procesi i odnosi na balkanu, Beograd: Gorograf, 1997, 277-292.

Petranović, Branko, AVNOJ i Revolucija, Beograd: Prosveta, 1983.

______, Istorija Jugoslavije 1918-1988. knj. III, Beograd: Nolit, 1988

______, Jugoslavija na razmeđu(1945-1950), Podgorica: Crnogorska akademija nauka i umetsnosti, 1998.

Petranović, Branko & Momčilo Zečević, Jugoslavija 1918/1988: tematska zbirka dokumenata. Beograd: Rad, 1988.

Predsedništvo Vlade FNRJ međunarodni odnosi (1945.-1952.), fond br. 50. faks br. 44.

Pregled istorije jugoslovenskih naroda I deo (od 1849. godine do 1959. godine), Beograd: Zavod za Izdavanje Udžbenika Socijalističke Republike Srbije, 1960.

Prezidijum Narodne skupštine FNRJ, fond br. 15. faks br. 16.

Radaković, Milovan, "Novi susedi savezne Republike Jugoslavije", Momir Stojković & Ana Damian eds., Savremeni procesi i odnosi na balkanu, Beograd: Gorograf, 1997, 317-332.

Službeni list Demokratske Federativne Jugoslavije, broj 40. 12. aprila 1945.

Stančić, Nikša, Hrvatska nacija i nacionalizam u 19. i 20. stoljeću, Zagreb: Barbat, 2002.

Stanojević, Stanje, Istorija srpskoga naroda. Beograd: Izdavačka knjižarnica napredak, 1996.

Steindorff, Ludwig, Povijest Hrvatske: od srednijeg vijeka do danas, Zagreb: Naklada Jesenski I Turk/ Institut društvenih znanosti Ivo Pilar, 2006.

Stojković, Momir ed., Balkanski ugovorni odnosi, 1876-1996, I, Beograd: JP Službeni list SRJ, 1999.

Šanjek, Franjo, Crkva i Kršćanstvo u Hrvata, srednji vijek, Zagreb: Kršćanska sadašnjost, 1993.

______, Povijest Hrvata: srednji vijek, Zagreb: Školska knjiga, 2003.

Šisler, Slavko eds., Gradovi i općine Republike Hrvatske, Zagreb: Mato Lovrak,2004.

Tomašević, Nebojša, Tito, ilustrovana biografija, Beograd: Jugoslovenska revija, 1980.

Valentić, Mirko and Lovorka Čoralić eds., Povijest Hrvata: od kraja 15. stoljeća do kraja Prvog svjetskog rata, Zagreb: Školska knjiga, 2003.

Vojvodić, Mihailo, Srbija i Balkansko pitanje (1875-1914), Novi Sad: Matica Srpska, 2000.

Zgodovina Slovencev, ljubljana: Cankarjeva založba, 1979.

Димић, Љубодраг, Срби и Југославија: Простор, друштво, политика, Београд: Стубови културе, 1998.

Петковић, Ранко, XX век на Балкану: Берсај, Јалта, Дејтон, Београд: Новинско -издавачка установа слижбени лист СРЈ, 1996.

Ранке, Леополд., СРПСКА РЕВОЛУЦИЈА, Београд: српска књижевна задруга, 1991.

3. 외국문헌 B. - 영문 문헌

Ali, Rabia & Lawerence Lifschultz eds. (1993), Why Bosnia? New York: The Pamphleteer's Press, Inc.

Altmann, Franz-Lothar, "Ex-Yugoslavia's neighbours: who wants what?", The World Today, Vol. 8, No. 9, 1992, 163-165.

Anderson, Benedict, Imagined Communities: Reflections on the Origin and Spread of Nationalism, London: Verso, 1983.

Armour, Ian D., A History of Eastern Europe, 1740-1918, New York: Hodder Arnold, 2006.

Asch, Beth J., Courtl and Reichmann, Emigration and Its Effects on the Sending Country, Rand Corporation, 1994.

Babuna, Aydin, "The Emergence of the First Muslim Party in Bosnia-Hercegovina", East European Quarterly, Vol. 30, No. 2, June, 1996, 131-151.

Banac, Ivo, National Question in Yugoslavia: Origins, History, Politics, New York: Cornell Univ. Press, 1984.

______, "Bosnian Muslims: From Religious Community to Socialist Nationhood and Postcommunist Statehood 1918-1992", Mark Pinson ed., The Muslims of Bosnia-Hercegovina, Cambridge: Harvard Univ. Press, 1994, 129-153.

Benderly, Jill and Evan Kraft eds., Independent Slovenia: Origins, Movements, Prospects, New York: St. Martin's press, 1994.

Boduszynski, Mieczyslaw P., Regime Change in the Yugoslav Successor States: Divergent Paths toward a New Europe, Johns Hopkins University Press, 2010.

Boughton, James M., Silent revolution: the International Monetary Fund, 1979-1989, International Monetary Fund, 2001.

Breuilly, John, Nationalism and State, Manchester: Manchester Univ. Press, 1985.

Brown, Keith, The Past in Question: Modern Macedonia and the Uncertainties of Nation, Princeton: Princeton Univ. Press, 2003.

Brunner, Georg, Nationality Problems and Minority Conflicts in Eastern Europe, Gütersloh: Bertelsmann Foundation Publishers, 1996.

Bugajski, Janusz, Ethnic Politics in Eastern Europe, New York and London: M.E, Sharpe, 1995.

Cohen, L.enard J., Broken Bonds: The Disintegration of Yugoslavia, San Francisco: Westview Press, 1993.

Costa, Nicholas J., "A Balkan Danse Macabre", East European Quarterly, Vol. 27, No. 4, 1993, 479-487.

Cox, John K., Sovenia: Evolving loyalties, London and New York: Routledge, 2005.

Curtis, Glenn E. ed., Yugoslavia: a country study, Washington, D.C.: Federal Research Division, Library of Congress, 1992.

Despalatović, Elinor Murray, "The Illyrian Solution to the Problem of a Modern National Identity for the Croats", Balkanistica 1, 1974, 75-94.

Donia, Robert J. and John V.A. Fine., Bosnia and Hercegovina: A Tradition Betrayed, New York: Columbia Univ. Press, 1994.

Dvornik, Francis, The Slavs: Their Early History and Civilization, Boston: American Academy of Arts and Sciences, 1959.

Evans, R.J.W., Austria, Hungary and the Habsburgs: Central Europe c. 1683-1867, Oxford: Oxford University Press, 2006.

Ferdinand Schevill, The History of the Balkan Peninsula, New York: Arno Press and The New York Times, 1971.

Fine, John V.A., The Bosnian Church: A New Interpretation, New York and London: Columbia Univ. Press, 1975.

______., The Late Medieval Balkans, Ann Arbor: The University of Michigan Press, 1994.

______, "The Medieval and Ottoman Roots of Modern Bosnian Society", Mark Pinson ed. The Muslims of Bosnia-Hercegovina. Cambridge: Harvard Univ. Press, 1994, 1-21.

Fink-Hafner, Danica and John R. Robbins eds., Making a New nation: The Formation of Slovenia, Sydney: Dartmouth, 1994.

Floudas, Demetrius Andreas, "A Name for a Conflict or a conflict for a Name: an Analysis of Greece's Dispute with FYROM", Journal of Political Military Sociology, Vol. 24, No. 2, 1996, 285-321.

Francis Dvornik, The Slavs: Their Early History and Civilization, Boston: American Academy of Arts and Sciences, 1959.

Friedman, Francine, The Bosnian Muslims. Denial of a Nation, Boulder: Westview Press, 1996.

Goldstein, Ivo, Croatia, a History, London: Hurst & Company, 1999.

Gounaris, Basil G., "Social Cleavages and National Awakening in the Ottoman Macedonia", East European Quarterly, Vol. 29, No. 4, 1996, 409-426.

Gow, James & Cathie Carmichael, Slovenia and the Slovenes: A Small State and the New Europe, London : Hurst & Company, 2000.

Granda, Stane and Barbar Satej eds., Slovenija 1848-1998, Ljubljana: Zveza Zgodovinskih Društev Slovenije, 1998.

Greenfeld, Lian, Nationalism: Five Roads to Modernity, Cambridge: Havard Univ., 1993.

Harris, Marshall Freeman, "Macedonia: The Next Domino?", The National Interest, Vol. 55, 1999, 42-46.

Harrison, Thomas, "A Cold Peace in Bosnia", New Politics Vol. 5, No. 4, Win. 8-18, 1996

Kann, Robert A. and Zdeněk V. David, The Peoples of the Eastern Habsburg Lands, 1526-1918, Seattle and London: University of Washington Press, 1984.

Khan, Mujeeb R, "Bosnia-Hercegovina and the Crisis of the Post-Cold war

International System", East European Political and Socieities, Vol. 9, No. 3, 1995, 459-498.

Kohn, Hans, The Idea of Nationalism: A Study in its Origins and Background, New York: Macmillan, 1961.

Kyrou, Alexandros K., "Castle-building in the Balkans: American Aspirations in Southeastern Europe since the Dissolution of Yugoslavia", Journal of Politics and Military Sociology, Vol. 24, No. 2, 1996, 253-271.

Lampe, John R., Yugoslavia as History, Cambridge: Cambridge University Press, 1996.

Larrabee, F. Stephan, "Russia and the Balkans: Old themes and New Challenges", Vladimir Baranovsky ed., Russia and Europe: The Emerging Security Agenda, Oxford: Oxford Univ. Press, 1997, 389-402.

Magaš, Branka, Croatia Through History, London, San Francisco, Beirut: SAQI, 2007.

Malcom, Noel, Bosnia: A Short History, London: Macmillan, 1994.

______, Kosovo: A Short History. New York: New York Univ. Press, 1998.

Massey, Douglas S. and J. Edward Taylor, International Migration: Prospects and Policies in a Global Market, Oxford University Press, 2004.

Mccarthy, Justin, "Ottoman Bosnia 1800 to 1878", Mark Pinson ed., The Muslims of Bosnia-Hercegovina, Cambridge: Harvard Univ. Press, 1994, 54-83.

Nicol, Donald M., "Justian I and His Successors: AD. 527-610", Philip Whitting ed. Byzantium: an introduction, Oxford: Basil Blackwell, 1981, 15-38.

Perry, Duncan M., "Macedonia", Southeastern Europe, Vol. 3, No. 16, 1994, 83-86.

Petrovich, Michael Boro, A History of Modern Serbia 1804-1918 Vol. I, New York and London: Harcourt Brace Jovanovich, 1976.

Pinson, Mark ed., The Muslims of Bosnia-Hercegovina, Cambridge: Harvard Univ. Press, 1994.

Plut-Pregelj, Leopoldina and Carole Rogel, Historical Dictionary of Slovenia,

Plymouth, UK: The Scarecrow Press, Inc., 2007.

Preveden, Francis R., A History of the Croatian Peoples I, New York: Philosophical Library, 1955.

______, A History of the Croatian Peoples II, New York: Philosophical Library, 1959.

Pribichevich, Stoyan, Macedonia: Its People and History, Harisburg: Pensylvania State Univ. Press, 1984.

Ramet, Pedro, Nationalism and Federalism in Yugoslavia 1963-1983, Indiana: Indiana Univ. Press, 1984.

______, Cross and Commssar: The Politics of Religion in Eastern Europe and the USSR, Bloomington and Indianapolis: Indiana Univ. Press, 1987.

______, Religion and Nationalism in Soviet and East European Politics, Durham: Duke Univ. Press, 1989.

______, The Three Yugoslavias: State-building and Legitimation, 1918-2005, Indiana University Press, 2006.

Rogel, Carole, "In the Beginning: The Slovene from the Seventh Century to 1945", Jill Benderly and Evan Kraft eds., Independent Slovenia: Origins, Movements, Prospects, New York: St. Martin's press, 1994, 1-21.

Rudić, Vujadin and Milomir Stepić, "Ethnic Changes in the Raška Region", Dušanka Hadži-Jovančić, ed., The Serbian Question in Balkans, Beograd: Faculty of Geography University of Belgrade, 1995, 227-240.

Schevill, Ferdinand, The History of the Balkan Peninsula, New York: Arno Press and The New York Times, 1971.

Seroka, Jim, "Yugoslavia and Its Successor States." White, Stephen, Judy Batt & Paul G. Lewis eds., Developments in East European Politics, London: Macmillan, 1993, 98-121.

Singleton, Fred, Twentieth-Century Yugoslavia. New York: Columbia Univ. Press, 1976.

______, A Short History of the Yugoslav Peoples, Cambridge: Cambridge Univ. Press, 1985.

Smith, Anthony D., Theories of Nationalism, London: A Torchbook Library, 1971.

Sugar, Peter F. & Ivo J. Lederer eds., Nationalism in Eastern Europe, Seattle & London: Univ. of Washington Press, 1994.

Tanner, Marcus, Croatia: A Nation Forced in War, New Haven and London: Yale University Press, 1997.

Terzić, Slavenko, "The Right to Self-Determination and the Serbian Question", Dušanka Hadži-Jovančić. ed. The Serbian Question in Balkans, Beograd: Faculty of Geography, Univ. of Belgrade, 1995, 39-48.

______, "The Serbs and the Macedonian Question", Dušanka Hadži-Jovančić ed., The Serbian Question in Balkans, Beograd: Faculty of Geography, Univ. of Belgrade, 1995, 63-82.

Velimirović, Miloš, "Serbia's Cultural Legacy: the Middle Ages", Alex N. Dragnich ed., Serbia's Historical Heritage, New York/ Boulder: Columbia University Press/ East European Monographs, 1994, 1-15.

Vladovich, Simon, Croatia: The Making of a Nation, Oklahoma: Vladovich International Publishing, 1995.

Vlasto, A. P., The Entry of the Slavs into Christendom, Cambridge: At the University Press, 1970.

Zarkovic, Milica, Economic Decline and Nationalism in the Balkans, New York: St. Martin,s Press, 1994.

Zavalani, T., "Albanian Nationalism", Peter F. Sugar and Ivo John Lederev ed., Nationalism in Eastern Europe, Seattle and London: Univ. of Washington Press, 1994, 55-92.

Zimmeramnn, Warren, "The Demons of Kosovo", The National Interest, Vol. 52, Sum., 1998, 3-11.

4. 인터넷 문헌

또 하나의 유럽, 발칸 http://san.hufs.ac.kr/~balkan

라디오, 텔레비전 세르비아 국영방송국 http://www.rts.co.yu

로마 제국의 황제들 http://emperors-clothes.com/news

마케도니아 정부 http://www.gov.mk

마케도니아 내전 http://www.spectrezine.org/war/Macedonia

몬테네그로 역사 http://www.montenet.org/history

몬테네그로 개요 http://www.montenet.org/glance

몬테네그로 관광 http://www.visit-montenegro.com

발칸 유럽 정세 http://www.balkanpeace.org

보스니아 내전 현황 http://www.intl-crisis-group.org/projects/bosnia

세르비아 내무부 http://www.mup.sr.gov.yu

세르비아-몬테네그로 일간지, 보르바 http://www.borba.co.yu

알바니아 역사 http://www.albania.com

위키피디아, "Sremski Karlovci" http://en.wikipedia.org/wiki/Sremski_Karlovci

코소보 현황 http://www.kosovo.com

코소보 현황 http://www.sok-kosovo.org

코소보 UN 임시 행정임무 사이트 http://www.unmikonline.org

EULEX 코소보 http://www.eulex-kosovo.eu

ICTY(International Criminal Tribunal for the former Yugoslavia) “Infographic: ICTY Facts & Figures.” http://www.icty.org/en/content/infographic-icty-facts-figures

OSCE 코소보 담당부서 http://www.osce.org/kosovo/elections

UNMIK 코소보 http://www.unmikonline.org

갈라진 민족,
발칸 유럽 남슬라브족 이야기

초판 인쇄 2020년 3월 27일
초판 발행 2020년 4월 3일

지은이 김철민
발행인 김인철
총괄·기획 윤성우 Director, University Knowledge Press
편집장 신선호 Executive Knowledge Contents Creator
기획·물류 이현진 Planning Expert
사전·도서편집 정준희 Contents Creator
전자책·도서편집 장혜린 Contents Creator
도서편집 이병철 Contents Creator
이근영 Contents Creator
재무관리 하누리 Managing Creator
발행처 한국외국어대학교 지식출판콘텐츠원
02450 서울특별시 동대문구 이문로 107
전화 02)2173-2493~7
팩스 02)2173-3363
홈페이지 http://press.hufs.ac.kr
전자우편 press@hufs.ac.kr
출판등록 제6-6호(1969. 4. 30)
디자인·편집 (주)피플커뮤니케이션 02)733-9008
인쇄·제본 (주)트윈벨미디어 02)2088-1810

ISBN 979-11-5901-774-2 (93920) 정가 24,000원

*잘못된 책은 교환하여 드립니다.

HU:NE 은 한국외국어대학교 지식출판원의 어학도서, 사회과학도서, 지역학 도서 Sub Brand이다. 한국외대의 영문명인 HUFS, 현명한 국제전문가 양성(International +Intelligent)의 의미를 담고 있으며, 휴인(携引)의 뜻인 '이끌다, 끌고 나가다'라는 의미처럼 출판계를 이끄는 리더로서, 혁신의 이미지를 담고 있다.